『辅国良臣』

机智勇敢司马光

华惠◎主编

辽宁人民出版社

图书在版编目（CIP）数据

机智勇敢——司马光 / 华惠主编. —沈阳：辽宁人民出版社，2017.4

（辅国良臣）

ISBN 978-7-205-08939-9

Ⅰ. ①机… Ⅱ. ①华… Ⅲ. ①司马光（1019–1086）–传记 Ⅳ. ①K825.81

中国版本图书馆 CIP 数据核字（2017）第 017783 号

出版发行：辽宁人民出版社

地址：沈阳市和平区十一纬路 25 号　邮编：110003

电话：024-23284321（邮　购）　024-23284324（发行部）

传真：024-23284191（发行部）　024-23284304（办公室）

http://www.lnpph.com.cn

印　　刷：北京晨旭印刷厂

幅面尺寸：710 mm × 1000mm

印　　张：15.75

字　　数：230 千字

印　　数：1 ~ 6000

出版时间：2017 年 4 月第 1 版

印刷时间：2017 年 4 月第 1 次印刷

责任编辑：陈　昊

封面设计：侯　泰

版式设计：桃　子

责任校对：解炎武

书　　号：ISBN 978-7-205-08939-9

定　　价：43.80 元

前言

自古以来，中国就有很多为民请命的人。他们为了保卫国家，安定百姓，竭忠尽智，鞠躬尽瘁。在这些人中，既有武将，也有文臣，而在后世敬仰的众多文臣当中，司马光可谓是一颗耀眼的明星。经过岁月的洗礼，他的博学多才、为国为民的形象将会绽放出更加夺目的光彩。

俗话说，文死谏，武死战。在封建社会里，作为一位文臣就要向君王进言献策，而且要使君王广开言路，采纳忠言，只有这样才能防止闭目塞听，忠奸不分，误国误民。早在唐太宗年间，谏议大夫魏徵正是以自己的实际行动践行着谏官的职责，并且不畏权贵，敢于犯颜直谏，在历史上有着非常高的威望和声名。到了北宋，司马光就是这样的一位贤臣。

司马光出生于官宦之家，从小就受到很好的传统教育，深受儒家思

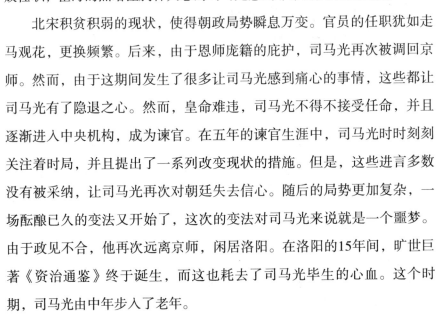

想的影响。在少年时期，司马光跟随父亲过着游宦的生活，在这段时间里，他深受父亲的熏陶，并且逐渐秉承了父志。当他15岁的时候就恩荫授官，但是，司马光胸怀大志，对于这样的恩荫，他并没有感到庆幸，而且在后来的时间里，他更加勤奋苦读，终于学有所成，并且正式步入仕途，开始施展自己的才能。然而，世事难料，正当他初显锋芒的时候，父母又先后去世，这接连的打击让他更加成熟起来。在丁忧期间，他没有虚度光阴，而是勤奋苦学，丁忧之后，他再次进入仕途。在京城开封，他广泛结交当时的名士，很快就有了不小的声名。人在宦海，身不由己，正当他有所成就的时候，又再次遭遇坎坷，随着自己的恩师外放任职，宦海的黑暗让胸怀大志的司马光感到非常的失望和无奈。

北宋积贫积弱的现状，使得朝政局势瞬息万变。官员的任职犹如走马观花，更换频繁。后来，由于恩师庞籍的庇护，司马光再次被调回京师。然而，由于这期间发生了很多让司马光感到痛心的事情，这些都让司马光有了隐退之心。然而，皇命难违，司马光不得不接受任命，并且逐渐进入中央机构，成为谏官。在五年的谏官生涯中，司马光时时刻刻关注着时局，并且提出了一系列改变现状的措施。但是，这些进言多数没有被采纳，让司马光再次对朝廷失去信心。随后的局势更加复杂，一场酝酿已久的变法又开始了，这次的变法对司马光来说就是一个噩梦。由于政见不合，他再次远离京师，闲居洛阳。在洛阳的15年间，旷世巨著《资治通鉴》终于诞生，而这也耗去了司马光毕生的心血。这个时期，司马光由中年步入了老年。

王安石变法实施之后，北宋王朝社会矛盾的不断激化，政治弊端日益显露。在这样的局势下，王安石被罢免，而晚年的司马光再次复出，并且最终位极人臣，成为宰相。尽管闲居洛阳时，司马光不谈时政，但是他却始终关注着形势的变化。再次复出之后，他就开始大刀阔斧地进行废法运动，加速实现自己的政治主张，但是凭他一人之力终究难以力

挽狂澜。随着他病情的恶化，最终在元祐元年（1086）九月一日病逝，享年68岁。然而，让人没有想到的是，一直为大宋江山鞠躬尽瘁的贤臣，死后却深受蒙尘。不管怎样，司马光的政治成就和哲学思想会一直影响后世，而他的文学成就也必将永远流传后世。

本书将按时间的顺序，以司马光的成长历程和他仕途变化以及宋朝的形势变化的过程为基础，结合了很多司马光在生活或者在为官任上的典型事迹，客观生动地讲述了北宋名臣司马光光辉的一生。同时，本书还借助了一些民间故事和典籍，更加增强了可读性和趣味性。相信本书的出版将会给喜爱历史和文臣谏官英雄人物的读者以知识盛宴，并且能够让你在品读的过程中增加自己的爱国情怀！

第一章
文雅夙成　初登仕途即返乡

司马光，字公实，又字君实，祖籍涑水，北宋真宗天禧三年（1019）十月十八日，出生在光州光山县的官舍里，是北宋著名的政治家、文学家、史学家。司马光出生于官宦之家，自小受到良好的教育，并且受父亲的影响非常大。少年时期，便有所成，随即步入仕途。然而，世事多变，正当他初露头角的时候，父母相继去世。

第二章

胸怀大志　游宦四方养器业

司马光在丁忧过后，再次进入仕途。胸怀大志的司马光只身一人来到京师开封，原本他充满着希望，但是在刚到京城的时候，事情并没有他想象得那样顺利。虽然在后来的时间里，他到处寻师访友，渐渐有了一些声名，但是命运弄人，就在他刚有些成就的时候，又再次远离京师。这一路上的坎坷让他非常的无奈，并且对官场也逐渐失望，时常郁郁不得志。

第三章

奉调赴京　陈力就列显其才

司马光和恩师庞籍在外任职几年后，颇有政绩。然而，就在屈野兵败之后，庞籍再次遭贬，而司马光却在恩师的庇护下幸免于难。但是这并没有让司马光感到高兴，反而更加内疚。后来，朝廷的几次任命他都极力请辞，无奈之下，他还是接受任命。不久之后，他的故交相继病逝，给了他很大的打击，并且让他对朝廷再次感到失望。

第四章

一心为国　谏官五载多坎坷

自古以来，官场中的事情总是充满着很多的变数。司马光虽然多次请辞任命，但在接受任命之后，往往都会尽忠职守，并且竭忠尽智地为国家效力。随着局势的变化，司马光渐渐找到了自己的方向，并且全力地做好分内分外的事情。在谏官生涯中，司马光始终以魏徵为师，直言进谏，不畏生死，用自己的实际行动践行着自己的誓言。然而，仕途多坎坷，一心为国往往也会有很多的不顺。

第五章

变法之争　壮志难酬离京城

世事多变，司马光有着自己的为官为人的原则，当他辞去知谏院之职后，又被任命为翰林学士。正当他想再次有所作为的时候，一场酝酿已久的变法运动爆发了，而发起这场变法的人正是他的好友王安石。尽管他们是好友，但是他们的政见却大相径庭。随着变法愈演愈烈，司马光和王安石之间开始有了争论、隔阂，最终绝交。由于当时皇帝的支持，司马光在争论中失败，无奈之下，他只好悲愤离京。

第六章

身处一隅　寄情山水仍忧国

司马光离开京城之后，就闲居洛阳。虽然他在开始的时候心境非常低落，但是随着他在这里结交了很多的名人雅士，心境逐渐好转，并且开始习惯这里的生活。不仅如此，他还在闲暇之余开始筹备修书的事情。在洛阳的十五年里，他结交了很多的朋友，思想也有了更大的提升和丰富，这对他的修书有着非常大的帮助，并且最终修成《资治通鉴》。同时，尽管司马光身处一隅，但他心中始终是忧国忧民。

第七章

鞠躬尽瘁　功臣身后多凄凉

《资治通鉴》修成之后，司马光本想终老洛阳，但是当时的形势又迫使他不得不再次进入权力机构，并且快速得到重用。在这样的情况下，司马光不顾自身的安危，于危难之际力挽狂澜，全面废除新法。然而，由于这些新法已经积重难返，尽管他全力而为，仍然没有大的效果。同时，由于他操劳过度，于元祐元年（1086）九月一日，病逝，享年68岁。不幸的是，这样的一位贤臣，却落得身后蒙尘的结果。

第一章

文雅夙成　初登仕途即返乡

司马光，字公实，又字君实，祖籍涑水，北宋真宗天禧三年（1019）十月十八日，出生在光州光山县的官舍里，是北宋著名的政治家、文学家、史学家。司马光出生于官宦之家，自小受到良好的教育，并且受父亲的影响非常大。少年时期，便有所成，随即步入仕途。然而，世事多变，正当他初露头角的时候，父母相继去世。

贵胄之后，涑水望族

司马光，字公实，又字君实，于北宋真宗天禧三年（1019）十月十八日，出生在光州光山县的官舍里。他是北宋著名的政治家、文学家、史学家，要想更加详细地了解司马光的身世背景，还得从他的祖辈说起。

司马光的先祖是西晋安平献王司马孚，涑水司马氏家族的先世是河内（今河南沁阳市）人。司马孚是西晋奠基人司马懿之弟，后来他的裔孙征东大将军司马阳葬于陕州安邑县涑水乡高堠里，从此司马孚的后世子孙就定居在这里。到了后魏的时候，分安邑设夏县，司马氏遂世为夏县人。司马光的故居就在鸣条山下，今山西夏县坡底村一带。时移世易，司马氏家族家道中衰，唐五代以来，家境并不宽裕，不过这个家族在乡里仍有相当的声望。五代时，司马光的高祖司马林、曾祖司马政因时局动荡、政治黑暗，都没有进入仕途，但是“皆以气节闻于乡里”，受到乡人的尊敬。堂伯司马浩在乡里也是个有影响的人物，乡里的田地一直靠引涑水灌溉。年代久远，河岸越来越深峭，涑水不能引导上岸，田地日渐硗薄，以至所获不足以完粮纳税。于是，司马浩率领乡里人言于县官，于涑水下游“筑堨”以提高水位，使涑水“复行田间，为民用，至于今赖之”。

到了宋初时期，司马氏家族已有人开始进入仕途。司马光祖父司马炫，考中进士，官至耀州富平县（今陕西富平县）令，而真正使涑水司马氏家族成为名门望族的则是司马光的父亲司马池。司马池（979—

1041），字和中，其为人“方严重默，见于龆龀。志度渊远，人莫窥其际。读书研求精意，不喜肤末为文。为文根于正道，不为雕琢。而亿事度物，烛见冥远”。司马池少年丧父，父亲遗留下财产数千贯，他一毫不留，全部交给了叔父，以做家族公用，而自己则发奋读书，决心凭借自己的能力去博取功名，自立于社会之中。在快20岁的时候，有人建议变更解盐的运输线路，他们认为从蒲坂（今山西永济）横渡窦津，穿过大阳（今山西平陆县茅津），经底柱，此路线迂远而且险恶，建议开通山道，自闻喜（今山西闻喜）翻山而至垣曲（今山西垣曲），这样一来，就可以减少十分之六七的运费。大家都认为这个建议提得好，这时司马池没有随波逐流，经过深思熟虑，他提出了自己的看法，也说出了自己的忧虑，他说：“解池盐流通到全国各地，运输是个大问题，前人未必不知道新线近便，他们舍近求远，恐怕是新线有严重的危害吧！”然而，这个时候，大家都想着要省钱，并没有在意司马池提出的问题，都改走这条新的道路。果然，没过多久，山洪暴发，盐车人牛全被冲入河中。当大家回想起司马池当初提出的忧虑的时候，纷纷感觉他分析的正确性，在后来的时间里，有什么解决不了的事情，大家都纷纷来找他商量，而司马池的声名随着传开了。

不仅如此，司马池还是一个有名的孝子。北宋咸平五年（1002）的时候，司马池赴京应考。可是就在殿试前夕，他的母亲病故了。当时，家里人便给他写了一封家书，但是司马池的好友担心这样会影响他的考试，于是就将他的家书藏匿起来，想等到他考试完毕了再告诉他。谁知司马池那天莫名其妙地烦躁不安，整夜不能入睡，他心里总是想着：“母亲平素多病，家中莫非有异常之事了？”第二天，司马池赴皇宫应试，一路上心事重重，至宫门处，徘徊不前，犹豫不决，他将自己的心事告诉了好友，好友见此情状，不得不告诉他，但只是说他母亲有病，司马池得知这个消息后，放声大哭，当即放弃这次考试赶回家乡奔丧。

由于朋友都知道他的为人，所以就没有说什么。

按照当时的制度，父母去世，子女要丁忧三年，这样一来，司马池就比他的同窗好友晚了三年的时间取得功名。在丁忧期间，司马池没有放松学习，三年之后，也就是景德二年（1005），司马池进士及第，出任河南府永宁县（今河南洛宁）主簿。司马池初任，廉洁自律，“齑盐不充，身常骑驴”，政绩斐然可观，“以清勤爱民闻”。县令陈中孚是个权势小人，以为司马池是其副手，态度非常傲慢。有一次，司马池因公事去见他，他竟然以上司自居南面而坐，也不起身施礼。司马池走上前去将县令拉到主席上，自己则在客席上坐下，两人东西相对而坐，讨论公务，他一点也不让步，司马池对这样的上司，“不阿意以随其曲，不求疵以彰其过”，赢得了同僚们的尊重以及上司的重视。永宁任后，司马池相继出任睦州建德县（今浙江建德）、益州郫县（今四川郫县）县尉。在郫县任上，发生了这样一件事。县城里忽然谣言四起，说是当地驻军将要发动兵变，又说境内少数民族已经暴动。谣言传开后，富室争着埋藏珍宝，逃至郊外山中，县城内一时人心浮动，惶惶不可终日。在这种情况下，知县闾邱梦阳借故到成都躲避，主簿也称病不出，司马池代理县政。时正值正月十五元宵节，司马池不顾县里大小官吏的阻挠，下令大开城门，让四乡农民进城观灯，尽情玩乐，欢度了三个通宵。结果，人心稳定，谣言不禁而止。大中祥符年间（1008—1016），司马池任期满的时候，由于他的出色表现，获得了包括益州转运使薛田在内的13封推荐书，天禧（1017—1021）年间，司马池晋升为郑州（今河南郑州市）防御判官，不久，改任光州光山县（今河南光山县）知县。

在光山县的任上，司马池又一次显示了他的才干。当时的朝廷，大兴土木，向各州征调竹木，而光州下令三日内完成限额。司马池认为光山不产大竹，须到湖北蕲、黄二县购买，三天之内无法运至。于是，与百姓重新约定日期，期限到不交者处罚。由于问题处理得合情合理，

结果光山县上缴竹木比哪一个县都早。时翰林学士盛度知光州，他对司马池非常赏识。任期未满，司马池就奉调入京，受到后来的仁宗皇帝召见。约在天禧五年（1021），司马池以秘书省著作佐郎出监寿州安丰县（在今安徽寿县南、霍邱县东）酒税。不久，调任遂州小溪县（今四川遂宁市所在地）知县。在任上，司马池“正版籍，均赋役”，为地方兴利除弊，以至数十年后小溪人还怀念他，保存着他的画像。遂州“田为山崖，难计顷亩”，司马池能受到百姓如此的爱戴，亦可见其付出了多少精力，为百姓带来了多少实惠。任满还朝，司马池被知河南府（今河南洛阳市）刘烨聘为知司录参军事。在任一年有余，河南通判一职空缺，又被推荐出任通判，司马池担任河南府通判数日就被调入京城任群牧判官。群牧司是负责国家马政的，责任重大，因而由主管国家军政事务的枢密使兼管。任群牧判官者，卸任后，不是升任开封府、三司的推判官，就是出任一路转运使与提点刑狱，是人人追逐竞争的要职。但是，司马池毫不动心，在朝廷一再敦促之下，才赴京就职。

司马池出任群牧判官是枢密使曹利用听取公论后选拔任用的，当时曹利用的权势熏天，很多的官员都千方百计地讨好他，以获得升官的机会。然而，在这样的一种环境中，司马池却是“端悫自守，非公事未尝私造”。不仅如此，司马池还敢犯颜直谏。有一次，曹利用委托司马池收缴大臣所欠马款，司马池说：“命令不能执行，是由于上级带头违反。您所欠尚多，不先缴纳，如何催促他人？”曹利用惊讶地说：“经办人对我说已经缴纳了！”说完立即命人将欠款缴足。其他人见此情势，在几天内也将欠款缴出。后来曹利用恃功骄傲，又得罪了宦官，被陷害而死。其党羽怕受牵连治罪，不少人反戈一击，纷纷揭发曹利用，而这时司马池却“扬言于朝，称利用枉”。司马池做得光明正大，并且为朝廷的国库追回了很多的财富，最后朝廷不仅没有处罚他，反而更加器重他。这件事之后，司马池在京城的声名也开始远播了。后来，司马

池又遇到一件类似的事情。当时，刘太后的亲信宦官皇甫继明兼领估马司，自称买马有盈利，要求升官。这件事交给了群牧司核实，账查完后并未见盈利。自枢密使以下畏惧皇甫继明的权势，都想迎合他，只有司马池不同意，皇甫继明怀恨在心。不久，司马池被任命为开封府推官，但终因皇甫继明同党的阻挠，司马池外放，改任知耀州（今陕西耀州区）。数年之中，又相继任利州路转运使、知凤翔府等职。

随着时间的推移，曾经的皇太子即位成为皇帝，也就是仁宗。由于仁宗以前就对司马池的为人非常了解，并且非常佩服，所以，在亲政之后，仁宗就立即召回司马池，并且任命他为知谏院。在宋朝年间，知谏院是个重要的职务，对朝政阙失、百官任免不当，“皆得谏正”，容易获罪，但也是宋代晋升高级职位乃至宰相的捷径。司马池接到任命后，再三恳辞。仁宗对此感触很深，对宰相说：“人皆嗜进，而池独嗜退，亦难能也。”遂授予他直史馆，再知凤翔府。直史馆是馆职的一种，“宋朝庶官之外，别加职名，所以厉行义、文学之士。高以备顾问，其次与论议、典校雠。得之为荣，选择尤精”。由于馆阁学士为王者之师友，异时公卿之滥觞，故仕人以登台阁，升禁从为显宦。在凤翔时，有件疑难案件上报后很快被大理寺驳回，办案官员惊惶万状，引咎自责，这时，司马池说：“我是行政主官，一切政事都经我手，这不是各位的过失。”于是将责任独自承担了下来。幸好不久诏书颁下，此事不再追究，一场轩然大波骤然平息，但从这件事上人们看到了司马池的道德品质。不久，司马池又调入京城，并且被任命为判三司盐铁勾院。司马池“退让”的品德给仁宗留下了深刻的印象，仁宗一直想提拔他，不久，又擢升他为侍御史知杂事，知杂负责台中日常事务，是御史台中仅次于御史中丞的官职。从这个时候起，司马池的仕途就开始了真正的腾飞。

司马池每在任上都是勤政爱民，而且在做好本职工作的同时，还

积极地观察国家的大事，并且有自己独特的见解。宝元元年（1038），司马池在历任三司户部、度支、盐铁副使后，授天章阁待制，相继出任同州（今陕西大荔县）、杭州（今浙江杭州市）两地的知州。获得待制之职，这表明司马池已跻身于高级官员的行列。虽然司马池的官职一路高升，并且备受仁宗赏识，但是，他从不贪恋权势财富，而是始终坚持清廉高洁的处事风格。也许正是由于这些，司马池不擅长处理繁杂的事务。不管在哪里任职，他都是秉公办事，从不徇私。然而，官场凶险，他的这些做法触动了那些靠违法乱纪牟取暴利的官员的利益，所以，没过多久，他就接连遭到转运使江钧、张从革等人的弹劾。这二人罗列了司马池违旨、决事不当等10余项罪名，尽管此时的司马池是按律法办事，但是，面对这样的弹劾，他也是无能为力。随后，他受到降知虢州（今河南灵宝市）的处分。就在江钧、张从革上报司马池罪状时，他们的部属、亲属因盗窃官物、走私漏税等罪相继系于州狱，案件涉及他们。有人劝司马池趁机报复，司马池坚决不同意。司马池光明磊落的行为，赢得赞誉，在同僚中，司马池的声望越来越高。也正是由于司马池的努力，司马氏逐步成为了涑水望族，而司马光正是出生在这样的一个家庭中。

养习童蒙，秉承父志

由于当时的官场十分复杂黑暗，并且司马池的为人为官的禀性也非常容易得罪人，所以，司马池的调动总是很频繁。此时的司马光还很小，就一直跟随着父亲辗转各地。在这个过程中，司马光在耳濡目染中，深受父亲的影响。司马池对孩子们的要求也非常严格，司马光也受

到了很好的教育，这些对司马光后来的为人处世，甚至是为官之道都有着非常大的影响，可以说，司马光是秉承了司马池之志。

其实，在司马池的一生中有三个儿子，但是次子司马望早年夭折了，而此时的大儿子司马旦比小儿子司马光大13岁。然而，在这个家庭中，虽然哥哥对司马光非常好，但是他丝毫没有受到溺爱，而是和哥哥一样，受到严格的管教。司马光3岁的时候，随父来到寿州，“家于寿之安丰”，此时司马池由光山调任安丰县监酒税。淮南在北宋是富庶之区，这里“土壤膏沃，有茶、盐、丝、帛之利。人性轻扬，善商贾，廛里饶富，多高赀之家”，给儿时的司马光留下了美好的印象。他在后来送友人赴任淮南时，不禁写下了“弱岁家淮南，常爱风土美。悠然送君行，思逐高秋起”这样深情的诗句。尽管在安丰时，司马光年龄尚幼，但是，父兄已对他寄托着殷切的期望。那时安丰县有位才子姓丁名浦江，“以年少气俊，诵书属文闻于县中”，司马光父兄都希望司马光他日能像丁浦江一样聪明有出息。不久，司马光又随父入川，来到遂州小溪县。很多年后，司马光回忆起在遂州小溪的那段生活，回想起父亲的政绩和百姓对他的爱戴，还不禁潸然泪下。他在送友人赴遂州的诗中写道：“闻道西州遗画像，使我涕泪空沾衣。”父亲为国分忧的事迹给幼小的司马光留下了终生难忘的印象。

时光荏苒，转眼间几年就过去了。此时的司马光也6岁了，从这个时候起，父亲司马池就开始正式地教他读书、识字，接下来就是学习《孝经》《论语》，稍后为《尚书》。这些著作，父亲都要求他能够熟练地朗读，甚至背诵。其实，6岁的孩子，哪能懂得如此大道理，所以，司马光是“虽诵之不能知其义”。但是，司马光对史学颖悟有独特的天赋。7岁那年，他听人家讲《左传》，听后就能领会其中的大义，回家后，还能给人讲解，从此以后，司马光对《左传》产生了浓厚的兴趣，以至爱不释手，不知饥渴寒暑，到了忘我的境界。

不仅如此，司马池还注意采用榜样的方法来激励他学习。在讲授这些书上知识的同时，他还给司马光讲一些少年有为的人勤奋好学的事迹给他听，勉励他以这样的人为榜样，努力学习。他家住在寿州安丰（今安徽寿县西南）的时候，当地有个姓丁的青年，文章学问闻名全县，司马池就常对司马光说：“他日得如丁君足矣！”这样，司马光在学习上既有榜样效法，又有父亲的指点，学得非常努力。

然而，司马光在学习上有自己的优势，也有不足之处。他“记诵不如人”，与叔伯兄弟们一块读书，其他人都已背好功课出去做游戏了，而他却还未背得。这时，司马光总是独自留下，放下帷幕，专心致志地继续反反复复地去背诵，直到背得滚瓜烂熟为止。他认为只有多下功夫，才能把知识真正学到手，做到终身不忘。他进步很快，不久就对书籍产生了浓厚兴趣。他学习入迷的时候，甚至于“不知饥渴寒暑”，真达到了废寝忘食的程度。他曾用一截圆木当枕头，取名叫“警枕”，夜里睡觉，只要圆木一滚动，他便醒了，披衣起床，挑灯夜读。那时，孩子到了9岁，教师便要为他讲解书中的大义，“使晓义理”。10岁，男孩子便要离家外出读书，学习诗礼，要懂得仁义礼智信，再往后可以读孟、荀等，博观群书，如《礼记》《学记》《大学》《中庸》《乐记》之类，而异端非圣贤之书则禁止阅读，以防“惑乱其志”。“观书皆通，始可学文辞”，司马光也是这样一步一步地接受儒家正统思想文化教育的。故后来司马光回忆起来说，十二三岁时“始得稍闻圣人之道”。司马光学习勤奋，肯动脑筋，平时他充分利用骑在马上、半夜未眠的时间去背诵，去思考。“朝诵之，夕思之”，持之以恒，数易寒暑。这样，到了15岁，又写得一手好文章，正像宋代大文豪苏轼后来所评价的那样“文辞醇深，有西汉风”。不仅如此，他学的东西都很扎实，以至“终身不忘”。他始终保持着这种从小养成的刻苦学习的习惯，成年之后更抓紧点滴时间学习，或在马上，或夜不能寐的时候，不

是诵书，就是思考问题，从中体会到了无穷乐趣。后来他在诗中谈道：“圣贤述事业，细人无不克。高出万古表，远穷四海端。于中苟得趣，自可忘寝餐。”刻苦学习使他“所得多矣”。

当然，他的学习不仅仅是机械背诵，而且勤于思考，经常是“朝诵之，夕思之”，诵读和理解并重。他7岁的时候，发生了这样一件事：一天，他和几个小伙伴在院子里玩，院子里放着一口大缸，并且存满了水。有一个小伙伴攀上缸沿，一不小心掉进了缸里，孩子们一看，闯大祸了，一时间纷纷逃走。这时，司马光动了动脑筋，拾起一块大石头，猛地一下把缸砸破，水从缺口处流出，掉进缸里的小孩得救了，这个故事在开封、洛阳一带广为传播。在洛阳的生活是美好的，也是极有意义的，多年后，司马光在诗中写下了对这段美好生活的幸福回忆，“彩服昔为儿，随亲宦洛师。至今余梦想，常记旧游嬉”。幼小的司马光就能遇事不慌，冷静思考出解决问题的办法，这是和他养成勤于思考的习惯分不开的。

司马池不仅关心司马光的知识教育，还注意礼仪以及思想品德方面的教育。按照男女7岁开始“不同席，不共食”，“八岁，出入门户，及即席饮食，必后长者，始教之以谦让”。“女子不出中门”，只能在内院走动。父亲司马池作风俭朴，待人诚恳，司马池也很好客，“客至未尝不置酒，或三行、五行，多不过七行。酒沽于市，果止于梨、栗、枣、柿之类，肴止于脯醢、菜羹，器用瓷漆”。不过当时社会风气就是如此简朴，客人也不见怪，“会数而礼勤，物薄而情厚”，风俗是很淳厚的。受良好家风的影响，也出于天性吧，司马光从小就养成了俭朴的生活习惯。他自幼不喜华靡奢侈，儿时起就不爱穿着打扮，大人如给他穿饰金绣银的华美之服，他“辄羞赧弃去之”。由于从小养成这种习惯，以致他考中进士，参加喜宴时，大家都戴花，他却不戴，后来还是一个同僚告诉他，这花是皇上下令戴的，不可不戴，这个时候，他才勉强戴上。司马池一生“于时刹纷华，如恶出臭”，虽然身居高位，日常生活还是“食不敢常有肉，衣敢纯有帛”。他编修《资治通鉴》日费用都由朝供给，但他所用的稿纸却是用过的废纸，他用淡墨把原来的字迹涂掉，再用来写书稿。这样注意节约在封建士大夫中实在是不多见的，说明他思想上对此高度的重视。晚年，他还特别写了《训俭示康》一篇专文，对儿子司马康专门进行廉洁俭朴的教育。

不仅如此，司马池还善于从小事入手，教育他养成优秀的品格。司马光五六岁的时候，有一天，想吃青核桃，姐姐替他剥皮却怎么也剥不掉。姐姐走开以后，一个女仆把青核桃放进开水里烫了一下，核桃立刻就剥下来了。姐姐回来看见，便问他是谁给剥下来的，他说是他自己剥的。父亲见他撒谎，就严厉地训斥他说；“小子何得谩语！”这件小事给司马光的印象很深，他从此再也不说假话了，而诚实也成为他一生为人处世的原则。后来，当他入仕后，刘安世问他，待人律己最重要的是什么时候，他回答说：“就是一个诚字。”再问他从何做起，他说：“从不说假话做起。”所以，他赢得了“脚踏实地之人”的评语。司马光在父亲的影响和教育下成为一个诚实聪明懂事的孩子，父亲对他也很喜欢。无论出游，还是在家同僚友交谈，经常把他带在身边。和司马池往来最密切的是庞籍、张存，两人见司马光小小年纪，却“凛然如成人”，都非常器重他。张存把女儿许配给司马光为妻，当时司马光才11岁。庞籍则在司马池死后，把司马光当成自己的儿子一样培养，把他带在身边为官，教育他、锻炼他。与司马池出游的时候，司马光也都不离左右。天圣九年（1031），司马池在利州（今四川广元）任转运使，闻时带苕他游历诸寺。赋诗艇壁。在南岩，10岁的司马光还留下了“君交烽砚”的墨迹。所以，司马光在15岁以前，就已经跟着父亲走过好多个地方，在这些地方，他在父亲的影响教育下，了解了风土人情，在学业之外，也学习了社会知识。

庆历元年（1041）十二月，司马池病逝于晋州（今山西临汾县）知州任上，享年63岁。司马池是“宝元、庆历间名臣”，仕宦30余年，为人“奉身俭洁，而临财无吝”，“安于静退，恬于荣利”，“奉上官不回曲，于朋友尽规切。知人之善，面则励之，背则扬之。为政大抵以正纲纪、塞侥幸、抑权豪、恤孤弱为心”，“以公制物，而政无私谒”。司马池的为人处世之道、莅官临政之方深深地影响着司马光，对司马光思想、品德的形成，起着潜移默化的作用。司马光后来不管是在做人还是为官的过程中，都有他父亲的影子。

少年有成，初登仕途

在宋朝，有一种恩荫制度，指的是当朝五六品以上的大臣的子弟和后人都可以补官。每三年举行一次南郊祭天大典的时候，都要恩补一批。明道二年（1033），这一年司马光15岁，由于父亲的恩荫，他得到了这个机会，然而，此时的司马光却把这个机会让给了堂兄。没过多久，他还是补了叫社斋郎这样的一个闲官，就是朝廷掌管郊社典礼的机构郊社署里的一个小职务。几年之后，又改授他为将作监主簿，就是掌管土木工程营建的官衙里的一个小官。他虽然有了官职，但实际上还算不得进入仕途。这时候的司马光还没有到弱冠之年，所以很少去做实际的事情，主要的任务还是读书。在这个过程中，他也接触了当时的一些有名之士，这对他的成长以及增长见识都有着很好的作用。

尽管靠父亲的恩荫得到了一个官职，但是，对于胸怀大志的司马光来说，并不是一件让他高兴的事情。随着时间的推移，他对自己的未来越来越清晰。这一年，司马光15岁。这一年，对于司马光来说，是极

不平凡的一年。幼而学，壮而行，随父亲在凤翔（今陕西凤翔县）的司马光开始壮游天下，寻师访友。他只身来到华州，去拜见当时一位他所敬仰的前辈孙之翰先生。孙之翰对研究唐史有很深的造诣，“自壮年至于白首”，写成《唐史记》一部，被皇家图书馆收藏。景祐四年（1037），19岁的司马光已形成自己的性格特征和学术思想，当时他写了两篇铭文：

铁界方铭

质重精刚，端平直方。

进退无私，法度攸资。

燥湿不渝，寒暑不殊。

立身践道，是则是效。

勇　箴

何为而正，致诚则正。

何为而勇，蹈正则勇。

孟贲之材，心动则回。

临义不疑，呜呼勇哉！

在这里，司马光以铁界方自喻，表明了他不管风云如何变幻，贯彻封建道义矢志不渝的决心。他认为真正的勇敢来自于正义，来自于道义，来自于浩然之气，只有“蹈正”“致诚”“临义不疑”，才能称得上“勇”，“孟贲之材，心动则回”，是不能称之为勇士的。不仅如此，由于早年受到父亲的影响和教育，司马光首次提出了他哲学思想的基本范畴“诚”。

到了司马光20岁这一年，他考中了进士。这种情况，即使在当时，也是不多见的。在专为新科进士举办的闻喜宴上，众人个个循例都戴上了花，唯独司马光没有戴，同年劝他：“这是主上的恩赐，不可违背。”这个时候，他才勉强戴了一朵。司马光一辈子恶衣疏食，他认为衣足以防寒，食足以充饥，就可以了。晚年，他给儿子司马康写了一篇家训，文章一开头便语重心长地告诉儿子，说：“吾本寒家，世以清白相承。”希望儿子也能以俭素为美。他谆谆告诫儿子说：“一切美德都是由俭朴而来的。一个人生活俭朴，他的欲望就少了，欲望少了，就不会受物质利益所引诱。士大夫如果能做到这一点，他就可以安稳地生活，不受豪门的盘剥、欺压，保全性命。奢侈是最大的罪恶，一个人如果贪图享受的话，他的欲望就多了。士大夫如果是这样，那他就要违反原则，贪污受贿。老百姓如果是这样，那他就会追求各种享受，大肆挥霍，走上盗窃犯罪的道路，最后落得个家破人亡的下场。历史上‘以俭立名，以侈自败’的经验教训太多了。”他要求儿子学习古人，以俭为美德。

在司马光青少年时代，曾经有两个人对他的成长以及后来步入仕途都有着非常大的影响。一位是庞籍，当时司马池奉调入京为群牧判官，在群牧任上，司马池与同僚庞籍交谊极厚，两人“道同志合，出处如一。分义之美，近古所希”。两家所居相近，因而，庞籍时常到司马池家中做客，每次司马光都“获执几杖，侍见于前”。在庞籍眼中司马光“文雅夙成，而有清直之气”，因而，非常喜欢他，每每“抚鬐诲导，俾之就学”，“爱均子姓”。在司马池病逝后的数十年中，庞籍像父亲一样关心他，保护他，提拔他。嘉祐八年（1063），庞籍病逝，此时司马光已为天子近臣天章阁待制、知谏院，他在祭文中写道：“今日所蒙，莫非公力”，说的全是实情。另一位就是张存，也是后来司马光的岳父。景祐四年（1037），司马池同年张存自河北奉调入京，为户部副使，与司马池同省为官。张存为官“以精敏廉直为朝廷所知”，又

“性孝友”。蜀州任满回乡，带回的“蜀中奇缯”不拿回自己房中，全放在堂上，请父母及兄弟姊妹任意挑选。他常说：“兄弟如手足，不可分离。妻妾乃外人，为何因外人而断手足呢！”宗族中贫困者尽管支派疏远，也无不加以收养。孤儿寡妇则为之婚嫁。他为人庄重，即使在家中，也是衣冠整齐，否则是不见儿孙们的。与儿孙交谈，即使到半夜，也不许坐下。家庭之中，严肃整饬如官府一样，事无大小均有条理。一辈子无论是与客交谈，还是出席宴会，都是“垂足危坐”，即使到了夜间，也“未尝倾倚有倦怠之色”。张存与司马池家一样都是恪守封建伦理道德的典型士大夫家庭，加之有年谊与同僚之情，因而常来池家做客。来时司马光就立侍左右，虽未尝与张存交谈一语，但张存一见中意，“许以成人，不卜不谋，遂妻以子”，将三女许配给司马光为妻。张存对司马光的信赖，使司马光终生难忘，司马光认为“知己之恩，重于姻戚”。

洞房花烛夜，金榜题名时，这些都是封建社会读书人的渴求，而此时的司马光都拥有了。可以说，这时的司马光正是春风得意之时。宋代的科举与唐代一样，非常重视进士科。考上进士高科，往往就意味着“荣进素定”，往往不出10年即为卿相，前程是光明而远大的。因而，在社会上，以至“贩鬻给役之徒皆知以为美尚”，是极受人尊重的。荣誉和地位是崇高的，但如果仅仅满足于此，沾沾自喜，则是可鄙的。司马光认为“得之者矜夸满志，煜耀于物，如谓天下莫己若也，亦何惑哉！贤者居世，会当蹈仁履义，以德自显，区区外名，岂足恃邪”！在司马光看来，考中进士，还算不得成功，按照封建的纲常名教，造福于国家，造福于社会，才是人生的最高理想。

对于司马光而言，虽然在高中进士之前，他已经有恩荫的官职，但是，他真正地踏上仕途还是在朝廷改投七军礼部、华州（今陕西华县）判官之职的时候。在华州的时候，家人常常见他在卧室里，猛地站起来，穿上官服，手执笏板，正襟危坐，无人识其用意。后来他的助手和学生范祖禹得便问及，司马光回答说：“我当时忽然想起天下大事了。”

而此时，司马光的父亲司马池任同州（今陕西大荔）知州，与华州邻接，相距不远。这样一来，司马光得以经常去探望父母，在那里他结识了石扬休。石扬休，四川眉山人，18岁就“声震西蜀”，司马光儿时已闻其名，后来官至知制诰。宋代的知制诰即唐代的中书舍人，是侍从近臣。石扬休为人“望之俨然，以律度自居，即之恂恂，温厚善谈笑，令人心醉不能舍去”，尽管年龄比司马光大23岁，尽管二十余年来两人“迭有进退”，但两人“穷通相遇如一日”。同州有座龙兴寺，是他们常去游玩的地方。龙兴寺是隋文帝故居，寺内有隋代名臣李德林撰写的碑文，又有唐代著名画家吴道子所作壁画。壁画为未竟之作，据说吴道子期望后代高手能补完它。评点评点未竟之作，读读布满苔渍的隋碑，这对于好古而敏求的两位新进士来说是多么惬意的事啊！数年之后，司马光回忆起这段往事，情不自禁地写下了节奏明快的诗篇：

昔年三月浪，鳞翼化云雷。竹箭流俱上，芙蓉幕对开（指二人初仕入同、华二州幕府，为推、判官）。瀵泉（此指同州）扬沸渭，泰华（此指华州）耸崔嵬。捧檄容归省，飞觞复屡陪。芬芳袭芝室，嘉庆侍兰阶。吴壁评残笔，隋碑读渍苔。清阴依玉树，和气乐春台。

在这个时期，对于司马光来说，正是他春风得意之时。在这里，他与良友，开怀畅饮，谈论古今，心情是何等愉悦，怀着锐意进取的远大抱负，对前途充满信心。

宝元二年（1039）八月，司马池调任知杭州。司马光为了就便侍奉双亲，辞退升迁的机会，请求调任苏州。不久申请获准，司马光出任

签书平江军（苏州）节度判官公事。康定元年（1040）春，司马光离华赴苏，一路上心情是愉快的。古都洛阳的春天，铜驼陌上桃花如云，连日到北邙山上骑马射猎，一切充满了青春活力和少年意气。《洛阳少年行》生动地刻画了司马光风华正茂时的矫健身影。

铜驼陌上桃花红，洛阳无处无春风。
青丝结尾连钱骢，相从射猎北邙东。
流鞭纵镝未云毕，青山团团载红日。
云分电散无影迹，黄鸡未鸣已复出。

稍作停留之后，司马光又启程了。他乘着莨宕（即汴河）古渠的春水，东行至古城睢阳（今河南商丘市南）。睢阳，是一座历史名城。西汉文景时，曾是梁孝王的国都。孝王固守此城，抗拒吴楚七国，使之不得西进。孝王以豪侈名世，但时至今日，一切俱往矣。只有一池南湖水，春来雁鹜飞了。年轻的司马光在仕途上阅历尚浅，对前途正充满信心，一路上置身于满眼桃红柳绿的盈盈春色之中，兴致倒也很好，所以，当他们来到洛阳经过洛桥之南的时候，并不十分擅长诗词的他情不自禁地还吟了两句诗：“铜驼陌上桃花红，洛阳无处无春风。”他眼里看到的、心里想到的都是一片盎然的春意。然而，在人生旅途上却并不都是美好的春天。

顺汴渠东南航行，司马光就来到了宿州（今安徽宿州市），在这里有他的同年好友吴充。吴充，字冲卿，后于熙宁九年（1076）代王安石为相时，请召还司马光。好友的盛情难却，司马光在宿州稍作逗留，“撙晷且为乐，携手登高楼”，两人一同登上宿州北楼，瞻望梁楚之郊。这里平畴万里，坦荡无垠，不禁令人联想起王粲《登楼赋》中的名句“览斯宇之所处兮，实显敞而寡仇”。这里自古以来是群雄逐鹿的地方，唐末爆发的庞勋起义，这里就是主战场，“唐纲日寝衰，盗起如螟蟊；相携聚萑蒲，袒臂提锄梗。蟠薄数千里，焚劫无余留”。残酷的战争对社会经济的摧毁是无法估量的，所幸的是，今天这片土地又恢复了欣欣向荣的生机。“蓁蓁荆棘林，腺胨良田畴。耒耜趣时雨，黍稷丰岁收。昔为车骑利，今睹桑麻收”，完全是一片升平景象了。夕阳西下，驿程有期，司马光依依惜别，登上暮舟，又要奔赴前程去了。

苏州，宋代隶属于两浙路，而杭州则是两浙路的首府，两地相距不远，因此，司马光还是有机会去看望父亲并协助他做一些工作的。杭州湖光山色美不胜收，西湖当然是必去的地方。司马光写下了《西湖》一首，描写了西湖秀丽的景色，诗中写道：“佳丽三吴国，湖光荡日华。鱼惊动萍叶，燕喜掠杨花。云过山腰黑，风驱雨脚斜。烟波遥尽处，仿佛见渔家。”杭州广岩寺也是司马光常去的地方，寺中有双竹“相比而生，举林皆然。其尤异者，生枯树腹中，自其顶出，森然骈竦。树如龙蛇相萦，矫首研然”，是颇为奇异的景观。聂之美是司马光的世交契友，“相思不能已，欹枕梦君来”，两人的友情是极为深厚的。此时，聂之美也在杭州，两人泛舟钱塘江上，身心自然融入了寥廓的江天之中。在苏州，司马光还结识了新友李子仪，此人德才兼备，司马光非常敬重他，认为自己是不能望其项背的。两年后，李子仪果然考中进士，在士大夫之中，享有很高的知名度。

然而，就在这个时候，西夏李元昊正式称帝，欲与宋王朝分庭抗礼。宋廷对此极为不满，下诏募人捉拿元昊，宋、夏关系再度恶化。康定元年初，元昊先发制人进攻延州，歼灭宋军万余人，活捉宋军主将刘平、石元孙。宋廷平时疏于防范，此时惊慌失措，连连更换主帅，频频调整兵力，甚至下诏命远离延州的潼关也处于戒备状态，并开始强征陕西、河北百姓为民兵守边。又增添北方各路弓手，以加强地方治安。不仅如此，连远在南方的两浙也拟议大规模征发百姓充当弓手，“擐甲执

兵学习战阵，置指挥使、节级等名目”，以军法从事。借口维持治安，逐渐地整编为正规军，戍守边防。宋代一路首府行政主官同时兼一路兵权，作为知杭州的司马池，他同时兼提举苏杭一路兵甲巡检公事和两浙西路兵马钤辖，领一路兵权，同时负责一路的治安。他对中央在两浙路也添置弓手一事持有异议，在这个问题上，父子的意见是一致的，司马光便代父草拟奏章，向仁宗进言。在奏章中他从两浙的具体情况出发指出；添置弓手增设武官，是“平居兴役有害无利”，他列举了五个方面的理由：

（1）两浙从无大规模调发弓手之事，消息传出，“众情鼎沸，至欲毁体捐生，窜匿山泽”，影响了社会的稳定。（2）吴越人素不习武，因此强盗比他路为少。如强征为弓手，逃匿山林者，必然要投奔到武装走私、贩卖私盐私茶的队伍中去，治安状态将势必恶化。（3）本来地方“版籍差误，户口异同”，征发弓手，正好给地方贪官污吏提供了敲诈民财的机会。这些人为“厚利所诱，死亦冒之”，国家即使严惩不贷也无济于事。（4）以农民为兵，“徒烦教调，终无所成”，而且“虚有烦费而与不添置无异”。（5）历史上吴人“乐乱”，宋朝建立80年来，历代“敦化”，“暴乱之风，移变无迹”，现在大规模征发，加强军事训练，只能“生奸回之心，启祸患之兆”。

从这份奏疏，我们也能看出来，此时的司马光对朝廷的一些政策还是有着很深的见解的。宋代各路都有民兵组织。一般来讲，有宋一代沿边地区民兵战斗力较强，有的甚至超过正规军禁军，是保家卫国的一支重要的武装力量。而内地民兵战斗力极弱，不堪一击，聊备一格而已。两种民兵从隶属上来讲也不相同，前者隶属枢密院，后者则隶属于兵部。司马光一生章奏很多，这是他平生第一份章奏，虽是代父亲写的，但也表达了他的思想。这一章奏的核心思想就是以不加重百姓负担，维持安定的社会秩序为原则，从实际情况出发制定方针政策，这是他在父亲的影响下治国思想形成的开始，在以后多年的政治生涯中，他的主张都没有离开这样的一个核心。然而，司马池虽然为地方着想，为国家着想，但在充满着明争暗斗的官场之中，往往越是忠直正派，越是容易遭到打击。他是个诚实直率的人，一生“奉上官不回曲，于朋友尽规功”，“为官尽心，正纲纪、塞侥倖、抑仪豪”，遇事多能秉公办理，“政无私淄”，不托私人关系，史称他作为地方官却“一无饰厨传，割剧非所长”，就是对到杭州来的官员不特别宴请迎送，不善于处理那些繁杂的行政工作，这样，不可避免地就得罪了一些人，遭到了非议。就在这个时候，转运使江钧和张从革弹劾他处事不当，但是司马池没有理睬他们的攻击，没有为自己辩白，于是第二年他就被降调到偏远的貜州任知府（今河南灵宝东）。不过司马池并不“升降为意，处之淡然”，接到敕命之后，便携带全家上路了。

初登仕途的司马光，由于阅历尚浅，还没有看到官场的复杂，同时也没有遭遇到什么打击，但是，在接下来的时间里，他要面临的还有很多。

初露锋芒，双亲去世

初登仕途的司马光可谓是年少得志，然而，就在这个时候，不幸的事情接踵而来，这些都给司马光以沉重的打击。

正当司马光的政治才能初露锋芒的时候，他的母亲聂氏不幸病逝。聂氏，是秘阁校理聂震之女。聂震咸平中以历政无过、知书预校四部书，大中祥符时，又预修《册府元龟》，是位学富五车的儒臣，聂氏本人也是“才淑之誉，孝睦之行，著于闺门，而称于乡党焉”。司马光按封建礼法立即辞去职务为母服丧。此时，司马池也降充知虢州。司马光离开两浙，护送母亲灵柩回到了家乡。然而，随后，更大的不幸也接踵而至，庆历元年（1041）十二月初八日，司马光的父亲司马池病逝在晋州任上。这时，他们从虢州来到这里还只有几个月，于是他和哥哥扶着父亲的灵柩回到了故乡，母丧还没满服，又接着父丧。司马光请父亲生前好友庞籍为父撰写了墓碑，庆历二年（1042）八月，将父母安葬于涑水南原晁村的祖坟上。双亲的相继离世，使司马光悲痛万分，他为自己刚刚成人，还没有来得及很好孝敬父母而极为伤心。多年之后，他通常为此而悲哀，叹息：“命奇不得报劬劳，平生念此心先乱”。

在丁忧的日子里，司马光用心读书写作，潜进无涯的学海来排遣悲伤和寂寞。三年之中，虽然司马光脱离了官场，但他并未脱离政治。在读书之余，他也时刻关注着国家形势的变化。在家乡，他目睹宋廷政策上的失误对陕西社会经济的破坏，给陕西人民带来的痛苦。当时的大害是康定时强籍乡弓手一事。康定元年（1040），宋廷为了弥补战争中的兵员损失，决定强征陕西之民，三丁之内选一丁为乡弓手。起初出榜声明乡弓手只守护乡里，不充当正规军戍守边境。但告示还未收，朝廷就食言，将乡弓手全部编为保捷军调赴前线。陕西内地之民“皆生长太

运城市夏县司马光祠

平，不识金革。一旦调发为兵，自陕以西，闾阎之间，如人人有丧，户户被掠，号哭之声，弥天亘野。天地为之惨凄，日月为之无色。往往逃避于外，官中执其父母妻子，急加追捕，鬻卖田园以充购赏。暨刺面之后，人员教头利其家富，百端诛剥。衣粮不足以自赡，须至取于私家。或屯戍在边，则更须千里供送。祖、父财产日销月铄，以至于尽”。司马光认为这些人“平生所习者，惟桑麻耒耜，至于甲胄弩槊，虽日加教阅，不免生疏。而又资性戆愚，加之畏懦，临敌之际，得便即思退走，不惟自丧其身，兼更拽动大阵”。非唯无补，而且有害。后来政府也知这些人无用，于是大批淘汰，允许解甲归田。但是，这些人已经懒散惯了，不肯再从事农业劳动，而且有的田产已空，也无家可归，于是流落四方，饥寒交迫，不知所终。这件事所造成的创伤，许多年后，在陕西的父老心中都难以平复。

针对自己在家乡的所见所闻，司马光也写了很多的论文，这里面既有学习的心得，也有对国家形势的分析。他很善于独立思考，对事物都有自己的独到之见，不为世俗之论所拘，也不为前人陈说所囿。在这期间，他写了一篇《十哲论》，反对祭祀十哲的传统观念。古代在祭祀孔子时，他的弟子们都得到配享，但只有其中的十个，也就是颜渊、闵子骞、冉伯、仲弓、宰我、子贡、冉有、季路、子游和子夏配享正殿，这十人称为十哲，其余弟子都在东西廊下配享。司马光认为这是不公正的，因为孔子本人并没有认为他的弟子中只有这十人是贤者。再者，孔子的弟子中贤者也并不止这十人，而且这十人也非“尽善”。所以单单把这十人尊为十哲，是有失公允的，“且政事、言语、文学之高者，不足以当德

司马光像

行之卑者”，就是十哲，也不能一概而论。

不仅如此，司马光还对人们历来所公认的战国四贤：孟尝君、信陵君、平原君和春申君作了重新评价。他认为，作为人臣，首先应该忠于君上，其次应该利于国家，再次就是要做到善养人民。违背了这三条，就算不得称职的人臣。而孟尝君虽然养士施恩，但却不顾国家的法度，而是结党营私，只为谋求个人的名利，“以窃国相之位”，完全是为了自身，不是为国家、百姓着想。春申君虽然不惜牺牲自己去保全楚国太子，解楚国社稷之忧，称得上是“智勇忠信”，但是，他依仗权势、穷奢极乐，十几年就把楚国搞得衰弱不堪，又听信奸邪，造成祸乱，自己最终也落得个身败名裂的下场。从这些方面来看，他也算不上真正的智勇忠信。平原君因为贪图名利，最终导致了战乱，让楚国几乎遭受灭顶之灾。然而，尽管如此，在他掌权的时候，还能够听进忠言，并且对君王也是非常的忠心，但比孟尝君和春申君还是差远了。只有信陵君能在家尽孝道，在朝礼贤下士，确有“高世之材”，特别是他忠心为国，用计战胜了强于自己十倍的秦军，不仅保全了魏国，而且安定了六国。当遭到糊涂的魏王的猜忌时，又能潜身隐退，使自己不致遭谗言之害，可谓是大智之人。不仅如此，他为人讲信用，重仁义，在这四君子当中，当属信陵君为真君子。

从这里我们也能看出，司马光虽然是写评论，但这同时也是他的政治思想的体现。在评论这些先朝旧臣的过程中，他也有了自己的贤臣标准。经过对比，他提出了自己的观点，他认为，作为一个贤臣，不仅仅要具备才能和智谋，还要在施政的过程中坚持“仁义”为本。司马光是这样说的，也是这样做的，在后来的仕途中，他一直坚持着这个原则，造福于民。

在这段时间里，司马光除了读书写作，阐述自己的见解，还注重了解基层百姓的生活状况。此时，司马光的同年孟翱出任夏县县尉，孟翱是位“睿明强识”又恪尽职守的青年官员，他在夏县一年左右，对“封域之内，山泽之夷险，道途之远迩，邑落之疏密，无不历历详其名数。吏卒数百人，人民逾万室，性行之善恶，家资之丰约，居处之里，囷仓之数，皆能条例而诠次之”。司马光日与之游，对地方政治的利弊得失有了更深入的了解。

在司马光丁忧期间，他并没有荒废时间，而是将自己的悲痛全部转化为实现大志的准备当中。在这几年里，他更加系统地阅读了为政的书籍，并且更加深入地了解百姓的生活状况，这些都为他后来的复出以及为政提供了更多有实际意义的标准，而他自己对官场的认识也更加深刻了。

第二章

胸怀大志　游宦四方养器业

司马光在丁忧过后，再次进入仕途。胸怀大志的司马光只身一人来到京师开封，原本他充满着希望，但是在刚到京城的时候，事情并没有他想象得那样顺利。虽然在后来的时间里，他到处寻师访友，渐渐有了一些声名，但是命运弄人，就在他刚有些成就的时候，又再次远离京师。这一路上的坎坷让他非常的无奈，并且对官场也逐渐失望，时常郁郁不得志。

南进京师，初不得志

司马光在为父母服丧5年之后，已经是庆历四年（1044）了。按照当时的规定，丁忧期满就可以进京等待派遣，然而，司马光并没有这样做，而是在这年冬天，离开家乡，来到延州，投奔父亲的好友知延州庞籍。

在这路上，有个叫相思亭的地方，亭位于“大山之麓，二水所交，平皋之上”，往来的行人仅知道亭名“相思”，但不知为何名相思。司马光在赴延安的途中，经过这里。这个时候宋夏战争尚未结束，征人戍卒川流不息地由此奔赴前线。司马光有感于“东山采薇之义，叙其情而愍其劳”，写下了诗歌五首，以表达他一贯的反战思想。

岭上双流水，犹知会合时。
行人过于此，哪得不相思？
偃蹇登修阪，高侵云日间。
几人征戍客，跋马望家山。
塞下春寒在，东风雪满须。
河阳机上妇，知我辛苦无？
柳似妖娆舞，花如烂漫妆。
哪堪陇头水，呜咽断人肠。
空外游丝转，飘扬似妾心。
别来今几日，仿佛近雕惆。

不久，他签书武成军（治今河南滑县东旧滑县）判官之职。庆历五年（1045），司马光又改宣德郎将作监主簿，权知韦城（今河南滑县东）县事，但他在那里任事只有一年多时间。在韦城的时间虽短，却获得了“政声赫然，民称之”的赞誉。

在这里任职期间，司马光的个人生活也很惬意。平日里，在处理政务之暇，他都是抓紧时间攻读典籍，并且写了大量文章，如《机权论》《才德论》《廉颇论》《应侯罢武安君兵》《项羽诛韩生》《汉高祖斩丁公》等，多是史论文章。司马光说，他“结发设经史，疲梢非一割”。司马光从小就对历史有着特别浓厚的兴趣，并且这种兴趣随着年龄的增长、阅历的加深而变得更加坚定。事实上，这个时候的司马光还是个二十几岁的年轻人，此时的他精力充沛，思想活跃，闲暇之时，他把精力都集中在学习、研究历史上，经过对历史人物和事件进行认真的评议探求历代统治者统治术的得失，总结经验教训。这些前期的努力和准备，为他后来编著《资治通鉴》打下坚实的基础，并且提供了非常有价值的资料。在这里，他和同僚们相处得十分融洽，公务之暇，大家常在一起相聚赋诗。然而，让他最难忘的还是那次雪后河亭之游，大家来到黄河边上，只见滔滔巨流竟也冰封渡口，巍巍太行，银装素裹，遥相映照，一派格外清丽的冬景。面对佳景，饮酒赋诗，“健笔千篇富，醇醪一醉欢。困犹挥落尘，暝不顾归鞍”。这种无间的情谊，这段美好的时光，给他留下了长久的记忆，以至后来在纷华的京都，他还常常念起这些百余里外的“胜友”，为不可一见而嗟叹不已。

司马光这次的出仕在进京以前，似乎都是非常的惬意，生活也是很顺心。然而，仕途坎坷，要想真正步入青云，也不是件容易的事情。这一年的冬天，司马光又接到改授大理评事补国子直讲的诏旨。接到了诏令，司马光便起程进京。临进京的那天，虽然天寒地冻，但他的那些朋友们都出来置酒为他饯行，看到这样的情境，司马光非常感动，激动之余，赋诗留念：“不辞烂醉樽前倒，明日此欢重得无？追随不忍轻言别，回首城楼没晚明。”表达了深深的愁怨之情。同时他又和诸友共勉：际日浮空涨海流，虫沙龙蜃各优游。津涯浩荡虽难测，不见惊澜曾覆舟。此时的司马光已经27岁了，他这是第一次进京任职。经过这几年的对官场的认识，他知道，前途茫茫，同时，此时的他也是满腔的热情和抱负。他始终坚信，凭借自己的努力，一定能够有一番作为。他就怀着这样的心情，告别了友人，告别了那个常常使他怀念的小城，来到了都会之地东京（今河南开封）。

刚到当时宋朝的都城开封的时候，他只是一个很小的官员。在宋朝，评事只是负责刑狱的机构——大理寺中的一个一般官员，国子直讲则是在太学里负责教授经书之职，虽然很快他就被迁为大理寺丞，但也还是一般职务。尽管这样，他却不因位卑职轻而马虎从事，为了赵宋王朝统治的稳定，分内分外之事，都积极认真地对待。大理评事的工作是复核全国各地的案件，“朝讯狱中囚，暮省案前文”，整天都处于繁忙的事务之中。有时忙得连早饭也吃不成，头发乱蓬蓬的也顾不上梳理，更不要说悠闲地摘摘“霜髭”了。“府官无旬休，虑问乃游息”，政府官员应当享受的“旬休”，在大理寺也无法执行。这种生活简直像樊笼里的飞鸟，这样的环境，让司马光感到非常的抑郁，于是，在闲暇的时候，他就给友人钱公辅写了一首诗，表达出自己当时的心理感受，诗说：“簿领日沈迷，事役等胥靡。咫尺东园乐，无如簿领何。春风连夜恶，闻道落花多。长杨委嫩绿，老柏净新翠。贱生参府僚，勉强逾半岁。终非性所好，出人意如醉。讼庭敲扑喧，众草绝生意。不知有青春，倏忽已改燧。夜阑闭户牖，青晕生昏灯。僮仆悉已眠，书几久欹凭。涉猎阅旧闻，暂使心魂澄。有如行役归，丘园恍重登。又如远别离，邂逅逢友朋。”从这首诗里，不难看出，司马光向往的生活是一

种很闲适，可以自己支配时间的官职，而对于繁琐的事情，他是很不擅长，并且也不乐于做的。对于他来说，读书才是他认为最享受的事情。然而，后来的事情也是诸多不顺，可以说，在进入京城开封的头一年，司马光都是闲得很抑郁的。

庆历七年（1047）十一月，贝州（今河北清河）军卒王则利用弥勒教组织军士和河北山东交界地区十几个州的居民，发动了反对宋王朝黑暗统治的起义，他们杀死那些欺压百姓的贪官污吏，打开监狱，放出囚犯，攻占了贝州城，王则称“东平郡王”，设官建国，国号“安阳”，年号“得圣”，要坚决推翻宋王朝的统治。朝廷派兵围困了贝州城，进行残酷镇压，但是起义军抵抗十分顽强。这时，司马光父亲的生前好友庞籍在朝为枢密副使，是掌管全国军事的要职。司马光便给他上书，为尽快消灭起义军献策。他说，本来处理这样的国家大事，朝廷自有方略，自己官小职微，乱发议论，是“罪之大者”，但是为了对朝廷之德和庞籍之恩“有以报万分者”，宁可自己得罪而冒昧进言。他的意见是要尽快采取得力措施，立即镇上，以免“他变旁起，不逞之人同恶相济，乘衅而动”，引起其他地方的响应，将难以应付。他认为如果全凭“兵力取之”，只能更加坚定起义军的斗志，那就会“用力百倍，而攻不克毕也”，因此他建议应“以计破”，派人潜进贝州城中，“焚其积聚”，作为内应，造成起义军给养上困竭，从而动摇他们的斗争意志，然后谕降，威胁利诱并用，进行分化瓦解，这样，不出旬日，起义就可以被镇压下去，对起义者应当只诛首恶，余皆勿问，这才是“以立威而示怀，讨不失罪，赏不失功，士卒无伤，甲兵不顿，财谷不费，盗贼不滋”，是“最策之得者也”。后来，负责镇压王则起义的安抚使明镐以“有能获贼者，投诸卫上将军”为诱饵，诱使贝州城中汪文庆为官军内应，接应官军入城进攻起义军，由于起义军英勇抵抗，官军被打败。明镐一计不成，又用一计，悄悄地挖地道通向城中，出其不意发起猛烈攻击，起义军坚持了66天的斗争终于失败了。王则被俘，惨遭杀害，残暴的官军竟然将保卫村舍的“余众皆焚死”。

庞籍在枢密副使的任上做了很多有功绩的事情，并且也非常有长远的眼光。同时，仁宗对他也是越来越信任和倚重。皇祐元年（1049），庞籍升任枢密使，他对忠心耿耿又有才能的司马光十分器重，举荐他任馆阁校勘，但是没有得到皇帝的许可。两年后，庞籍当了宰相，再一次力荐司马光，仁宗才准许。这时的司马光才得以任馆阁校勘，并同知太常礼院。馆阁校勘是负责编校图书典籍的，在当时是很为知识分子所欣羡的荣耀之职，对爱好经史的司马光来说，当然更是一个好机会。因为担任这一职务，给他提供了借阅朝廷秘阁所藏的丰富的图书秘籍的机会，对他研究历史是非常有利的。这次调任国子直讲，对于爱读书的司马光来讲，也是一次再好不过的机会了。他在《谢校勘启》中说：“乃始修砺钱铸，诛治荒秽，庶几勉徇宿昔之志。虽失之春芸，犹得之秋获，足为愈焉！”太学官的生活是清贫的，“旦夕唯盐齑”，但“君子尚仁义，宝用为身资”，“财贫非道贫，已矣何嗟咨”！在太学里，司马光与李子仪、邵亢等人志同道合，大家“日夕相从，讲道甚乐”，精神是愉快的，也是富有的。在太学任职，无吏事相责，无森严的上下级关系，司马光深庆自己比陶潜幸运。在《和邵兴宗秋夜学舍宿直》这首诗里，司马光写道：

直舍逍遥度清夜，暂投逢掖解儒冠。
高楼影背星河转，疏生气兼风露寒。
篱下黄花新蕊乱，门边碧柳旧株残。
折腰把板今无有，匆似陶潜遂弃官。

宋代馆阁为“储才之地”，在馆供职者，不任吏责，以阅读、校雠

司马光塑像

皇家图书为事，通过优游议论、群臣讲习、直庐秘阁以备应对等形式，渐知朝廷之治体，练熟国家之故事，以备国家异日之用。因此，对于勤奋好学的司马光来讲，这是一次比在太学任职更好的学习与提高的机会。司马光感激涕零地表示：“敢不夙夜刻励，寤寐训辞，进益所长，攻去所短，冀不忝前人之教诲，羞知己之称论，以负明诏之收擢而已，过此以往，不知所为！”果然，司马光在进入馆阁短短一年多的时间里，相继完成著述两部，这就是《古文孝经指解》和依据《集韵》《说文解字》及经传诸书写成的《名苑》。同知太常礼院则是负责拟定典礼仪式的职务，此时的司马光已经逐步有了自己的为官之道了。

皇祐二年（1050），改正雅乐之事又重新提出。时成都人房庶应召赴京，房庶认为传世的《汉书》有脱文，以致造成了后世律由尺生之误，后世雅乐不合古乐，究其原因，也出于此。他认为律应当起于黄钟，起于量。但是，按他所言制成的律与李照的相同，房庶不得不承认自己的观点有问题，但房庶的观点得到了范缜的支持。司马光认为，范缜尺由律生的观点是对的，不过古代的律，包括度、量、衡均已失传，古律因而已无法恢复，在这种情况下，就应当采用以尺生律之法来定雅乐。司马光和范缜两人从皇祐二年起争论雅乐的制作，到四年也未能统一。后来司马光与范缜为了辨明是非，在雅乐的问题上争论了30余年，两人各执己见，谁也说服不了谁，但两人的关系一直很融洽，是莫逆之交。皇祐时，同在馆阁，决于同舍，同舍不能决，遂弈棋以决。司马光不胜，才定范缜之法为对。皇祐四年（1052），仁宗得意的大臣太师中书令夏竦死了。按照惯例，大臣死后都将其行状呈报朝廷，申请赐予谥号，朝廷考定此人一生功德，诏下太常礼院拟定谥号，再奏上定夺。但夏竦这人无论为人，还是从政，都不值得称道，仁宗也明知他“平生不盼众望”，只因特别偏爱他，便违反制度，不经过太常礼院议奏，即赐以“文正”谥号，这在谥号当中是最好的了。司马光认为这样名实不符，是皇帝“欲以恩泽之私强加美谥”，徇情违法，这是“国家之失”，由于考虑到这点，为国家着想，所以他“不敢避诛戮之辜，怨仇之祸”而进行直谏，要求改赐谥号。谁知奏章上去后，仁宗却没有反响，司马光便再次上疏，明白指出夏竦“奢侈无度，聚敛无厌，内则不能制义于闭门，外则不能立效于边鄙。言不副行，貌不应心，语其道德，则贪淫矣！语其正直，则回邪矣，此皆天下所共闻”。后来，由于司马光如此力争，仁宗考虑到利害关系，终于接受了他的意见，改赐“文庄”。

在自己的任上，司马光始终是忠心为国，很多时候甚至是不顾自己的性命，直言敢谏，并且一旦认准了自己的是对的，就会毫不让步。不仅如此，在这期间，司马光还曾论内臣麦允言不宜给卤簿（仪仗），论刘平招魂葬不合典礼，论修筑皇地祇坛与规定制度不合，论张尧佐不当除宣徽使等事情。两年之间，他就八九次上奏，批评皇帝不遵礼制的过失。皇祐五年（1053），司马光又在庞籍的荐举下，迁任殿中丞，除史馆检讨，修日历，改集贤校理。司马光是位实事求是的史学家，临文不讳，善恶必书。他在编写日历时发现时政纪及起居注都不记载元昊称帝与契丹求割关南地之事，他请求查寻两事本末，交史馆讨论，但史馆修

撰孙抃认为“国恶不书”，否决了司马光的建议。

进入京城之后，司马光虽然在开始的时间里不得志，但是随着形势的好转，以及庞籍的帮助，使得他在接下来的时间里，仕途顺利，并且在政治上更加地成熟了。皇祐二年（1050）张氏又生了一个儿子，在这之前，司马光已有过两个儿子，但都在南北转徙的生活中夭亡了。在失去两个孩子之后，32岁的他终于又得一子，当然是非常欣喜的事，他大概是祈望这个孩子能健康成长吧，起名司马康，这给司马光带来了更多的欣慰。

寻师访友，声名渐起

司马光在一生的仕途中，都是非常喜欢寻师访友，遇到有德行学问高的人，他都会前往拜见，他也因而有了很多的良师益友，这对他自己后来的为政也有很大的影响。

司马光来到京城后，经过庞籍的举荐和提携，仕途非常顺利，而司马光对自己的生活也是很满足。他知道，京城是天下英豪、才子俊杰荟萃的地方，在自己的仕途步入正轨之后，他就开始在京城遍访师友，随着他的学问以及政绩的提升，他在京城开封的声名也渐渐传播开来了。

其实，早在来京城开封之前，司马光就已经拜访过很多的名士，并且在那些地方已经颇有声名。在延安的时候，司马光结识了庞籍的幕僚何涉。何涉字济川，南充（今四川南充市）人，涉博闻强记，多才多艺，为范仲淹、庞籍所赏识，“军中经画，涉预有力”。庆历四年（1044）秋，宋夏缔结和约，涉以亲老请归养，通判眉州（今四川眉山市）。行前，两人有唱和之作，司马光写下了《奉同何济川迎吏未至秋暑方剧呈同舍》一诗，诗中写道：“稚金避老火，暑势尤骄盈。朱光烁厚地，万叶焦无声。夫子久倦游，得郡为亲荣。束装待驺吏，归期殊未成。”

不仅如此，再后来，司马光在武成军（今河南滑县东）判官公事任上，也是颇有声名。当时，黄河水患严重，频频决口，滑州严重受灾，百姓家园多为淹没。司马光督役河上，安置灾民，很长一段时间就吃住在河堤之上，连同僚好友赴沧州远差，也不得送行。滑州不是大郡要地，在处理完“牒诉文移”之余，尚有闲暇。时张锡、郭劝先后知滑州，两人均为仁宗朝翰林侍读学士，为人淳重清约，是儒雅之士，同僚诸友亦多为操节之士，大家志同道合，不免要寓情山水。冬季，司马光与幕府诸君同游河亭，远眺太行山雪，饮酒赋诗。后来司马光写诗追记此事，“畴昔追清景，狂吟忘苦寒。河冰塞津口，山雪照林端。健笔干篇富，醇醪一醉欢。困犹挥落尘，瞑不顾归鞍”。第二年夏天的时候，每当公事处理完，也有好去处，“滑台古镇揭高牙，主人贤厚宾友嘉。公庭退休射堂饮，水沈绿李浮甘瓜。清言妙谕间诙谑，笑语往返何喧哗”。射堂大概是州衙内休憩之所，公余之暇，饮饮滑台名酒暑酿，吃吃时鲜瓜果，高谈阔论之中不乏诙谐之语，生活是极富情趣的。司马光年轻时也填词言情，有《阮郎归》一首传世，词说：“渔舟容易入春山，仙家日月闲。绮窗纱幌映朱颜，相逢醉梦间。松露冷，海霞殷，匆匆整棹还。落花寂寂水潺潺，重寻此路难。”词写得浓艳而富有情思。

司马光是一个有远大政治抱负的人，虽然此时的他还没有引起他人的重视，但是，他一直没有丝毫懈怠自己的理想。在京城的数年间，他除了做好自己的职责内外的事情，偶有闲暇的时候，就去结交一些名士。同时，在京城也有他以前的很多好友，这样一来，他就更快地在京城开封有自己的声名了。

当时，在京城有一个叫吴育的名士。司马光了解到，吴育论事“所

司马光墓

讥切皆当世之病，所区画皆应事之宜”，他是司马光“自幼及长”就仰慕的一位前辈，也是好友同年吴充的兄长。司马光早就想亲聆言教。吴育也欣然赐诗，以“道为根柢言为华”相勉励。后来，司马光游宦四方，无由谒见，来京后，吴育正任参知政事、枢密副使，司马光极想瞻望这位前辈，但是又畏人之言。庆历七年（1047）春，吴育罢政，出任知许州（今河南许昌市）。在这个时候，司马光才有机会得以拜访他，随后，献上了近作五卷请吴育指正。

在后来的时间，司马光又拜见了当时的名士宋祁，在北宋，宋祁是一代文豪，在当时影响很大，为“后进之衡鉴”。此时宋祁为翰林侍读学士、史馆修撰，正领衔编修《唐书》。对于非常喜欢了解历史，评论古今的司马光来说，拜访并且结交这样的人，是非常有必要的。司马光深知，只有和这样的当世之名士相交，才能提升自己的品质。同时，司马光也知道，要想让自己的政治主张得到重视，首先必须增加声望。在京城开封的这几年里，司马光除了拜访这些名士之外，还有庞籍之子庞之道及邵亢、邵必、李子仪等旧交。然而，司马光感觉到，要想丰富自己的见识，深刻自己的思想，就需要博取众人之长。于是，他又结识了梅尧臣、江休复、钱公辅、宋敏求、宋敏修、韩维等当时的名流。在这个过程中，司马光感觉到这些人和自己志同道合。于是，在以后多年的时间里，他们的关系一直保持着，而这些人很多都成了司马光的直友、净友、多闻之友。司马光初入京时，任大理评事，他不能适应审讯这样繁剧的工作，听不得拷问囚徒时的鞭笞声和囚徒的呻吟声，情绪低落、厌倦异常。梅尧臣看在眼里，写下了《次韵和司马学士虑囚》一诗，在诗中，梅尧臣诚恳地希望司马光“缧囚往虑问，勤恤意不息”，“愿言保兢慎，切勿厌此役”。因为这其中常有“诖误”、“非罪之人”，这些人“一遭纤微衅，鉴垢莫磨拭”。评事一职的责任实在不轻，可不能掉以轻心啊！在这段时间里，司马光还结识了宋代著名的学者、教育家胡瑗先生。胡瑗对司马光很器重，嘉祐初年，胡瑗先生年事已高，体弱多病，就离京返乡了。返乡后，胡瑗还时常有诗文相赠，对司马光褒奖有加，期望甚殷。司马光在《酬胡侍讲先生见寄》一诗中写道：“先生喜诱掖，贻诗极褒赍。谁云岁杪寒，面热汗沾渍。非不悦子道，驽钝力难致。常恐负吹嘘，终为重言累。”

随着司马光结识的人越来越广，越来越多，再加上自己的卓著的才学，使得他在京城很快就有了一些声名。到了皇祐四年（1052）的时候，京城的很多名流以及一些高官都对他有所了解。后来的一件事，更是让司马光的声名大震。

这一年四月的时候，一名叫清辨的僧侣，不远千里，从秀州（今浙江嘉兴市）来京师请司马光为他新修的一座高敞的法堂写篇纪念性文章。司马光一再推辞不得，写下了《秀州真如院法堂记》一文。当时社会上的僧侣们“以淫怪诬罔之辞，以骇俗人，而取世资，厚自丰殖，不知餍极”，司马光对这种丑陋的社会现象进行严厉的抨击，他指出这完全违背了佛教的本旨。司马光认为“佛盖西域之贤者。其为人也，清俭而寡欲，慈惠而爱物，故服敝补之衣，食蔬粝之食，岩居野处，斥妻屏子，所以自奉甚约而惮于烦人也。虽草木虫鱼不敢妄杀，盖欲与物并生而不相害也。凡此之道，皆以涓洁其身，不为物累。盖中国於陵仲子、焦光之徒近之矣”。司马光在文末希望僧清辨能“深思于本源而勿放荡于末流”，如果以新修的讲堂来“明佛之道”，抵制恶劣的社会风气，那么这个讲堂就修建得有意义了。后

来，这件事在京城名流当中传开，司马光在当时的名士当中，也慢慢地有了很高的声望。

司马光再次出仕以来，先后在很多地方任职，并且对这些地方也有了很深刻的了解。不仅如此，他每到一个地方，总会结识当地的名士，这样更加丰富了他的阅历以及对国家施政的认识。而到了京城之后，他更是从更大的视野上来看待国家的政策实施。通过之前的一些努力，使得他不但学识精进，而且政治思想也逐步形成，这些对司马光后来的前途有着举足轻重的作用，可以说，这是他一生成长过程中最重要的阶段。

通判郓州，又出并州

每个人的生活道路都不会没有曲折。正在司马光仕途得意之时，庞籍却因为亲属受贿被人告发，而被罢去宰相职务，降职户部侍郎，出任郓州（今山东东平知州）兼京东西路安抚使，于是，他就请求朝廷准许司马光做他的助手通判郓州。至和元年（1054）春天，司马光刚刚除受群牧司判官，当时任制置使的是包拯，同为判官的还有王安石，朝廷大臣还有欧阳修、范缜、宋敏求和石扬休等人，都是有志于治国安邦的饱学之士，司马光与他们志趣相投，常相往来，本来是有着很好前途的。然而，司马光知道自己在朝廷中之所以能够很快地受到提拔，多是庞籍在帮助。所以，这次庞籍虽然是被贬出朝的，但是，司马光毫不介意，他欣然从命，随庞籍来到郓州任上。可能是贬职的关系吧，这次离京赴任，司马光一点也不从容。好友邵必贬到泉州（今福建泉州市），司马光连饯行的宴会也未能终席就匆匆返家收拾行装启程了。

在宋朝，安抚使兼一路兵民之政，庞籍是庆历以来对夏战争中成长起来的儒帅，与范仲淹、韩琦等共同摸索制定出一套正确的对夏战略并加以实施。他“习知夷狄情，能断大事”，放在郓州，实际上是投闲置散。州民政的权力往往委托通判代行其职，通判的本职工作之一是监察一州县级以上官员，每年要到各县巡视一番，因而司马光的职责是很繁重的。司马光刚到郓州，庞籍就让他兼典州学之事，负责一州文教工作。当时有个东阿县（今山东东阿南）的主簿寄书给他，自炼劳绩，司马光对这种自我表功、找门路、拉关系以求得升迁的做法很反感，于是就不客气地给这位张主簿回书说：“我已经知道你的贤名，但不是等到你来求我才知道的。”你的做法“殊非所望”，“君子患不能，不患人不知，足下姑勉修所能，何患无知已？”最后就这样把他给顶回去了。在郓州，从秋到冬，郓州无雨无雪，旱情严重，司马光又代表庞籍向境内包括黄石公在内的诸位神灵祈求雨雪。阳春三月，又远赴许昌，驱驰于羁旅之中。尽管一路上“竹林近水半边绿，桃树连村一片红”，一派田园风光，但是，此时的司马光已经全然没有心思欣赏了。

在郓州的头一年里，不长于吏治的司马光显得左支右绌，颇为狼狈。为了不辜负恩公，他竭尽全力地工作。在《和吴冲卿崇文宿直睹壁上题名见寄并寄邵不疑》这首诗中，司马光写道：“去秋随相车，沿牒来东方。行行到官下，日积簿领忙。文书拥笔端，胥史森如墙。况当三伏深，沾汗尤淋浪。细蝇绕眉睫，驱吓不可攘。涔涔头目昏，始觉冠带妨。诚知才智微，吏治非所长。惧贻知己羞，敢不益自强！”地方工作尽管比馆阁里繁杂，但郓州毕竟旁近曲阜，是深受儒风熏陶的地方，民俗淳厚。经过一段时间的努力，司马光逐渐适应了通判这项工作，还忙里偷闲最终完成了《古文孝经》的校勘。在《奉和始平公忆东平》诗里，司马光写道：

千岩秀色拥晴川，万顷波光上下天。
委地鱼盐随处市，蔽空桑柘不容田。
讼庭虚静官曹乐，儒服宽长邑里贤。
不为从知方负羽，独乘鱼艇老风烟。

司马光在郓州只住了一年多时间，至和二年（1055）六月，庞籍调任知并州（今山西太原市）兼河东路经略安抚使、马步军都部署，肩负起防御辽、夏西北二敌的重任，司马光也随从庞籍改任并州通判。此时，庞籍又举司马光为并州通判，给他当助手。于是，司马光又带着妻子和儿子以及家人上路了，在北国的严冬季节，一家人顶风冒雪，艰难地行进在崎岖的山路上，历尽艰险，终于来到了高寒的边塞重镇并州。这里路上，困难重重，其中情景难以想象。后来，司马光到达了并州安顿下来之后，就把当时的感受写成一首诗《苦寒行》。

穷冬北上太行岭，霰雪纠结风峥嵘。
熊潜豹伏飞鸟绝，一径仅可通人行。
僮饥马羸石磴滑，战栗流汗皆成冰。
妻愁儿号强相逐，万险历尽方到并。
并州从来号惨烈，今日乃信非虚名。
阴烟苦雾朝不散，旭日不复能精明。
跨鞍缆辔赴上府，发拳须磔指欲零。
炭炉炙砚汤涉笔，重复画字终难成。
谁言醇醪能独立，壶腹迸裂无由倾。
石脂装火近不热，蓬勃气入头胪腥。
仰惭鸿雁得自适，随阳南去何溟溟。
又惭飞鸟识时节，岩穴足以潜微形。

我来盖欲报恩分，契阔非徇利与荣。
古人有为知己死，只恐冻骨埋边庭。
中朝故人岂念我，重裘厚履飘华缨。
传闻此北更寒极，不知彼民何以生。

在这首诗中，司马光还表达出了为了报答庞籍的知遇之恩，不计名利的心情。并州的春天来得很晚，阳春三月，京城已是百花盛开春光明媚的时光，而在并州柳条还未萌出黄色的嫩芽，游人去柳溪游玩，入眼乱飞的还是雪花。尽管来并州已经数月了，但司马光还未从低沉的情绪中摆脱出来。仕途的不顺利使他深深叹息，甚至认为自己命中注定，不能成为翱翔万里的大鹏，因而心灰意冷。后来，他在给宋敏求初入朝中为官之时的一首诗中，除了表达他对好友的慰勉之意外，也坦率地向好友倾诉了自己的苦衷：裁今三十余，汩没无他奇。正恐赍浮人，敢言位优卑。

司马光是一个有着远大政治抱负的人，面对这样的境遇，心中难免会抑郁。他曾经以诗明志：“男儿努力平生志，肯使功名落草莱！”然而，此时的他已经38岁，近不惑之年，犹在边庭为“薄宦”，即使“敢言”，也难引起君上的重视，特别是恩师庞籍已被罢黜朝廷，更难得有进身之阶。前途渺茫，自己的志愿难以实现，自然环境又是如此的不习惯，偶然对镜自照，竟已华发初生。但是，司马光不是一个自暴自弃的人，时光易逝，他只能激发自己加倍去努力，很快就从颓唐之中振作起来，《初见白发慨然感怀》一诗就体现了司马光的这种自强不息的精神。

万物壮必老，性理之自然。
我年垂四十，安得无华颠。
所悲道业寡，汩没无他贤。

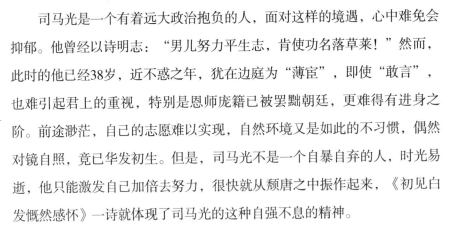

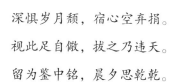

深惧岁月颓，宿心空弃捐。
视此足自儆，拔之乃违天。
留为鉴中铭，晨夕思乾乾。

对于司马光而言，虽然边塞的环境很恶劣，但是，他还是极力地勉励自己。过了一些时日，这里真正迎来了春天。在这个时节，倘若极目远眺，能看到百花满川。红梨花盛开时，比荼蘼花还香，比海棠还浓艳。田家的杏树繁花似锦，压弯了枝头，红艳艳的一片，又胜过了鲜艳夺目的桃李。春回大地，万象更新，司马光的精神也焕然一新。随后，司马光和他的将士们一起投入到紧张的军事操练之中，并且满怀激情地写下了《从始平公城西大阅》这首歌颂庞籍和河东将士的诗篇。

沧溟浴日照春台，组练光中玉账开。
汾水腾凌金鼓震，西山宛转旆旌回。
逍遥静散晴空雨，叱咤横飞迥野雷。
坐镇四夷真汉相，武侯空复道英才。

从这首诗中，我们看得出来，司马光对恩公的帅才佩服得五体投地。转眼到了夏季，边塞的夏季，天高气爽，如同中原的清秋季节。旭日冉冉升起，红艳艳地照亮了山城；凉烟随风飘荡，清淡淡地笼罩着敌楼。兜零中的烽火早已熄灭，边境上的敌骑也全无踪影。秋高马肥的季节，正是北敌入侵的时候，“剑客苍鹰队，将军白虎牙。分兵逻固水，纵骑猎鸣沙”。宋军的巡逻队分番迭出，英勇的将士在执行着防秋的任务。布满落叶的关山，霜风中的阵阵金鼓声，增添了将士悲壮的情怀，也激发起司马光的保家卫国之情。司马光暗下决心：“未得西羌灭，终为大汉羞。惭非班定远，弃笔取封侯。”他要像班超那样为国守疆。

自古道，烽火连三月，家书抵万金。对于司马光来说，在并州，他真正体会到了这一点。他深深地体会到，每当北风吹起、征衣未至的时候，将士们的心都会随大雁南去了。夜深人静的时分，从远处传来牧马人的歌声。这些情景和心理感受，使得司马光对这些长年在外戍边的将士非常敬佩。有感而发，司马光决定用诗的形式将将士们这种心声写出来，于是，他写下了《宿石堰闻牧马者歌》一诗。

大河之曲多宽闲，牧田枕倚长堤湾。
乌栖鹊散堤树寂，柝木声稀宵欲阑。
牧儿跨马乘凉月，历历绕群高唱发。
幽情逸气生自然，往往鸣鞘应疏节。
歌辞难辨野风高，似述离忧嗟役劳。
徘徊不断何妨近，仿佛微闻已复遥。
长川冷浸秋云白，露草翻光凝碧色。
星疏河澹夜初长，展转空亭奈孤客。
洞箫音律京君明，可怜骨朽不更生。
安得使传哀怨意，为我写之羌笛声。

后来，由于人事调动，司马光又被调到了河东路最北端的丰州（在今陕西府谷县西北），这里曾是宋军抗击辽、夏的最前哨。由于这里的形势复杂，所以司马光此行有着很重要的意义。司马光站在丰州故城的废墟上，极目望去，白草黄沙一直延伸至天尽头，其中只有白榆、杨柳与满川枯骨。嘉祐六年（1061），宋廷决定重建丰州，差汉官知州事。鉴于丰州蕃汉军民尽为西夏所掳，环城数十里杳无人烟，司马光建言，不妨先建堡寨，择有才略者为堡寨官，听其招募蕃汉之民，使垦辟近城之田，待民物繁庶，皆如其旧，然后升格建州，否则就要备置官吏，广

屯兵马，多积粮草，调发内地之民，劳扰河东一路。这样符合实际情况的建议，不到实地考察是提不出来的。此时的司马光虽然身处一隅，甚至是不得志的境地，但却一直关注着国家的大事，并且竭尽所能为朝廷献言献策。

在并州任职期间，司马光还是兼一州文教事务。数年前，韩琦知并州时，很重视州学，他重新选择了校址，建起了新州学，并且在太学学规的基础上参照洛阳、苏州等大城市州学的学规，制定了一个符合并州情况的新学规。太学学规是依据宋代大教育家胡瑗“苏湖教法”制定的，重视因材施教，强调“明体达用”。为了使学规不被后人忘却，司马光接受庞籍的嘱托将学规刻于石上，并写下了《并州学规后序》，在序文中，司马光写道：“是规也存，虽屋不加多，食不加丰，生徒不加众，犹为学兴也。是规也亡，虽列屋万区，糗帐如陵，生徒如云，犹为学废也。后之人司是学者，可不慎欤！”嘉祐元年（1056），司马光因公事到绛州（今山西新绛县），这里距离家乡已不太远，司马光办完公事，就启程回乡。由于是因公出差、顺道返乡，司马光未敢在家乡过多停留，祭扫完祖坟后，连夏县也未去，就匆匆返回并州了。可能就是在并州时，司马光的孩子夭折了。中年丧子，对司马光的打击是很大的，以至20年后，司马光还写下了读之令人鼻酸的《梦稚子》：“穷泉纤骨已成尘，幽草闲花二十春。昔日相逢犹是梦，今宵梦里更非真。”孩子死后，夫人为他买了一妾，但是司马光始终正色相待，不与她多言一语。司马光在回乡途中经过闻喜县，拜访了知县马中庸。回到并州后，司马光接到马知县的书信，马知县希望司马光能为县里新落成的文宣王庙写篇纪念性的文字。盛情难却，司马光欣然命笔，撰成《闻喜县修文宣王庙记》。

司马光远在千里的并州，但是，对于朝廷中重大事情，也是非常的关心。虽然身处困厄之境，但是他没有让自己继续消沉，而是鞭策自己勿忘当初的志向。

当时的并州，河东路地与西夏接界，加强边防、保一边境安全是边臣的主要职责。元昊自从康定元年称帝反叛以来，经常犯边。庆历年间，仁宗授庞籍为都延路（今陕西北部）马步军都部署经略安抚复、缘边招讨等使，整军安民，加强了边防，又对元昊的使臣讲明利害，召谕其归顺。元昊虽然在战争中常打胜仗，但因为断绝了和宋朝的互市，“民甚愁困”，也愿意讲和，宋夏双方于庆历四年（1044）达成和议。司马光在并州的时期，虽然此时的西夏和宋朝之间的战争已经告一段落了，但是，他没有放松警惕，对边事十分注意，深入民间听取当地人特别是当地的人对备边的意见。当他发现并州乡贡进士刘唐对边事很有研究，写成《边议》10卷，“据古论今，指陈得失”，议论得很有些道理，便把他的著作向朝廷推荐，请求给予奖励。不仅如此，他还积极建议采取实际步骤加强边备。虽然他的建议很多都没有被采用，但司马光还是坚持以天下为重，时刻向朝廷进言，表明自己的忠君之心。

从京师到郓州，又从郓州到并州，这一路上离京城越来越远。虽然仕途不顺，壮志难展，但是，司马光总是积极地调整自己，时刻鞭策自己不要消沉下去。这一段时间虽然是司马光仕途中最艰难的时期，但是，他也从中了解到更多边防的事情，这些也为他后来巩固边防的措施提供了很有力的证据和基础。

屈野败绩，积郁胸中

对于司马光来说，到了并州之后，虽然一心想干出一些政绩来为

国效力，然而，很多时候，事情都没能遂愿，不仅如此，还让自己以及他人的处境变得更加危险。同时，对于自己的一片忠心，仁宗也没有察觉，这一切让司马光非常的抑郁，甚至让他有了远离仕途的想法。事情的发展还是要从宋朝当时的边防说起。

宋朝年间，河东路西北部的麟、府、丰三州位于黄河以西，它屏蔽河东，是宋抗击辽、夏的战略要地。宋廷依据它的战略地位，将其划为一个战区，称之为麟府路，置麟府路军马司，总辖一路军政，隶属于河东路经略安抚司管辖。麟、府二州与西夏银、夏二州接壤，在李继迁尚未反宋之前，麟府境内屈野河（今名窟野河）以西70余里至100余里之地皆属于宋方。李继迁反宋后，双方一直也未划定疆界。直至大中祥符二年（1009），双方才使沿边堡寨官及酋长分定疆境。对于当时的宋朝来说，麟州是座危城，因为城中无井。但是城外有一沙泉，曾打算扩展城墙，将沙泉包进来，可是根本办不到。因为沙泉周围全是“抽沙”，就是流沙，无法筑墙，只好作罢。宋仁宗庆历（1041—1048）年间，有人曾向元昊献计：麟州无井，如果包围它，不消半月，城中兵民，都要渴死。果然，元昊围城才几日，城里已大困。有军士建议：元昊围而不去，一定是拿没水做文章。现在我们搞些沟泥来，派人登高，以泥草积，故意让敌人看到，这也可算伐谋之一种。于是，州将依计而行。元昊望见，急招献计人诘问：“你说无井，现在却有泥护草积，怎么回事？”遂将那人斩首，退兵而去。此次虽侥幸脱困，但麟州终以无水为忧。

仁宗初年，由于政策的失误，仁宗将屈野河西之田全列为禁地，禁止宋方官民进入，使得西夏逐渐向东扩张，开辟耕地。不过此时夏人还不敢深入，侵占的领土只有十几里地。然而，由于屈野河西田地肥沃，收入丰厚，所以，每年西夏东侵不已，经数十年的蚕食，至仁宗末年，西夏已公然声称以屈野河中央为界。当时的形势是，宋军以武力驱逐，则夏人就拼死抵抗。宋军一撤回麟州，夏人就返回耕种，这样的相持的形势对两国都非常不利。后来，宋朝想通过外交的手法来解决这件事，但是，西夏一直是敷衍搪塞。当初，边吏掳掠西夏人，庞籍认为西夏称臣奉贡，未失臣礼，这样做理亏在我，令边吏加强戒备，不得侵犯，晓之以理，但西夏人不肯退去。召使者重定边界，不来。于是，庞籍下令禁绝边境贸易。西夏因此大困，表示愿意派遣使者，重定边界。送信的使者来后几天，就发生了此事。事件发生后，西夏因为边境贸易的缘故，仍派使者来，并请退还河西二十里的田地，庞籍概不答应。这样的形势一直持续着，对于宋朝来说是非常不利的，然而，此时的仁宗却始终没有下定决心，这一直是麟州的一个巨大的隐患。

庞籍经略河东路以后，麟州知州武戡等建议，在河西修建小堡，便于加强守卫，也可以收回河西的良田，募民耕种。本州的粮食收入增加了，高价从远地买粮的问题就能逐渐得到解决。庞籍采纳了这个一举两得的建议，但还没有来得及施。嘉祐二年（1057）春天，西夏骑兵就都屯聚河西，庞籍便下令暂缓建堡，等夏人退走之后再议。针对这样的复杂情况，嘉祐二年（1057）夏，司马光接受庞籍委派，前往麟州（治今陕西省神木县北）视察。司马光到麟州后，征询本州官吏的意见。有的说，“置之勿问”好了，有的主张用武力把河西夺回来，还有的说，把前至河西耕垦的西夏百姓骗入内地，使他们再不敢来河西耕垦，有一姓邢的舍人则提出以断绝互市进行威胁，使西夏人为了不失去互市之利，不得不派人来改定疆界，武戡和夏倚又提出乘西夏人退走之时急修小堡，用兵力来保卫这块地方，即使不能把这块田地都收回来，也可以作为麟州的屏障。后来，武戡认为屈野河以西直抵界首五六十里，并无堡寨与瞭望哨所，因此夏人敢恣意地耕种田地。去年麟州已于河西建了一座小堡，以便瞭望，也曾向经略司申请再于堡西增置两堡。但是今春以来，敌骑布满河西，经略司指示候夏人退去，再行定夺。现在敌骑已全

司马光像

部撤尽，自州城以西数十里内无一人一骑，若乘此时，迅速于州西20里左右增置二堡，每堡不过10日可成。等到夏人知晓，再聚集起来，宋军已经有了防备，就可以保障麟州不受侵扰了。如果是这样，那么麟州再也不会受到侵犯，堡外之田夏人也无法耕种。

司马光认为绝市、修堡这两种意见都可取，“置而不问”则是最下策。司马光认为增筑堡寨是可取的，主要的原因有：第一，它可以“为麟州耳目藩蔽”；第二，麟府路远在黄河之西，屯驻兵马的粮草须由河东运至，道路艰险，百姓疲于运输，官府苦于贵籴，河东一路财政为之匮乏。若筑堡河西，麟州以西60里范围内，夏人不敢至。政府再鼓励垦荒，百姓能开垦麟州闲田的，免其赋役十分之五，百姓能开垦屈野河西的，长期免其赋役。这样耕者必众，国家虽无所得，但麟府路粮价必将低廉，这样可以逐渐减轻河东一路百姓的负担。回到并州，司马光便把这个情况和意见都报告了庞籍，嘉祐二年（1057）五月，庞籍接到司马光的报告后，立即上报中央，考虑到敌情瞬息万变，未等批复就责成麟州修筑二堡，并要求麟州在行动时及时摸清敌人的动态，严加提防，谨慎行事。河东与延州毗邻，知延州吴育很快获悉并州的行动计划，他不赞成这样做，认为在疆界未明的情况下修筑堡寨必然要引起战争，受害的是麟府路。他告诫庞籍，并上报了朝廷，但是，这并没有引起庞籍与朝廷的重视。谁知今年西夏军队与往年不同，撤走后不久，又有大批兵马重新结集在屈野河畔。

仁宗嘉祐二年（1057）五月五日夜，管勾麟府路军马司的郭恩麻痹轻敌，竟然载着酒食，不做战备，连后援策应部队也没有就出发了。宋军前哨在沙黍浪一带发现敌情，西夏兵马分布在15里的范围之内。这时郭恩等想停止前进，但是随军的宦官、走马承受公事黄道元却不同意，竟然威胁郭恩，逼迫其前进。走马承受公事按说隶属于帅府，负责上奏边情，但实际上是宋廷安置在各帅府监视将帅行动的，因而黄道元才能如此蛮横得干预军政。武戡和带兵官郭恩、黄道元率领一千多士卒渡过屈野河来到忽里堆地方，却见西夏兵已经再一次聚于此地，便没敢动工修堡。可是，郭恩有勇无谋，结果被夏兵打得大败，他自己被杀了，黄道元被俘，只有武戡逃脱。事后，武戡怕担轻敌冒进玩误军机的罪名，便谎说是白天出巡修堡，遭到西夏兵袭击，而招致败亡，黄道元也被放回。朝廷命侍御史张伯玉调查此事，庞籍因修筑堡寨之议司马光曾有参与，恐怕对他不利，在上交文书的时候，有意将与司马光有关的文件隐藏起来。御史于是弹劾庞籍，说他擅自在边境筑堡，以致兵败，又藏匿与案件相关的文件。因此，仁宗嘉祐二年（1057）十一月二十六日，庞籍被贬为观文殿大学士、户部侍郎、知青州（治今山东省青州市），并兼任京东东路安抚使。武戡等人也降了职，麟州通判夏倚则降为边远地区的监当官，而司马光，因为庞籍的保护，没有受到任何处罚。

事实上，庞籍等人修堡主张本是出于维护国家利益的爱国之心，造成边境冲突中的失败并不是修堡引起的，而是边将轻敌无备所致。懦弱的宋仁宗唯恐边将惹事，使边境局势紧张化，听信御史不公平的审断。这件事之后，司马光在很长一段时间里心情是很抑郁的，忽里堆之败，完全是郭恩轻敌、宦官干预军政所致，非筑堡之过。若朝廷追究筑堡的责任则己为首谋，应当从重治罪。如今有关人员俱被处分，而自己却被开脱在外。在后来的时间里，一想到这些，司马光“昼则投箸辍餐，夜则击席叹惋。终身慊慊，不可湔洗。若贮瓦石于胸中，无时可吐”。此

时，司马光不禁想起了远方的好友聂之美，写下了短诗《寄聂之美》：“去岁双毛白，今春一齿零。人生浮似叶，客宦泛如萍。塞上貂裘敝，天涯海气腥。何当占箕颍，萧散并柴扃。”聂之美此时贬官韶州（今广东韶关市）监管铸钱，遭遇更为不幸。司马光深感宦海浮沉，仕途险恶，年未四十，齿危发秃，对仕途已经没有什么留恋的了。他也想过，与其这样过着，不如效仿许由，隐居颍水之旁、箕山之下，做个自由自在的人。数年后情况发生变化。西夏国坚持蚕食屈野河流域汉地的酋长受到西夏王谅祚的猜忌，被谅祚杀死。宋夏双方就东段疆界进行和谈，宋以开放和市为条件，尽复夏方侵地六百里，在屈野河一带修筑起九座瞭望敌情的堡寨。

嘉祐二年（1057）六月，司马光奉调回京。回到京师，朝论纷纷，以为忽里堆之败，全是因为筑堡生事。司马光每见朝官，就要解释西夏侵我田地本末、二堡不可不筑的形势，并说此前兵败，由边将轻敌无备，并非筑堡之过。“言之切至口几流血”，但世俗常情，成是败非，司马光的解释没有丝毫用处。向数十百人解释，竟无一人相信。司马光知道这样做没用，索性保持沉默。在《论屈野河西修堡状》中，司马光竭力为恩公庞籍辩解，把责任全部包揽过来，说庞籍不过是错误地听从了自己的建议，请求朝廷只处罚他一人。可是，未有批复。十一月，庞籍等已被责降，麟州官吏也各有处罚。司马光又上《论屈野河西修堡第二状》，再次请求处罚。他说朝廷若不认为筑堡错误，庞籍等就不应该受处罚。麟州官吏武戡、夏倚等虽有建议，但要是没有自己的转达，也到不了庞籍那里。由此说来，筑堡之事，都因自己而起。现在庞籍等先受到处罚，唯独自己没有，内心惭愧，无地自容。况且自己在并州的时候，受经略司的委托，负责本司重大公务，庞籍处理边事，都要咨询到自己；此次兵败，完全因为采纳自己建议所致，希望朝廷从重惩处，然而，这次朝廷仍然没有批复。

这几次的上疏没有结果之后，司马光的心里还是很不安。于是，他又到中书省、枢密院请罪，请求将自己重则处斩，中则流放，最轻也请打发去边远州郡任职。但两府大臣都告诉他并未判定有罪，因此他们也无能为力。司马光再写奏章，打算以死相请。然而，此时司马光这样做并没有赢得众人的理解，反而让自己陷入到了更加难堪的境地。从屈野之败到现在经历的这些，让司马光感到非常的失望和无助。然而，就在这个时候，庞籍担心朝廷会因为司马光请罪而降罪于他，于是又上奏，引咎自责，并请求赦免司马光，司马光最终也未能如愿。

这样一来，司马光感到非常愤懑和遗憾，为了倾诉自己内心的痛苦，他在给一个朋友的信中说道：现在只是想在自己的国土上建一小堡，已被称作引惹生事，罪及首帅，后来者自然会引以为戒，戎狄要越加轻视我朝了。庞公垂老，孜孜为国，却终获欺罔之名……我应为首罪，却不诛戮贬窜，使国家有同罪异罚之讥，这些让我深感遗憾。由于这些，如今我虽强颜出入，但每遇有人正视，就惭愧得不敢抬头。因为我上累知己，下负朋友！这个时候，庞籍已经70岁了。在司马光的仕途中，庞籍给了他最有力的支持和保护，让司马光能够顺利地在仕途中发挥自己的才能。后来的时间里，司马光怀着万分歉疚的心情，总觉得在恩师面前无地自容。但庞籍待他和过去毫无两样，这就使司马光更加感动，觉得无以回报这种大恩。6年后，庞籍去世，司马光对待庞夫人就像生母一样，对她的儿子们像对兄弟一样亲。

在当时的形势下，司马光虽然有隐退的念想，但是，他的这些想法明显和他的政治抱负相冲突，对于他来说，他是很难全身而退的。

第三章

奉调赴京　陈力就列显其才

司马光和恩师庞籍在外任职几年后，颇有政绩。然而，就在屈野兵败之后，庞籍再次遭贬，而司马光却在恩师的庇护下幸免于难。但是这并没有让司马光感到高兴，反而更加内疚。后来，朝廷的几次任命他都极力请辞，无奈之下，他还是接受任命。不久之后，他的故交相继病逝，给了他很大的打击，并且让他对朝廷再次感到失望。

奉调回京，三章请辞

在屈野的那次战争中，虽然造成失败的原因不是庞籍和司马光等人，然而，宦海茫茫，变幻莫测。很多时候，对一个人的处罚是没有对错之说的。司马光在经历了这件事之后，对官场的黑暗以及朝廷的懦弱都感到非常气愤，但是，在巨大的政治漩涡中，他一人也是难以控制的。

这件事情过去之后没多久，也就是嘉祐二年（1057）夏天的时候，司马光奉调回京，以直秘阁判吏部南曹。吏部南曹是宋代低级文官调动时考核其政绩、履历及签发委任状的机构，是一个闲慢的差使。司马光任职未及一年就调任开封府推官，嘉祐四年（1059），再改判三司度支勾院。开封府推官是知开封府的主要助手，与判官一道负责刑狱诉讼、户口租赋之事。当时的京城开封，人口众多，各种案件时有发生，对于不善处理繁琐事务的司马光来说，这的确让他感到非常的费神。

由于司马光有着多年的为官的经验，并且在地方上处理过各种事物，虽然那时任务繁重，条件恶劣，但使他练出更加熟稔的办事能力。当时，在宋朝，三司度支司负责全国的财政预算，度支勾院则是审核其出纳账籍的具有监察性质的一个机构。这两个职务均是要职，责任重大，工作繁重。司马光获得这两个职务，意味着司马光不再是平平庸庸的常调官，而是一个有着光明前途的出常调官了。可是，司马光是个诚实的人，他很有自知之明，在接到两次任命后，立即连上三章请辞，他说：“今窃知已降敕命，授臣开封府推官，于臣之分，诚为荣幸，然臣禀赋愚暗，不闲吏事，临繁处剧，实非所长，必虑不职，以烦司寇。”

司马光雕像

又说："窃缘臣禀赋愚钝，素无才干，省、府职任，俱为繁剧，去此就彼，皆非所宜。若贪荣冒居，必致旷败。内省侥忝，诚不自安。"请求外放为虢州、庆成军（今山西万荣县地）、绛州、乾州（今陕西乾县）等地的知州军，以便就近洒扫祖坟，或改任判登闻鼓院等在京闲慢司局。

其实，这个时候司马光的心情是非常复杂的。他一方面想施展自己的才能，一方面心中又对前次的事情难以忘怀。然而，朝廷的形势变化以及任命不会随着他的意愿而改变，后来尽管，他再三请求外任，但是都没有得到准许。更让他感到意外的是，他越是想远离朝廷，朝廷却是一直升迁他的官职，也许这在别人看来是一件非常高兴的事情，但是，在他的心中却是有着说不出的味道。在这样的情况下，司马光在朝廷内又任职了几年的省府之职。同年，朝廷又任命司马光为同修起居注。同修起居注，即隋唐中书门下省的起居郎、起居舍人。他负责记录天子的言行、群臣的进对与任免、制度的更革、气候的变化、户口的增减、州县的废置等，季终付之国史。同修起居注一般由馆职充当，任满往往升任知制诰、翰林学士，再任为宰执，是宋代士人们梦寐以求的。

对于这样的任命，司马光感觉非常的意外。接到这样的任命的时候，司马光连上五章奏折推辞。他在《辞修起居注第三状》中说："臣虽愚陋，岂不知非常之恩不可轻得，诏命之严不可屡违，所以冒犯雷霆，祈请不已者，诚以人臣之义，陈力就列，不能者止。臣自释褐从仕，佩服斯言，奉以周旋，不敢失坠。仕进本末，皆可覆按。向者承上

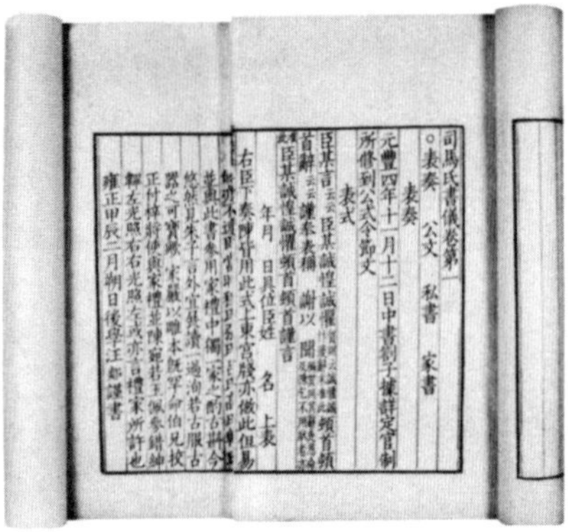

司马氏书仪十卷司马光撰

庠之乏，充文馆之员，补奉常之属，给太史之役，未尝敢以片言避免烦浼朝廷，盖以解摘章句，校雠文字，考寻仪典，编次简牍，苟策励疲驽，庶几可以逃于罪戾，是以闻命之始，即时就职。至于同修起居注，自祖宗以来，皆慎择馆阁之士，必得文采闳富，可以润色诏命者，然后为之。臣自幼及长，虽能粗诵习经传，涉猎史籍，至于属文，实非所长，虽欲力自切劘，求及等辈，性有常分，不可勉强。傥不自惟忖，贪冒荣宠，异时驱策有所不称，使四方之人环目讥笑，以为盛明之朝容有窃位之人，其为圣化之累，岂云细哉！如是则虽伏质横分，不足以补塞无状，此臣所以夙夜惶悸，欲止不能者也。”

宋代官员一般在接受任命时都要再三推辞，但这些多不过是虚与委蛇、应付故事的客套而已，而司马光则不是这样，他的奏章可以说是“勤勤恳恳叙心腹者”。司马光对朝廷是这样，对师友也是这样。在任省、府之职的时候，他曾写了一首《酬胡侍讲先生（瑗）见寄》，在诗中，司马光写道：“后王命天官，考绩弊群吏。属曹省阅阅，专职米盐事。贱生偶承乏，窃禄聊自庇。才力困不逮，惨惨日忧惴。赖依僚友贤，割裂沛余地。自知虽寄名，不足系轩轾。”司马光表里如一，诚信不欺，虽事关前程，亦不改素愿，于此可见一端。

司马光一生秉持诚实的处事原则，不管是在做学问还是在为官的过程中都是如此。从地方调到京城任职，他一直坚持着自己处事的原则。尽管他多次推辞官职，但是，一旦国家需要他，或者是他看到一些弊政的时候，就会毫不犹豫地进言，甚至是不顾自身的安危，这也是值得后世学习和借鉴的。

慎修人事，巧妙进言

司马光进入京城之后，官职一直在晋升，而且他慢慢地也感觉到自己责任的重大。虽然他读的是四书五经，但在为官当中，他更加讲究实际务实，不仅如此，他也更加相信人的力量，而对一些虚妄的神明则是心存怀疑的。同时，在进言的过程中，他也越来越讲究一些技巧，这些对他的仕途有着非常重要的作用。

嘉祐三年（1058）六月，交趾国进贡了两头形状怪异的野兽，交趾使臣称之为麟。怪兽形状如水牛，全身长满肉甲，鼻端有角，食新鲜的青草和瓜果，但必须先用木棍打它，它才肯吃。但是，在当时，宋朝还没有人见过这种动物。

关于这，当时有一个广为流传的笑话。薛昂，钱塘人，第一次进京为官。夫人出游归来，经过宣德门。当时郊祀临近，宣德门前的广场上，每天都在训象。夫人大吃一惊，回去跟薛昂讲："异哉左丞，我侬今日过大内前，安得有此大鼻驴耶？"（好奇怪呀，今日自大内前过，哪儿来的那些大鼻子驴呢？）训象是国家祭祀典礼上的表演节目，那些大象是外国献给大宋皇帝的贡品。

由于当时没有人识得这种怪兽，所以，当人们看见这动物的时候，猜论纷纷。当时有人说荣州（今四川省荣县）杨某家的水牛生了个牛犊子，样子跟它们差不多；可能是母牛下水，蛟龙与之交媾而生。又有人说是山犀，但马上就遭到反对，因为没听说山犀有鳞甲。众说纷纭，莫衷一是。怪兽究竟是什么，始终无法确定。对大宋君臣来说，这真是件

棘手的事情：回复的诏书上称它们为麒麟吧，担心被蛮夷蒙骗，被他们耻笑；不称为麒麟吧，又实在搞不清到底是什么。两头怪兽的名称，成了宋朝当时的头等大事，这件事让仁宗大伤脑筋。

当时，朝廷内外认为不是麒麟的居多。枢密使田况就认为不是麒麟，他历引诸书所载图形，说都没有眼前这个样子的——恐怕是被骗了。虔州（今江西省赣州市）知州杜植上奏说：在广州（今广东省广州市）曾有番商辨认过，说是山犀。《符瑞图》上说，麟，仁兽，獐身牛尾，有一角，角端有肉。今交趾所献，身体不像獐，还有甲，肯定不是麒麟无疑，但不知究竟是什么。杜植建议：请宣谕进奉的人及回复的诏书，都不称麒麟，只称异兽；既让他们骗不成，又不失朝廷的怀柔宗旨。于是下诏，仅称异兽。

八月二十五日，仁宗下诏让馆阁饱学之士至崇政殿鉴别怪兽，司马光也在召见之列。司马光对朝野上下为交趾怪兽一事闹得沸沸扬扬，颇不以为然。八月二十七日，他相继写成了《交趾献奇兽赋》与《进交趾献奇兽赋表》。司马光这样描绘他所见到的怪兽：“其为状也，熊颈而鸟啁，豨首而牛身，犀则无角，象而有鳞，其力甚武，其心则驯，盖遐方异气之产，故图谍靡得而询。”意思是说，怪兽脖子，像熊嘴巴像鸟，猪头牛身，像犀却无角，似象却有鳞，它的力气很大，性情却温柔，大概远方所产，因此图书上都查不到。司马光认为麟是瑞兽，自古以来人所罕见，儒经之中也仅有其名，目前已无法识别其真伪。即使真的是麒麟，那也不是它自然出现在中国的，因而也算不得祥瑞。万一是假的，那只会引起交趾的耻笑。如今举朝纠缠于真伪之中，实在是失策。还是古人说得好：“不作无益害有益，功业才能成就；不贵异物贱用物，百姓才会富足。不珍奇远方之物，远方之人才会归化；只重视贤能之士，人民才能安居乐业。”司马光认为正确的对策是以迎兽之劳，

为迎士之用；以养兽之费，为养贤之资。立即接见交趾的使节，赐予金帛、诏书，谢其好意，归还“麒麟”。然后进用优秀人才，“修政治之实”，使家给人足，礼兴乐行，邻国归服，这样祥瑞才会自然而然地出现。一言解惑，涣然冰释。

在这篇赋中，司马光想象了群臣的恭维，然后是皇帝的回答：“如今国土虽广，却赶不上汉唐，民风虽厚，却及不上尧舜。何况灾害疫病时有发生，百姓因此犹有怨言，朕怎敢未治而忘乱，未安而忘危，享四方之贡献，当三灵（天、地、人）之赐予。而且这怪兽，生五岭以南，出沼泽之滨，得它来，吾德不为之增，放它去，吾德不为之减，为何贪图贡物之美，喜欢鳞甲之奇，忍其欺骗之语，听其谄谀之辞，使众人疑惑，为蛮夷嗤笑？不如改迎兽为迎士，将养兽之费用于养士，使功业盛大……”

在这篇赋中，司马光不过是借皇帝之口，说出自己想说的话。他的意思非常明白：这些怪兽对治理这个国家，没有丝毫的用处，不如用伺候它们的费用，实实在在地为国家做些有用的事情。后来，仁宗接受司马光等人的意见，将“麒麟”退还给交趾，诏书中，仅以“异兽”相称，保全了宋朝的面子。

从这件事我们可以看出来，此时的司马光对仁宗的性格有了更加深入的了解，并且在进言的时候也比过去更加的灵活了。随后，在一些自然现象面前，司马光更是抓住了仁宗对上天的敬畏，巧妙进言，使得仁宗接受了他的意见，而他也越来越受到仁宗的器重。

嘉祐六年（1061）五月，根据司天监的预测，六月初一，日食将达六分半。以往历次日食现象发生后，如太阳被阴云所掩，或日食不如司天监所报严重，百官即上表祝贺，以为大庆。为了防止类似情况再发生，司马光于五月底写成《日食遇阴云不见乞不称贺状》。司马光认为太阳普照天下，它被阴云所掩，仅是局部地区的现象。若日食确实发生了，而被浮云所掩，京城虽然看不见，但全国必有地方看见。如果天象是这样，那是上天最严重的警告。

紧接着，司马光说：“四方不见京师见者，祸尚浅也。四方见京师不见者，祸寖深也。日者人君之象，天意若日君为阴邪所蔽，灾慝明著，天下皆知其忧危，而朝廷独不知也。由是言之，人主尤宜侧身戒惧，忧念社稷。而群臣乃始相率称贺，岂得不谓之上下相蒙，诬罔天谴哉！又所食不满分数者，历官术数之不精，当治其罪，亦非所以为贺也。”因此，司马光请求上述两种情况如果发生，请朝廷明诏禁止百官上表祝贺。届时日食仅四分，又为阴云所掩，仁宗并未举行庆贺，他接受了司马光等人的建议。通过这两件事，可以看出司马光是不信符瑞、重视人事的。他称道天命，不过是以此制约人君努力人事罢了。

经过这几件事，司马光认真务实、慎修人事的思想得到了有力的证明。不仅如此，他的巧妙进言更是让仁宗对自己的思想和政治主张产生了兴趣，并且逐步赞同。这些，对于有着远大政治抱负的司马光来说，无疑是非常欣慰的。这段时间也许是司马光的内心稍有好转的时期，然而接下来的事情又将他的心情降到了失落和悲痛的极点。

故友新逝，自我放逐

嘉祐三年（1058），司马光判吏部南曹不到一年，又被授任开封府推官。得到这个消息，司马光立即上《乞虢州第一状》，请求离开京师，到地方任职。他说：“臣的籍贯是陕州夏县，祖坟、宗族都在。自先父逝世及臣除服以来，十有余年，任职未曾得近家乡，其间只一次请假祭扫坟墓，心中念此，朝夕不忘。近日正想上奏朝廷，请求一家乡左

近的职位，又因判吏部南曹不到一年，及陕州左近州郡都未有缺，所以未敢陈请。现在听说已降敕命，授臣开封府推官，于臣之分，实在荣幸，但臣有此心愿，必须奏陈。加上臣禀赋愚昧，不擅吏事，处理繁难，确非所长，定难以称职。望圣上特赐体察，差臣知虢州或庆成军一次，以便洒扫先茔。如以上两处均无空缺，请求暂回馆阁供职，等有空缺时，特赐差除。”

事实上，司马光这次是升官了，而且还是京城开封府的官。开封府推官，用现在的话说就是京都的中级法院院长。这是一个有实权的官职，很多的官员都千方百计地想争这个官职。而此时的司马光请求到虢州（今河南省灵宝市）等夏县左近州郡任职，表面上的理由是就近洒扫先茔，不娴吏事。但我们知道，不久前的“屈野河事件”中，参与者除司马光外，全部遭到贬黜。司马光为众人辩解，却没人肯听；请求责罚，也不可能。此番请求到地方任职，对于司马光本人，应算是一种自我放逐。虽然没人要求他那样做，但是，在他看来，那样做可能会稍稍减轻他的愧疚感。人在遭受委屈的时候，总是很容易想到父母或家乡，所谓“人穷则返本”，夏县左近的州郡，因此成为他的目的地。当然，夏县左近的州郡很多，之所以首选虢州，可能跟他的父亲司马池曾任虢州知州有关。然而，他的这个请求并没有得到仁宗的批准。

无奈之下，司马光只好先上任。半年之后，司马光听说虢州知州空缺，于是又上《乞虢州第二状》，再请虢州。他说：“被授任开封府推官之前，臣曾因久不到家乡，及自知才性驽钝，不适合繁难的工作，奏请知虢州或庆成军一次，奉圣旨不许辞免。就职以来，已过半年，臣身体不好，素来多病，牵强不前。据说虢州现已有缺，臣想请依前所奏，差知虢州一次。如已差人，即请候主判登闻鼓院及尚书省的闲慢司局。”此次的理由增加了身体不好，素来多病，最好的去处还是心仪已久的虢州，但上次作为备选的馆阁，此次已改为主判登闻鼓院及尚书省

司马光砸缸

的闲慢司局。馆阁藏书丰富，自是读书治学的不二之选。馆阁也是国家的储才之地，他日升迁的希望还是蛮大。此次备选的两个职位，则完全是闲职，升迁的可能性非常渺茫。司马光此时的心愿，大概不是求上进，而是求不上进。但是，司马光这次的请求还是没有得到批准，

三次求去，官职却一升再升。高官厚禄谁不喜欢，但现在却成了折磨。在这种复杂的矛盾心理之下，司马光写了一首诗，以抒胸臆：

嗟予仕京邑，苟禄自羁绁。
丘垄翳荒松，三年洒扫缺。
求归未能得，朝莫肠百结。
得君临虚诗，茅鬣见里阙。
何时往登临，旷若目去曦。
忧来复长吟，益使寸心折。

嘉祐四年（1059），司马光改判度支勾院，而前不久王安石也从江南东路提点刑狱任上调入京城为度支判官。两人仰慕已久，今又同官三

司，自然是情好日密。司马光对王安石的道德文章都极为钦佩，认为王安石是“今之德行文辞为人信者”，其“文辞闳富，当世少伦，四方士大夫素所推服”，而自己仅“及安石一二”。

在这段时间里，二人屡有诗歌唱和之作，如《和王介甫巫山高》《和王介甫明妃曲》等。针对王安石宽慰王昭君的诗句“君不见咫尺长门闭阿娇，人生失意无南北”和“汉恩自浅胡自深，人生乐在相知心”，司马光在和诗中写道：“万里寒沙草木稀，居延塞外使人归。旧来相识更无物，只有云边秋雁飞。愁坐泠泠调四弦，曲终掩面向胡天。侍儿不解汉家语，指下哀声犹可传。传遍胡人到中土，万一他年流乐府。妾身生死知不归，妾意终期寤人主。目前美丑良易知，咫尺掖庭犹可欺。君不见白头萧太傅，被谗仰药更无疑”。诗篇塑造了一位哀而不伤、怨而不怒的王昭君，她要通过自己矢志不移的决心、艰苦卓绝的努力来感悟人主，避免失意、被谗悲剧的再度发生，司马光笔下的王昭君，心中“汉恩”始终是深的。然而，王安石是位落拓不修边幅的人，习性疏懒，以至虱子遍体。司马光在《和王介甫烘虱》诗中，对他这个不良的生活习惯，以调侃的笔调，作了委婉的批评，诗中写道：

天生万物名品夥，嗟尔为生至比幺麽。
依人自活反食人，性喜伏藏便垢沈。
晨朝生子暮生孙，不日蕃滋逾万个。
透疏缘隙巧百端，通夕爬搔不能卧。
我归彼出疲奔命，备北惊南厌搜逻。
所擒至少所失多，舍置熏烧无术奈。
加之炭上犹晏然，相顾未知亡族祸。
大者洋洋迷所适，奔走未停身已堕。
细者懦怯但深潜，干死缝中谁复课。

黑者抱发亦忧疑，逃入操头默相贺。
腥烟腾起远袭人，袖拥鼻端时一唾。
初虽快意终自咎，致尔歼夷非尔过。
吾家箧笥本自贫，况复为人苦慵惰。
体生鳞甲未能浴，衣不离身成脆破。
朽缯坏絮为渊薮，如麦如麻寝肥大。
虚肠不免须侵入，肯学夷齐甘死饿。
醯酸蚋聚理固然，尔辈披攘我当坐。
但思努力自洁清，群虱皆当远迩播。

司马光篆书

从这首诗中，我们可以知道，此时司马光和王安石的关系已经非同一般了，而这些，在当时也被传为佳话。在这期间，发生的一件事，让司马光有了更深的了解。这年的四月，三司院内牡丹盛开，三司使包拯请二位一同赏花。包拯举杯相劝，司马光素不喜酒，此时碍于上司的面子，也随和地饮了几杯。而王安石不管包拯如何劝，就是滴酒不沾。司马光由此也意识到王安石是位意志坚定的人，别人是无法改变其思想与主张的。

这段时间，虽然司马光的心理还是非常的复杂，并且心里始终有一个症结，这些让司马光时时不能平静。然而，旧伤未愈，又添新痛。就在这一年，司马光的忘年之交石昌言暴病去世，给了司马光非常大的打击。其实，在石昌言逝世前几天，司马光还去看望过他，一点也看不出有病的样子。没过几天，有人告诉司马光石昌言昨夜得病甚急，司马光还未来得及探望，又有人来报信说，石昌言已经去世，司马光简直不敢相信。前年司马光从并州回到京城开封，石昌言在家中给他接风，今天自己又站在中堂祭奠他，祭奠之处就是往日置酒的地方。睹物思人，触景伤情，司马光情不能已，在哀辞中写道：“冥冥不可求兮，杳杳不可追。独行过门兮，恍焉自疑。车马不见兮，远行何之？忽思长逝兮，涕下交颐。寒暑回薄兮，宿草离离。哭也有终兮，忘也无时！”然而更大的不幸还在后面。

石昌言曾向司马光索诗，司马光作《昌言见督诗债戏呈绝句》赠他。

学馁才贫杼轴劳，逾年避债负诗豪。
倒囊不惜偿虚券，未敌琼瑶旧价高。

当日嬉笑，已成往事；阴阳两隔，无路可通。此时的司马光大概会觉得，人生不过是一场梦。嘉祐五年（1060）五月一日，京师发生瘟疫。五月二日，京师又地震。一个月内，司马光的三位朋友——江邻几、梅圣俞、韩钦圣相继死去。他们也是吴冲卿的朋友，吴冲卿作《三哀诗》，司马光以诗相和。

和吴冲卿三哀诗

天生千万人，中有一隽杰。
奈何丧三贤，前后才期月。
邻几任天资，浮饰耻澡刷。
朝市等山林，衣冠同布褐。
外无泾渭分，内有淄渑别。
逢时敢危言，慷慨谁能夺。

圣俞诗七千，历历尽精绝。
初无追琢勤，气质禀清洁。
负兹惊世才，未尝自操揭。
鞠躬随众后，侧足畏蹉跌。
钦圣渥洼驹，初生已汗血。
虽有绝尘踪，不失和鸾节。
宜为清庙器，俨雅应钟律。
众论诚共然，非从友朋出。
群材方大来，鞅轧扶帝室。
谁云指顾间，联翩化异物。
吊壤哭未已，病枕气已竭。
同为地下游，携手不相失。
绅绂顿萧条，相逢但嗟咄。
诵君三哀诗，终篇涕如雪。
眉目尚昭晰，笑言犹茅嚣。
肃然来悲风，四望气萧瑟。

江邻几与梅圣俞也是邵不疑的朋友，邵不疑此前奉命送契丹使节归国，返回的路上得到江邻几、梅圣俞的死讯，赋诗当哭。司马光收到那首诗，心中悲痛油然而起，于是又和诗一首：

和邵不疑送虏使还道中闻江邻几梅圣俞长逝作诗哭之

昨夕邮吏来，叩门致书函。
呼奴取以入，就火开其缄。
不疑赋长篇，发自燕之南。
姚伤江与梅，继踵良人歼。

噫嗟知其二，尚未知其三。
请从北辕后，舰缕为君谈。
邻几虽久病，始不妨朝参。
饮歃寝衰少，厥逆生虚痰。
逮于易箦辰，皮骨余崆嵌。
遗书属清俭，终始真无惭。
圣俞食寒冰，外以风邪兼。
愚医暴下之，结幸候愈添。
慑慑气上走，不复容锇砭。
自言从良友，地下心亦甘。
钦圣体素强，药石性所谙。
平居察举措，敢以不寿占？
一朝暂归卧，簿领不废签。
讣来众皆愕，未信犹朋觇。
兴言念三子，举袂涕已沾。
英贤能几何，逝者迹相衔。
君疑天上才，难得帝所贪。
我疑人间美，多取神所嫌。
茫茫幽明际，蓍蔡难穷探。
忧来不可忘，终日心厌厌。

之前，司马光已经是非常的抑郁，又经历这样的打击，司马光更是一场悲痛。在此后很长的时间里，司马光的心情都是非常的低落，然而，他却借助努力地做事来填满自己悲痛的内心，同时，他也非常渴望迎来生命和仕途的春天。

第四章

一心为国　谏官五载多坎坷

自古以来，官场中的事情总是充满着很多的变数。司马光虽然多次请辞任命，但在接受任命之后，往往都会尽忠职守，并且竭忠尽智地为国家效力。随着局势的变化，司马光渐渐找到了自己的方向，并且全力地做好分内分外的事情。在谏官生涯中，司马光始终以魏徵为师，直言进谏，不畏生死，用自己的实际行动践行着自己的誓言。然而，仕途多坎坷，一心为国往往也会有很多的不顺。

首陈“三德”，后进“五规”

嘉祐六年（1061）六月，司马光接到了新的任命，以起居舍人同知谏院。这次司马光没有像前几次受命那样一再推辞，而是愉快地接受了任命，这其中的原因其实也很明显。

宋朝到了仁宗时期，已经是积贫积弱了。然而，面对这样的一种严峻的局面，君臣都是束手无策。司马光在接受谏职后，夙兴夜寐，他将自己以前对国家施政的认识重新整理了一下，经过一个多月的反复思考，终于总结出了自己的政治思想，这就是《陈三德上殿札子》。在这份奏疏中，司马光认为“国之治乱，尽在人君 ”，消除宋王朝的宿弊，关键在于仁宗。司马光认为一个称职的君主应具备“仁、明、武”三种美德。对于三者的内涵，司马光做了明确的界定。他说：“仁者非妪煦姑息之谓也一兴教化，修政治，养百姓，利万物，此人君之仁也。明者非烦苛伺察之谓也。知道义，识安危，别贤愚，辨是非，此人君之明也。武者非强亢暴戾之谓也。惟道所在，断之不疑，奸不能惑，佞不能移，此人君之武也。”

讲明“三德”具体内容后，司马光又论及了“三德”在安邦治国中的重要性，他认为“三德”相辅相成，缺一不可。他进一步说：“仁听不明，犹有良田而不能耕也；明而不武，犹视苗之移而能耘也；武而不仁，犹知获而不知种也。”只有“三者兼备则周治强，缺一焉则衰，缺二焉则危，三者无一焉则亡”。很明显，司马光是把人君的“三德”和国家盛衰直接联系在一起，其实质就是说国家盛衰系于人君一身，人君之德是国家盛衰的决定因素，所以人君必须具备“三德”，否则就不是一个明君，就会危害国家。这种君主决定论是司马光国家盛衰观的核心思想，也是他治国思想的基础理论，他的政治主张都是以这样一个观点为中心而提出的。他把一切希望都寄托在人君身上，所以不论大事小事都不厌其烦的苦口婆心地规谏仁宗，甚至不顾仁宗龙颜不悦，而直陈其过。当然更多的情况下，他还是很讲究方式方法的，这封“陈三德”札子就是这样。

他先给仁宗戴顶“天性慈惠”、“垂四十年，夙夜孜孜”的高帽后，便尖锐指出“朝廷纪纲，犹有亏缺，闾里穷民，犹有怨叹”，其原因是仁宗有不仁、不明之处。具体表现仁宗在听取群臣意见时，不问青红皂白，“不复询访利害，考察得失，一皆可之”，致使“善恶是非，相与混淆”。他断言，以此求治，“犹龋冰而取火，适楚而北行也”，所以，人君必须具有“三德”。在“陈三德”札子中，讲的是人君治国的理论和原则，为了解决实际问题，他又上“言御臣”、“言拣兵”两札子，联系实际指出仁宗“三德”之不足，提出具体解决办法。在“言御臣”的札子里，司马光开头就说：“臣闻致治之道无他在，三而已。一说任官、二说信赏、三说必罚。”接着他直率地指出朝廷用人之失是不择贤愚、不问其能否，一味论资排辈而居高位或重职，即“累日月以进秩，循资涂面授任”。他深刻分析了这种御臣之道的危害性：一是使官吏走马灯一样，“更来迭去”，“远者二年，近者数月，辄已易去”？他们只能有临时观点，不会有长期治国创业的打算，要想“职事之修”，“功业之成，必不可得也”。更严重的是，一些勤恪之臣，悉心致力，想有番作为，必然触犯习惯势力，遭到同僚的积怨。因时间短促，“群求冶，绩效来著”，朝廷仅据落后的呼声，惩罚或调离有为之士。这样一来，不仅挫伤了这些官吏本人的积极性，还会使“勤恪者无不解体矣”。相反，奸邪之臣，八面玲珑，四方谄媚，“居官未久，

声闻四达”，朝廷不察其实质，仅凭假象加以奖赏或升迁，会诱使其他“奸邪者无不争进矣”。

针对这种情况，他指出，造成这种用人之弊的原因是“采名不采实，诛文不诛意”。如果官吏都文过饰非，使“为善者未必赏，为恶告未必诛”。他认为这就是仁宗虽历载甚久，而治迹不显著的原因之一，也就是说，他委婉而明确地指出仁宗是缺乏“明德”的。随后，他也为皇帝提出了具体办法：“博选在位之士，不问其所以进，及资序所当为，使有德者掌教化，有文学者待顾问，有正术者为守长，有勇略者为将帅，明于礼着典礼，明于法者主法，下至医卜百工，皆度材而授任，量能而施职，有功则增秩加赏，而勿徙其官，无功则降黜废弃，而更求能者，有罪则流窜刑诛，而勿加宽贷。”

嘉祐七年（1062）六月，司马光以天章阁待制知谏院后，立即上疏《上谨习疏》。当时的情况是仁宗“小大之政多谦让不决，委之臣下”。司马光认为唯辟作威，唯辟作福。威福之柄一旦落入奸邪之手，而习以为常，不可复收，那就危险了。不仅如此，国初确立的以转运使为主体的地方行政监察体制此时也遭到了破坏。太祖、太宗为了杜塞方镇祸乱之源，将“节度使之权归于州，镇员之权归于县。又分天下为十余路，各置转运使以察州县百吏之臧否，复汉部刺史之职。使朝廷之令必行于转运使，转运使之令必行于州，州之令必行于县，县之令必行于吏民”。但是，宋夏战争爆发后，国家“权置经略安抚使，总一路之兵，得以便宜从事。及西事已平，因而不废”。司马光认为如“河东一路，总二十二州军，向时节度使之权不能及矣。唐始置沿边八节度使，亦如是而已。以其权任太重，故后世有跋扈之臣”。又譬如，将相大臣出典州郡时，往往“以贵倨自恃”，藐视转运使的政令，司马光认为这也是不能容忍的。将相大臣在朝廷时，其名位自然远远高于转运使，但是一旦出任州郡，那就应当隶属于转运使，否则就是败坏了祖宗确立的

封建统治秩序。

司马光的这些治国的政治思想，并非一时的激动，而是他经过长期的观察和思考得来的，所以有着很强的实际意义。也正是因为这点，司马光对他的御臣术非常自信。同时，为使皇帝相信和接受他的观点，在最后他还加上了一句：“如是而朝廷不尊，万事不治，百姓不安，四夷不服，臣请伏面欺之诛。”当时，宋朝的冗官现象已相当严重，机构臃肿，贤否不明，司马光所指出的现象都是十分明显的，而且所指出的问题也都是直指要害。

在司马光的《陈三德上殿札子》中，“言拣兵”主要是针对军队的整顿而言。军队对于国家的重要性是不言而喻的，司马光说：“兵者国之大事，废兴之端，安危之要，尽在于是。”而宋朝军队现状上颇为糟糕，主要题是掌兵统帅“惟务人多，不从精加选择，其间明知羸弱，悉以充数”。导致的结果是士卒不精，军队臃肿，缺乏战斗力，不能抵御外侮而军费开支却是非常巨大。这样一来，就使国家的财政严重不足，甚至难以为继。

紧接着，司马光又说，五代时，周世宗同北汉在高平之战，因士卒不精，刚接仗，大将樊爱能、何徽率部脱逃，后周军险些大败。战后周世宗处斩樊、何等七十余人，并简其老弱，选拔精壮，于是“甲兵之盛，近世无比”。所以在统一战争中，南征北讨，“群雄畏服，所向无敌”。还有宋太祖时，虽然仅有数万兵力，但素质精良，故能“北御契丹，西捍河东。以其余威升荆楚包湖湘，卷五岭，吞巴蜀，扫江南，服吴越”；宋太宗也能严于治军，“遂拔晋阳，一统四海”。当今的兵数比太祖时增数倍，但是和西夏、契丹交战，士卒或望尘奔北，或迎锋沮溃。历史经验证明，“养兵之术，务精不务多”。因此，他主张拣兵官必须亲自“拣选好人才”。不能要羸弱之兵。为了保证拣选质量，还应当在拣选之后，“朝廷别差官复拣得”，如发现拣有不够等级和羸弱

病患之人，应将原拣兵官“重行贬窜”；以后凡是大批招拣兵士，都应必须先经中书省和枢密院共同商议，根据财用丰耗及事之缓急来定，大家都认为必须招拣，才可赛闻施行，即使这样，实行的时候也要戒约拣兵胄“务精不务多”。他的办法如果真能施行，对于提高军队质量、增强战斗力是有一定作用的。仁宗把他的这份奏章发往枢密院，戒约拣兵官参照执行。臣僚和军队是皇帝实行统治的工具，得力与否，决定着统治的安危，也就是国家的盛衰。皇帝明于用人，严与治军，是“三德”这一内在修养的外部表现，所谓“仁、明、武，所出于内者也；用人、赏功、罚罪，所施于外者也”。司马光认为仁、明、武三德和任官、信赏、必罚三道，是“人君修心治同之要”，是“治乱安危存亡之本源”，他说：“臣历观古今之行事，竭尽平生之思虑，质诸圣贤之格言，治乱安危存之道，举在于是，不可移易。”可见这是他研古鉴今、深思熟虑得出的结论。所以，他才把这作为首谏的内容，而且后来英宗、神宗相继即位时，他也都首先把这一理论献上，即使被人讥为“迂阔陈熟之语”，他也毫不介意。

司马光觉得上“陈三德”、“言御臣”和“言拣兵”“三言”，阐明了人君“三德”的思想，但对人君修身治国之道谈得还不够细致全面，于是他又进“五规”状加以补充。所谓“五规”，一是“保业”，他以高度概括的语言总结了自周秦至术上下1700余年分合治乱、改朝换代的历史，由此可见太平之世是多么的难得而易失。大宋自消灭北汉以来，“八十余年，内外无事”，这是三代以来少有的太平盛世，是一个了不起的历史功绩，也是一个难得的历史机遇。他希望仁宗能“援古以鉴今”，为保守祖宗的基业，而“夙兴夜寐、兢兢业业”地寻求治国之道。二是“惜时”，他以确切的比喻说明“龙平之基因而安之者，易为功，颓坏之势从而救之者，难为力”的道理，启发皇帝“以此承平之寸，立纲布已，定万世之基”。文中说：守巨宅将以传子孙者，“必实

其堂基，壮其柱石；强其栋梁，厚其茨盖，高其垣墉。严其关建。既成又择子孙之良者使谨守之，日省而月视，欹者扶之、敝者补之，如是刚虽亘万年无颓坏也。夫民者国之唐基也；礼法者，柱石也；公卿者，栋梁也；百吏者，茨盖也；将帅者，垣墉也；甲兵者，关键也。是六者不可不朝念而夕思也”。所以，守业之君应当“谨守祖宗之成法”，不因安迎与私欲而堕落，誉以谗毁与谄佞而衰败，“世世相承，无有穷期”。三是“远谋”，主要从“人无远虑，必有近忧”的道理出发，指出皇帝要有“制治于東乱，保邦于来危”的远见，太平之时，就应当“思不幸边鄙有警，饥馑荐臻，则将帅、盱任者为谁，牧守可奇耆为谁，虽在千里之外，使之常如目前。至于甲兵之利钝，金谷之盈虚，皆不可不前知而予谋”。不要等到战乱已起，灾祸已至之时，才“焦心劳思，忘寝废食以忧之”，那就来不及了。四是“重微”，阐述应当“戒万事之微”的道理，恳请仁宗重视防微杜渐，做一个“销恶于未萌、弭祸于味形”的明君。文中指出“宴安怠惰，肇荒淫之基奇巧珍玩，发奢泰之端；甘言悲辞，启侥倖之途，附耳屏语，开谗贼之门，不惜名器，导僭逼之源假付威福，授陵夺之柄。凡此六者，其初甚微，朝夕狎玩，未覩其害，日滋日丧，莲至深固，此知而节之，则用力百倍矣”。最后一点是“务实”，这里主要强调“为国家者必先实而后文”，司马光认为“安国家，利百姓，仁之实也；保基绪，传子孙，孝之实也；辨贵贱，立纲纪，礼之实也；和上下，亲远迩，乐之实也；决是非，明好恶，政之实也；诘奸邪，禁暴乱，刑之实也；察言行，试政事，求贤之实也；量才能，课功状，审官之实也；询安危，访治乱，纳谏之实也；选勇果，习战斗，治兵之实也”。在仁、孝、礼、乐、政、刑、求贤、审官、纳谏、治兵等十个方面提出了务实政治应达到的标准，并乞请皇帝“拨去浮文，悉敦本实”。这种讲究实际的思想是司马光一贯的思想，对于治理国家是当然重要的。在论述过程中， 司马光对人民与国家关系之间的重要性也是有所认识的，他把人民比作国家的基础，把“利百姓”作为人君“三德”之第一德——“仁”的实际内容，提出要“子惠庶民”，我们从这些可以看出他的一片为国为民之心。《进五规状》是司马光就任谏官之际一篇带纲领性的文字，它全面地提出了改革宋朝弊政的要求。当然，应当指出，司马光革除弊政所要达到的目的是“谨守祖宗之成法”。司马光认为“苟不隳之以逸欲，败之以谗谄，则世世相承，无有穷期”。他将祖宗基业比作一栋坚固的“巨室”，作为子孙谨守之，就是“日省而月视，攲者扶之，敝者补之，如是则虽亘千万年无颓坏也”。

“三言”、“五规”是司马光的最主要的施政纲领，他的一言一行都受这一思想的指导。在后来的施政过程中，他一直坚持这点。司马光认为自己的施政思想是经过实践的，并且也能够经得起时间的考验。然而，尽管如此，因为有了以前的经历，司马光对自己的政治思想是否能够得到仁宗的支持并且有力地实行还是有着很多的担心的，不管怎么样，他对仁宗以及百姓的一片诚心是非常可贵的。

量才施职，严明军纪

司马光在任谏官之后，从治国安邦的角度以及眼前的现状着手，极力地向仁宗进言，阐明自己的观点，强调了人才以及严明军纪的重要性，并且针对这些问题提出了一系列解决方案。

在《言御臣上殿札子》中，司马光揭露了宋朝用人论资排辈之弊，他直言不讳地对仁宗说：“臣窃见国家所以御群臣之道，累日月以进秩，循资途而授任。苟日月积久，则不择其人之贤愚而置高位，资途相

值，则不问其人之能否而居重职。”在这种用人政策影响下，官员调动频繁，“远者二年，近者数月，辄已易去”。司马光认为“人之材性各有所宜，而官之职业各有所守”，这样一来，官员根本无法有效地施展自己的才能。针对这样的弊端，司马光认为用人应当摒弃论资排辈，树立“度材而授任，量能而施职”的思想。广求人才，不问出身、资格。任用专门人才，“使有德行者掌教化，有文学者待顾问，有政术者为守长，有勇略者为将帅，明于礼者典礼，明于法者主法”，包括“医卜、百工”都应该这样。司马光的这一思想在后来的《论财利疏》中更有透彻的表述。我们知道，任何时候，一个国家要想强盛，就必须要择贤任能，只有这样才会让每个人发挥出自己的才能。

司马光很清楚，要想任用有才能的人，首先就要选择有才能的人，而要做到这点，就要从选择人才的制度开始着手，这也是司马光务实精神的又一个体现。在之前的官员考核中，司马光注意到，朝廷采用的制度是“采名不采实，诛文不诛意”，这是一种只讲究形式的考核方法。在这样的制度下，很多有才能的人根本得不到重用，而国家往往也选不出真正有才能的人。不仅如此，在这种错误的考核方式之下，一些“勤恪之臣悉心致力以治其职，群情未洽，绩效未著，在上者疑之，同列者嫉之，在下者怨之。当是时，朝廷或以众言而罚之，则勤恪者无不解体矣。奸邪之臣炫奇以哗众，养交以市誉，居官未久，声闻四达，蓄患积弊，以遗后人。当是之时，朝廷或以众言而赏之，则奸邪者无不争进矣”。司马光认为“以名行赏，则天下饰名以求功；以文行罚，则天下巧文以逃罪。如是则为善者未必赏，为恶者未必诛”，这就是仁宗长期以来孜孜求治而无成效的原因。

同时，司马光还认为，“要道之本，正而已矣。平直真实者，正之主也”。针对这些，他主张在考核官吏时，应当摒弃形式主义和文牍主义的工作作风，循名责实，赏罚严明，“有功则增秩加赏，而勿徙其官；无功则降黜废弃，而更求能者；有罪则流窜刑诛，而勿加宽贷”。这样一来，就会激励官员的积极性，同时也可以让那些有才能的人能够施展自己，为国家贡献自己的才智。不仅如此，司马光还注意到，由于官员更换太过频繁，造成了很多的才智浪费，很多的官员本来有才能却没有什么政绩。出现这样的情况，主要有两个原因：一是官员“仕进资途等级太繁，若不践历，无由擢用”。二是“岁月叙迁，有增无减，员少人多，无地可处”。为了消除宋朝铨选、磨勘制度所造成的消极后果，司马光提出了改革人事制度的建议。建议主要有三点：第一，请求将职任差遣粗略地分为十二等，即宰相第一，两府第二，两制以上第三，三司副使、知杂御史第四，三司判官、转运使第五，提点刑狱第六，知州第七，通判第八，知县第九，幕职第十，令录第十一，判司簿尉第十二。“其余文武职任差遣，并以此比类”。同等之人，不复以资任相压，皆合为一等。如上等有阙，即于次等之中择才补充。第二，各类职务随才授任。提点刑狱以上皆无任期，知州、通判、知县四年一任，其余皆三年一任。未满任时，如称职有功，则加官益俸，赏赐奖谕，仍居旧任。待上等有阙，然后选择迁补。不称职者，则调离废黜。有罪者，则贬窜刑诛。第三，提点刑狱以上由仁宗与执政大臣亲自审查选择，知州以下由审官院、幕职以下由流内铨任免。

随后，司马光又针对朝廷在军事方面的一些弊端，提出了自己的一些严明军纪、富国强兵的主张，即“养兵之术，务精不务多”。司马光认为“士卒不精，故四夷昌炽”，不仅如此，还由此引发出一连串严重的问题，如财用不足等。同时，司马光还说：“今以十口之家，衣食仅足。一旦顿增五口，必不能赡。若不顾囷中之粟、笥中之帛所余几何，而惟冗口是贪，能无穷匮乎？国家之势，何以异此！”又说：“臣恐边臣之请兵无穷，朝廷之募兵无已，仓库之粟帛有限，百姓之膏血有涯，不知国家长此沉瘵，何时当瘳乎？”司马光根据以往前辈们的分析，然后又将自己这么多年来的观察融入思考，在上奏给仁宗的札子中，他说：“夫兵少而精，则衣粮易供，公私充足，一人可以当十，遇敌必能取胜。兵多而不精，则衣粮难赡，公私困匮，十人不足当一，遇敌必致败北。此利害之明，有如白黑，不为难知也。”不仅如此，他还结合自己的政治主张，也就是一个国家是否清明，往往决定于君王的这种观点，向仁宗建议选择战略眼光的将帅来指挥和操练士兵，只有这样才能更好地解决冗兵这种问题。当时宋军规模不但空前庞大，而且兵员骄惰成性，素质也差。司马光在《言阶级札子》中指出：“近岁以来，中外主兵臣僚往往不识大体，好施小惠，以盗虚名。军中有犯阶级者，务行宽贷。是致军校大率不敢钤束，长行甘言悦色，曲加煦妪，以至懦怯。兵官亦为此态，遂使行伍之间，骄恣悖慢，寖不可制。上畏其下，尊制于卑，所谓下陵上替者，无过于此。”司马光认为长此以往是极其危险的，他说：“臣闻圣王刑期于无刑。今宽贷犯阶级之人，虽活一人之命，殊不知军法不立，渐成陵替之风，则所系乃亿兆人之命也！”如果联想到唐代姑息藩镇所造成的祸患，司马光所虑不应视为杞人之忧。

英宗治平二年（1065），司马光上疏，请朝廷允许“久历边任或曾经战阵，知军中利害及戎狄情伪”的文武官员上书自荐。朝廷选择“其理道稍长者”召对，问以“治兵御戎之策”，所陈可取，则记录备用，“然后选其中勇略殊众者，擢为将帅”。另外，再“选择士卒，留精去冗。申明阶级之法，抑扬骄惰之气”。司马光认为“诚能如此，行之不懈，数年之后，俟将帅得人，士卒用命，然后唯陛下之所欲为。虽北取幽蓟，西收银夏，恢复汉唐之疆土，亦不足为难，况但守今日之封略，制戎狄之侵侮，岂不沛然有余裕者”？

然而，虽然司马光一心为国，终生为富国强兵而努力，但是，在京城开封这个巨大的政治中心里面，司马光只是其中的一个很小的角色，根本决定不了时局，也不可能那么容易地让仁宗接受他的主张。尽管司

马光有足够的自信，但是，他也有着自己的担忧，而后来的实际情况证明了他的担忧是非常有必要的。他的这些利国利民的建议最后都被搁置一边，朝廷甚至没有回复，这些无疑给刚振作不久的司马光一个沉重打击，并且让他感觉仕途的艰难，和一个人力量的单薄。

巩固边防，增加财政

宋朝时期，经过几位君王的努力实现了稳定，然而，由于中央制度的高度集中，使得宋朝的军事非常混乱、羸弱。在当时的环境下，一个国家的军事力量，往往决定了它在邻国中的地位，而这往往也是一个国家的外交强弱的标志。

司马光虽然是一个文臣，但是，为了更好地为国家效力，他还是努力地研究治国之道。司马光深刻地认识到，只有增强国家的经济、军事实力，才能够不被欺辱。由于受儒家思想的影响非常深，所以，他提出了自己的外交主张，概括地说，就是不避强，不凌弱；内有备，外修好。同时，司马光批评当时的“御戎狄之道，似未尽其宜。当其安靖附顺之时，则好与之计较末节，争竞细故。及其桀骜暴横之后，则又从而姑息，不能诛讨。是使戎狄益有轻中国之心，皆厌于柔服，而乐为背叛”。他的这种观点在当时可以说是一种很有实际意义的主张。

嘉祐八年（1063），仁宗逝世后，西夏遣使致祭，延州高宜陪同使节入京。此人言谈轻率，举止傲慢，又侮辱西夏国王李元昊，西夏使节在辞行前控告了他，但是宋廷对此掉以轻心，置之不理。结果，西夏举国皆以为耻，遂大举入侵，胁迫沿边熟户八十余族至夏，又杀掠弓箭手数千人。宋不得不派遣使臣，赍诏抚谕，平息事态。宋对沿边的少数民

族“熟户蕃部”的态度也是如此，当其“平居无事，则扰之使乱；及其陆梁，又不能制。是使戎狄顺服王化，则侵苦不安；桀骜鸱张，则富饶炽大”。看到朝廷对待外事采取这样的措施，司马光感到非常的失望，很明显，这和他的外事主张是背道而驰的。他认为国家正确的对策应是“诸侯傲狠不宾，则讨诛之；从顺柔服，则保全之。不避强，不凌弱，此王者所以为政于天下也”。

同时，为了避免不必要的战争，司马光主张采取睦邻友好的方针，通过议和解决边境争端，反对轻启边战。他认为宋辽两国自澶渊之盟以来近60年一直保持友好的关系，“契丹所以事中国之礼未有阙”，尽管宋方每年要付给辽国岁币数十万，是耻辱的，但是，“屈己之愧小，爱民之仁大”，与两国人民安居乐业、和平共处的大局相比，这些是可以忍受的。

另外，针对契丹之民在界河捕鱼、贩盐及至白沟以南砍伐林木这种边界纠纷，司马光主张：“止可以文牒整会，道理晓谕，使其官司自行禁约，不可轻以矢刃相加。若再三晓谕不听，则闻于朝廷。虽专遣使臣至其王庭，与之辩论曲直，亦无伤也。若又不听，则莫若博求贤才，增修德政，俟公私富足，士马精强，然后奉辞以讨之，可以驱穹庐于漠北，复汉唐之土宇。其与争渔柳之胜负，不亦远哉！”从司马光的对外交往方面的主张我们也能看出来，他虽然不主张轻易发动战事，但是也绝不示弱。不仅如此，他还非常讲究韬光养晦，认为只有不断地增强自己的实力，才会有更大的筹码和邻国相处，并且不会处于弱势。在这种思想的影响下，司马光又根据宋朝的边防特点，向仁宗提出要加强边疆的防务，并且选择有军事才能和长远战略眼光的将帅来驻守边疆。由于当时宋朝的边疆地区有很多的熟户蕃部，所以，司马光认为“国家承平日久，人不习战，虽屯戍之兵，亦临敌难用。唯弓箭手及熟户蕃部皆生长边陲，习山川道路，知西人情伪，材气勇悍，不惧战斗。从来国家赖之，以为藩蔽”。他的这一分析可以说是非常深刻的。后来，虽然西夏军屡屡侵犯边境，但是却不敢侵扰有熟户蕃部驻守的地方。

司马光不仅仅注重边防实力的增强，同时更加关注国家的财政收入。作为一个谏官或者说谋臣，要想改变这种由来已久的积贫现象，除了控制国库的各种支出外，最根本的方法还是要增加财政收入，只有这样，才能使得国家有更加长远的发展。事实上，这也是司马光政治思想的一个反映。自从宋夏战争与平定侬智高之乱结束后，宋王朝面临着民困库虚、社会凋敝、经济亟待恢复这样的一个大难题。随着时间的推移，司马光更加深刻地感受到这种现状所隐藏的危机。

司马光是一个胸有大志的人，面对这样的境况，他不可能视而不见。在京城开封任职之前的时间里，虽然他只是管理一州的某些事务，但也就是在那段时间里，他得以深入基层，实地了解情况，并且积累了很多的处理问题的经验。现在，面对当前的危机形势，他自然会有自己在经济方面的主张。随后，在奏疏中，司马光提出了“随材用人而久任之，养其本原而徐取之，减省浮冗而省用之和复置总计使，以宰相领之”的主张。司马光认为“人之材性，各有所宜。虽周、孔之材，不能遍为人之所为，况其下乎？固当就其所长而用之”。也就是说，世间没有全才，应该则其所能，用其所长。同时，司马光还认为祖宗时国家财政沛然有余，如今拮据匮乏，是不用“专晓钱谷之人”之所致。建国之初，主管财政的三司使往往由诸卫将军或诸司使充任，三司判官则选用文臣中通晓经济者，在长期的工作实践之中加以观察、考验，依据工作实绩而决定其任免。太宗时的陈恕是宋朝公认的“能治财赋者”的代表人物，其时“财用有余”，成功的秘诀就在于，他“久从事于其职”，“领三司十余年”，“至于副使、判官堪其事者，亦未数易”。

然而，到了仁宗的时期，这种形势就被打破了。这个时期，三司使副、判官大多用擅长文字工作的人，而将这些职位作为提拔官员必须

践履的一个级别，也不问任职者熟悉财政工作与否，尽管其中不乏熟悉财政之人，但是大多不以为意。于是就“有以簿书为烦而不省”的，有“以钱谷为鄙而不问”的。加上调动频繁，官员视三司如驿站。司马光说，他在任判度支勾院的二年时间内，上自三司使，下至检法官，改易皆遍，甚至某些职务已经更换了数人，这样“虽有恪勤之人，夙夜尽心以治其职，人情稍通，纲纪粗立，则舍之而去。后来者意见各殊，则向之所为，一皆废坏”。再者，由于任职不久，一般官员只图短期效益。司马光认为“先朝以数路用人，文辞之士置之馆阁，晓钱谷者为三司判官，晓刑狱者为开封府推判官”，用人专而任之久，是改进一切工作的良法，更是改进财经工作的良法。司马光建议国家应精选朝臣中通晓财经工作的人，不问他的出身如何，从小事做起，有成效，则提升为权发遣三司判官。三年后，成效显著，然后提升为权三司判官。又三年，更有实效，然后提升为正任三司判官。无实效者，则予黜退，不复重用。至于转运使，各路不再区分等级高低，使其久任。如有实效，则由权官改为正任。三司使缺，也从副使中选拔。三司使也让其久任，如任内能改善国家财政状况，提高人民生活水平，则提高其品级与宰相等，而不调动其工作。财经工作的好坏，则完全由他负责。这样委任责成，权责分明，三司使必然要做永久性的规划。至于文学之士，其晋升使用自有途径，就不必让他为钱谷之吏，使之误以为国家不重用他。

再者，司马光认为“善治财者，养其所自来，而收其所有余，故用之不竭而上下交足也。不善治财者反此。夫农工商贾者，财之所自来也。农尽力，则田善收而谷有余矣；工尽巧，则器斯坚而用有余矣；商贾流通，则有无交而货有余矣。彼有余而我取之，虽多不病矣”。但是，当时那些自诩为“能治财者”并不是这样，他们采取的是急征暴敛、竭泽而渔的方式。司马光对于他们这种短视浅见的行为，嗤之以鼻，认为这不过是“冻馁其民而丰积聚者也，扫土以市禄位而不恤后人

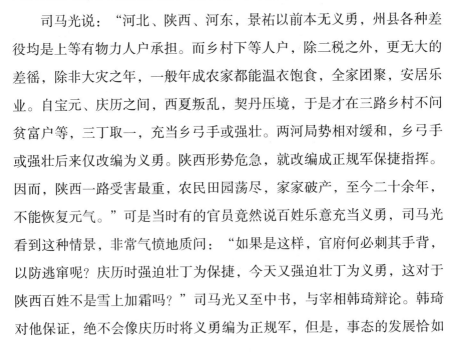

者也，捃拾麻麦而丧丘山者也，保惜一钱而费万金者也，不操白刃而为寇攘者也，奸巧簿书而罔君者”。针对这样的情况，司马光认为国家应该实行轻徭薄赋的政策，“凡农民租税之外，宜无所预”。衙前则改差为募，以利润丰厚的场院弥补其损失。招募不足，则以坊郭上户充当。坊郭之民见的世面多，熟悉官场、江湖情弊，他们押送纲运、典领仓库陪费远比农民为少，这样一来也可以节省很多的费用，其余轻役则仍让农民充当。

治平元年（1064），陕西下令每三人征一人为义勇民兵，刺手背。司马光对此激烈反对，他连上六章，认为组织内地农民为义勇，无益于边防，不仅如此，还给人民造成了严重的危害。农民一旦刺为义勇之后，“则终身拘缀，或欲远出干事籴贱贩贵，或遇水旱凶荒欲分房逐熟，或典卖田产欲浮游做客，皆虑官中非时点集，不敢东西”。再者，差点训练之际，州县之吏与教头不免要借故敲诈勒索。这样一来，其实又给百姓增加了沉重的负担，使得百姓世代穷苦。

司马光说：“河北、陕西、河东，景祐以前本无义勇，州县各种差役均是上等有物力人户承担。而乡村下等人户，除二税之外，更无大的差徭，除非大灾之年，一般年成农家都能温衣饱食，全家团聚，安居乐业。自宝元、庆历之间，西夏叛乱，契丹压境，于是才在三路乡村不问贫富户等，三丁取一，充当乡弓手或强壮。两河局势相对缓和，乡弓手或强壮后来仅改编为义勇。陕西形势危急，就改编成正规军保捷指挥。因而，陕西一路受害最重，农民田园荡尽，家家破产，至今二十余年，不能恢复元气。”可是当时有的官员竟然说百姓乐意充当义勇，司马光看到这种情景，非常气愤地质问：“如果是这样，官府何必刺其手背，以防逃窜呢？庆历时强迫壮丁为保捷，今天又强迫壮丁为义勇，这对于陕西百姓不是雪上加霜吗？”司马光又至中书，与宰相韩琦辩论。韩琦对他保证，绝不会像庆历时将义勇编为正规军，但是，事态的发展恰如

司马光所预料的那样，还未出10年，朝廷就强征陕西义勇运粮戍边，司马光考虑问题是具有预见性的。

在这个时期，司马光不仅提出了经济改革的方案，还亲自投身于经济改革之中。嘉祐六年（1061），司马光受命同详定均税。司马光修订的均税条例，下达到全国各地施行。为了鼓励均税官员努力贯彻条例，司马光还提请表彰前通判德州秦植，对他“优加酬奖”，因为该员“均五县税，皆得平允，并无词讼”。这次均税工作取得了一定的成效，史称“遂革大姓渔并之弊”。同时，对于手工业的发展，司马光也提出了建议。他认为手工业的发展是随着社会风气的转移而转移的，如果社会重视日用品而鄙视奢侈品和行滥之物，那么手工业的发展方向也会随之发生改变。社会风气受上层社会的影响很大，如果国家提倡朴素，反对奢侈，那么，整个社会风气也会随之转变。对于官府手工业，司马光主张加强监督，加强考核，明确责任，在物品上刻上工人的姓名，考核的标准是“工致为上，华靡为下”，重质量不重数量。这样一来，一方面可以节制奢靡之风，同时也可以减轻百姓的负担，增加财政收入。

在仁宗时期，朝廷经常会干预商业的运行，对于这点，司马光是持坚决反对意见的。他认为“米盐靡密之事皆非朝廷所当预者。张设科条，不可胜纪。或不如其旧，益为民患”。他认为商人是追逐利益的，国家出于一时的需要，变更法令，背信弃义，剥夺商人的利益，商人无利可图，必然弃业改行，国家是无法加以阻止的。商业萧条的后果是“茶盐弃捐，征税耗损”，国家的利益也受到严重的损失。司马光认为，商人经商就是为谋利的，如果国家强行干涉，使得他们无利可图，那么，就没有人愿意经商了，这对国家是一种非常大的损失。所以，要想增加国库的财政收入，就要实行有利于经济发展的商法，只有这样才能够实现良性循环，利国利民。

针对仁宗时期国家财政经费严重不足的现状，司马光认为，太祖

时，天下尚未统一，宋朝只有111州，江南、两浙、西川等富饶之地，尽为敌国。当时，岁岁征伐，但却未尝听说经费不足。今天大宋拥有400余州，天下太平无事，应当经费充足，百倍于前，但是情况正好相反，“以国初之狭隘艰难，财用宜不足而有余；今日之广大安宁，财用宜有余而不足”。司马光认为问题在于仁宗“以祖宗之积，穷于赐予，困于浮费”。仁宗时，宗室、外戚、勋旧、重臣宅第园圃、服食器用竟以豪华相尚，“往往穷天下之珍怪，极一时之鲜明”，费用不足，则请求无厌，乞贷不耻。甚则伪造诏令私取国库之财，假托公用侵吞国家之物。仁宗大度宽容，一概不予追究。此外，给大臣、后宫、公主的赏赐、俸禄也超出了国初数十倍。司马光义正词严地质问仁宗：“夫府库金帛皆生民之膏血，州县之吏鞭挞其丁壮，冻馁其老弱，铢铢寸寸而诛之。今以富大之州、终岁之积，输之京师，适足以供陛下一朝恩泽之赐，贵臣一日饮宴之费。陛下何独不忍于目前之群臣而忍之于天下百姓乎！夫以陛下恭俭之德拟乎唐虞，而百姓困穷之弊钧于秦汉。秦汉竭天下之力以奉一身，陛下竭天下之力以资众人，其用心虽殊，其病民一也。此臣之所以尤戚戚者也！”

面对这样的一种由来已久的国情，虽然之前已经有过改革，但是都夭折了，并没有起到应有的作用。虽然仁宗也曾想过要励精图治，然而，由于他并没有坚定的决心，并且遇到重要的决策又是优柔寡断，使得很多利国利民的主张都没有得到采纳和实行。司马光虽然官职并不高，但是，他始终以天下为己任。此时，面对着这样的情况，他只能极言劝谏。为了扭转民穷国弱的不利形势，司马光进行了不懈的努力。这一时期，他写了一系列的奏章，反对宰执无故迁官，反对上元游幸，反对宫中宴饮过多，反对明堂迁官，反对滥批寺额，反对增修宫观，反对追赠嫔妃，反对另择吉地安葬仁宗，反对在仁宗陵建寺，反对英宗以仁宗遗留物厚赐群臣等等，这其中或多或少都是为了能节省国家的用度、

减轻对人民的剥削。

宋代财权分散，国家财政主官三司使所管仅国家年度经费，作为收藏国家战略预备物资的内库系统，则由皇帝直接控制而由宦官管理。鉴于仁宗赐予过滥、三司不能周知天下财赋之弊，司马光建议“复置总计使之官，使宰相领之”，主张统一财权，将三司、内库系统所管经费财物统统归属于总计使。总计使量入为出，每岁应节约三分之一作为储备，以防不测，并且负责考察三司使副、判官、转运使及内库宦官的政绩而予奖惩。他认为“钱谷自古及今皆宰相之职”，那种以为宰相当论道经邦、燮理阴阳而不当过问钱谷之事的人是“不识治体”的“愚人”。这一时期，司马光就宋代的财政经济诸问题发表了一系列的见解。在开源的同时，又注重节用，并认为只有这样才能改变国穷民贫的状况。他希望仁宗能以身作则，在上流社会以至全社会的范围内，提倡朴素之风，矫正奢侈之俗。减少冗官、冗兵，肃清贪官污吏，堵塞侵吞国家资产的漏洞。仁宗末年，对社会经济做了若干程度不等的改革，茶、盐、酒、矾等征榷之物全面弛禁，实行通商之法，岁课以数十万、上百万的幅度下降，这是让利于民的表现，是有利于社会经济的正常发

司马光祖居

展的。

司马光的这些具有战略眼光的主张，对于缓解积贫积弱的宋王朝，有着一定的作用。然而，让他感到非常遗憾的是，他的一腔报国热血却始终没有得到仁宗的赞成和采纳。这既是忠臣的无奈，也是君王的悲哀，更是国家的损失。身为谏官的司马光，越来越感觉到宦海的黑暗，个人的渺小，最严重的是，他的政治主张都没有得到支持，壮志难酬，这使得他对仕途越来越感到迷惑。

力请建储，调停骨肉

嘉祐六年（1061），仁宗已52岁，尚无皇子，建储之事一直也未有头绪。到这个时候，东宫已经虚位10年有余了，在封建社会，这可是一件大事。通常情况下，皇帝都会早早确立太子，作为储君。如果皇帝驾崩时还没太子，那就往往在继立新君的问题上发生纠纷，导致宫廷内乱，甚至危及社稷，所以说，立嗣是封建政权内部一件非常重要的大事，封建士大夫称之为“国本”。可是，14岁即位的仁宗皇帝到了现在，还一直没立太子，因为先有三个儿子都相继夭折了，以后再没生儿子，储君就成了问题。这就使得朝野上下都很担心，但大小官吏一般又都不敢进言。因为建议早立太子，就意味着皇帝不会有亲生子，皇位只好传给别人的儿子。还意味着催促皇帝准备后事，这样，万一皇帝听了不高兴，那就会招来杀身之祸，所以，面对这样的情况，只有不怕死的忠臣才往往会不顾个人安危，大胆直言进谏。三年前就有一个太常博士张述曾经上疏，请求“择宗亲才而贤者”为继嗣，但是那时候仁宗身体还好，所以也就没有引起重视。然而，此时的仁宗忽然病重，不省人事，已经几个月不能上朝，这使得立嗣的问题显得更加紧迫。

此时，还在并州出任通判的司马光，虽然远离京城开封，但是他时刻关注着国家的大事。得知这一情况后，他立刻写了《请建储副或进用宗室第一状》的章奏向仁宗进言，他在奏疏中首先指出："明主不恶逆耳之言，阻察治乱之原，忠臣不避杀身之祸，以论安危之本。"希望皇帝能够听信忠言，以国家安危为重。然后他以历史为鉴，说明"治乱安危之凡，何尝不由继嗣哉？得其人则治，夺得其人则乱。分先定则安，不先定则危"，所以立嗣是"朝廷至大至急之务"。再进一步，他又用尽孝道于祖宗，以保"光明盛大之基业"的道理打动仁宗，请求"谨择宗室之中聪明刚直、孝友仁慈者，使摄储贰之位"。最后，他情辞恳切地表明自己的心迹说："臣诚知言责不在臣，言之适足自祸，然而必言者，冀陛下建万世无穷之基，救四海生民之命，臣荣多矣！愿陛下勿以臣人微位贱，谓之狂狷而忽之。试以臣言自为圣意，延问大臣忠于社稷者，倘以为非，臣请伏妄言之诛；倘以为是，愿陛下决志而速行之。"并请"焚臣此奏，勿以示外"，"以明臣非敢缴冀毫厘之幸"之心。说到此，意犹未尽，再一次叮咛"若失时不断"，悔之无及。

然而，让司马光感到非常失望的是，他的奏章进呈很久了，但是一直没有回音，并且奏章"留中"不发。日夜在等待消息的司马光非常痛心，但没有气馁，随后，他又上了一状，他怪自己"人品猥细，言语吃讷，不能发明国家安危大体"，以致不能引起皇帝的重视，希望皇帝能为他的忠诚所感动，不以其位卑言轻而忽略了"宗庙社稷之至计"。然后他着重论述储君为国家之本必须及时面立的道理，作再次恳切的请求。仁宗虽将这份章奏发到中，省，但"日夜区区，寝不能安，食不能饱"的司马光仍然未闯圣朝步垂采听，他不罢休，又写了第三状进上，这次言辞更加激烈了，他说："若臣所言非邪，当明治典罪以示天，若其是邪，亦谓圣心不宜弃忽。"现在圣上这样不置可否，"臣不胜愤

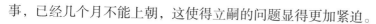

懑！”并反复申明皇帝不可不以进言为意的理由，恳请皇帝“不惜少顷之间，取臣前后所奏，略赐省览”，“断而行之”。但是，前后三状“皆杳然若投沙砾于沧海之中，莫有知其所之者”。司马光为此忧心如焚，甚至半夜醒来，想起此事，再不能安寝，披衣坐起，冥思苦想，有时竟感愤而“涕泣沾襟”。后来，他终于又想出个办法来。他把三份奏稿寄给范缜，请他在进见的时候，将他的意思代为面奏仁宗，“乞取光所上三奏，略赐省览，知其可取、可舍、可矜、可罪，裁定其一”，请仁宗给一个明确答复。在这个过程中，范缜也一直在继续奏请，接到司马光的信后，当然态度更加坚决，行动也更加激烈，甚至“阖门家属，自求诛谴”，以辞官和效死来相谏。但这一切都没能说服仁宗，司马光也只好暂时沉默。

后来，司马光奉命调回京师开封，经过一段时间之后，他又进入知谏院，成为一位谏官。到知谏院一个多月后的一天，他面见仁宗，开始就说：臣昔通判并州，所上三章，愿陛下果断力行，而仁宗一时不知所指何事，但他记忆力毕竟还不错，沉思后，就想起他曾经上疏乞建储的事，便高兴地说：这件事别人不敢说，你竟三上章奏，“此忠臣之言”。司马光见仁宗也记得自己进谏的事，而且还很赞许他的忠心，心里很高兴，并且以为仁宗会有所举动。然而，过了一些日子，却始终不见动静。于是，他又上疏催道：“臣向者进说，意谓即行，今寂无所闻，此必有小人言陛下春秋鼎盛，何遽为不祥之事。小人无远虑，特欲仓卒之际，援立其所厚善者耳。‘定策国老’、‘门生天子’之祸，可胜言哉？”皇帝看了司马光发自肺腑的章奏，大为感动，遂命送至中书省。司马光还放心不下，又亲到中书省，催宰相韩琦速办，他说：“诸公不及今定议，异日禁中夜半出寸纸，以某人为嗣，则天下莫敢违。”韩奇认为说得对，拱手回答说：“我怎么敢不尽力快办呢！”

后来，在韩琦等人的力请之下，仁宗终于在十月确定了皇嗣的人

选，这就是赵宗实。他既是仁宗亲侄，又是曹皇后亲姨侄女婿。不过册立皇子需要有个过程，赵宗实当时尚在守父丧，故六年十月仅下诏要求他起复知宗正寺，主持赵氏宗祠。这个决定是非常得体的，既表明了意向，又可进可退，于不动声色之中，解决了6年来长期悬而不决的皇位继承问题，这为日后政权的平稳交接、国家的稳定奠定了良好的基础。但是，世上一帆风顺的事是极少的，皇位继承权关系到许多人的盛衰荣辱，就更不会是风平浪静的了。赵宗实在接到任命后，一再推辞，这固然有礼仪方面的原因，但更重要的是，他感到一夜之间忽然得到天下这个莫大的财富，不知是祸还是福，前途难卜。起初他以守丧为辞，守丧结束后，他又称疾坚辞。原来这时宫内外均有人反对立赵宗实为嗣，嫔妃们总希望有朝一日能生个皇子继承皇位，宦官当然喜欢立个幼主，便于自己操纵，当时宦官总头目任守忠就是这样一个“欲援立昏弱以徼大利”的小人。当时百官之中也有不少人持有异议，仁宗在这些人的影响之下，动摇起来，又见宗实坚辞不受，心里也极不痛快，甚至已怒形于颜色，打算收回成命了，而此时一般人也避嫌疑，不敢再进言劝说。

嘉祐七年（1062）七月，此时距初命赵宗实为知宗正寺已10个月，距其终丧也半年有余了，但是，事态还是毫无进展。司马光此时作为谏官之长，感到责无旁贷，于是他又上《乞召皇侄就职上殿札子》。在札子中，他首先肯定了仁宗的决断是英明的，仁宗一举两得，是符合天下人的利益的，又肯定了赵宗实不同于常人贪恋爵禄，“其智识操行必贤于人，益足彰陛下知人之明”。就这样，在司马光等人的劝说下，仁宗才又转心回意。事实上，选择赵宗实为宗正，天下已知他必将被立为皇太子。事态发展到这一步，已不能中止，中止必将引发权力斗争，导致天下大乱。因此，宰相韩琦、执政欧阳修决定面请仁宗收回宗实宗正之命，直接立他为皇子，仁宗也同意这样做，八月四日立皇太子。司马光苦心孤诣，7年为之伤神的问题终于解决了，看到仁宗后继有人，他安

心了。应该说，这是他在谏官任上为皇家，也是为国家立了一功，这个问题的及时解决完全是他极力谏争，多方督促的结果。八月九日，赵宗实改名为曙。但是，赵曙仍然坚卧不起。二十七日，司马光再上《请早令皇子入内札子》，请仁宗责以礼法，赵曙既为人子，“礼当朝夕定省”，“不宜久处外宅”。而赵曙也在宫僚的劝说之下，明白自己此时已成骑虎之势，这才接受皇子的名义，随即进入宫内。嘉祐八年（公元1063）三月底，仁宗驾崩，享年54岁。四月初一，赵曙即皇帝位，赵宋王朝的皇权实现了平稳的交接。

建储一事，似乎是皇家私事，小事一桩，司马光如此念念不忘，反复方争，不达目的不罢休，似乎是没有多大值得称道的意义？其实不然。在封建时代，君主专制制度还没有走向尽头、民主政治还没有诞生之时，嗣君制度对防止内乱、加强皇权，维护统一有着重要作用。不然，仓促之际一宗室、官吏为争夺皇位轻者使国家陷入混乱，重者造成分裂，这样的悲剧在宋之前并不罕见！司马光为社稷深远大计，冒杀身之祸，力乞建储，历数年而可不怠，足见他具有一种为国献身的精神。英宗即位后的头三天表现出来的政治才干，赢得了群臣拥戴，大家暗暗称庆，以为仁宗选择得人。不料好景不长，第四天晚，英宗忽然得病，连声大呼，有人要杀我。至第八天，英宗病情加剧，以至“号呼狂走，不能成礼”，需人抱持。英宗病因是何不得而知，但与太后母子感情不融洽也有一定的关系。虽然英宗嗣立是太后“定议”的，但太后内心实不喜欢这个过继儿子。在英宗不能主持国务的情况下，当天群臣请太后垂帘听政，权同处分军国事。“权”也就是临时代理之意，英宗身体一有好转，太后就应还政。仁宗逝世后仅数日朝廷内就出现这种严重情势，确实“危于累卵”，“若非君臣同心，内外协力”，那么政局必将发生剧烈的动荡。不过，英宗的病情很快地得到了控制。四月二十四日，是仁宗大祥日，英宗病情有所好转，已能亲自行礼。二十八日，他

接受了群臣的请求，同意听政。同时，太后也接受了大臣的请求，准备还政。此时，司马光与大家一样都稍稍地松了一口气，但不知是何故，还政又中止了。

嘉祐八年（1063）十一月二十日这一天，司马光就撰写《上皇太后疏》，在这份奏疏中，他从四个方面来开导太后：一是以历史事实说明不是亲生骨肉也能母子同心，说汉章帝刘炟不是明德马皇后的亲生子，由于马皇后“尽心抚育，劳瘁过于所生”，使之“母子慈爱，始终无纤介之间”，成为千秋美谈。二是分析形势利害，说明两宫和睦的重要性，说英宗的病由于医治无功，久不见好，而天下形势越来越“危于累卵”，两宫万万不该争“语言细故”，只能“和睦以自安”。三是以亲族之情、先王之托打动太后，说英宗是仁宗的同堂兄之子，皇太后的外甥婿，是仁宗亲立为太子，要看在仁宗的情面上，对英宗“特加爱念，包容其过失”。四是引太后回忆英宗以往的孝谨，强调他现在的病情，以消除太后的不满。说英宗在藩邸之时和即位之初，对太后非常孝谨，只是患病后，神经迷乱，“不识亲疏，不择贵贱”，这是病患者常有的事，不应责怪。希望太后精择医工一二人，早日治好皇帝的病，英宗就会孝谨如初。

同时，司马光又进呈了《上皇帝疏》，在奏疏中，他对英宗晓以大义：“大行皇帝春秋未甚高，以宗庙社稷之重，昭然远览，确然独断，知陛下仁孝聪明，可守大业，擢于宗族之中，建为嗣子，授以天下，其恩德隆厚，逾于天地。”希望英宗能“思念先朝，欲报之德，奉事皇太后孝谨，抚诸公主慈爱”，将矛盾消化于无形之中，忠厚之心，拳拳之意，溢于言表。但是，由于英宗进入宫中不久，即位数日就染上了疾病，不能处理国务，又对宦官缺少恩礼，因此，宫中之人多向着太后，说了英宗很多坏话。两宫矛盾逐渐公开，太后每每“有不平之语”。六月初，英宗听政一月有余，又因病不出，情绪恶劣至拒绝服药。在此情势下，司马光再进呈《上两宫疏》，在疏中，他说：“恭惟先帝属籍之亲，凡数百人，独以天下之业传于圣明。皇太后承顾命之际，镇抚中外，决定大策。其恩德隆厚，逾于天地，何可胜言！”再次提请英宗不要忘记仁宗夫妇的大恩大德。接着他又提醒太后，“皇帝圣体平宁之时，奉事皇太后，承顺颜色，宜无不如礼。若药石未效，而定省温清有不能周备者，亦皇太后所宜容也”。母子“骨肉至亲，止当以恩意相厚，不当较锱铢之是非”。自古以来，“君仁而臣忠，父慈而子孝，兄爱而弟恭”，则“上下之情通，内外之志和，国以之治，家以之安”。若“君不仁，臣不忠，父不慈，子不孝，兄不爱，弟不恭”，则“上下之情塞，内外之志乖，国以之乱，家以之危”，因此，孝慈是治天下之道。就今日而言，“皇帝非皇太后无以君天下，皇太后非皇帝无以安天下。两宫相峙，犹头目之与心腹也”。最后，司马光点明宫中有“奸邪之人，专窥上意，苟有衅隙，则因而乘之。于是，离间人君臣，交构人父子，使之上下相疾，内外相疑，己然后得奋其诈谋，以盗其大权，私其重利。自古以来，丧国败家，未有不由此者也”。不指名地点了大宦官任守忠，指出了他对国家的严重危害。

但是，两宫之间的猜疑有增无减。有一天，太后竟问韩琦汉代昌邑王事如何，明有废立之意。英宗也对韩琦说：“太后待我少恩。”七月半，身体平复之后，竟然意气用事，不接见夏国入吊使节，不裁决国务，不出席送葬、招魂等重大典礼。为此，司马光又奏上《言遣奠札子》《论虞祭札子》等章疏，好言相劝于前，严词指责于后，然而，英宗竟然置若罔闻，不顾大局，九次虞祭典礼连一次也未出席，至太后有请韩琦“为孀妇作主之语”。两宫矛盾的明显加剧，使许多元老重臣心急如焚，但都不敢过口她们母子间的事情。只有宰相韩琦挺身而出，向太后解释说：“英宗言语有失，是因为有病，病好了，一定不会这样。”“子疾，母可奋之乎？”希望太后谅解英宗。欧阳修也协助韩

琦，向太后委婉进言。但在解决这个问题上最起作用的还是司马光，他为此“日夜焦心陨涕，侧足累息”，从稳定国家的大局出发，司马光在两宫之间做了大量的调停工作。

在《上皇帝疏》中，他谆谆告诫英宗，生育之恩大，养育之恩更大。他希望英宗能像东汉章帝那样“孝性淳笃”，像孝顺亲生父母那样孝顺太后，亲自到太后住处“克己自责，以谢前失，温恭朝夕，侍养左右，先意承志，动无违礼”，用自己的实际行动来消除“纷纷藉藉”的“道路之言”。欧阳修话语说得更婉转恳切，他对太后说：“当年仁宗宠妃温成是如何得骄恣，太后都能心平气和地容忍，这是天下人都知道的，今天母子之间反而不能忍吗？”又说：“先帝在位日久，有恩于天下，故一旦逝世，天下人拥戴新帝，不敢怀有他意。今日太后一位妇人，臣等五六位书生，如非先帝遗意，天下谁肯听从！”太后听后，长时间里都沉默不语。韩琦作为顾命重臣言语就直率多了，他对太后说：“臣等只能在外面见得皇上，里面保护全在太后。皇上若失照管，太后也未得安稳。”又说：“太后照管皇上，众人自然照管皇上。”对英宗，韩琦说：“陛下今日，皆太后力，恩不可不报。然既非天属之亲，愿加意承奉，便自无事。”又说：“自古圣帝明君不算少，但独称舜为大孝，这是为何呢？父母慈而子孝，这是常人都能做到的，不值得称道。唯有父母不慈而子能尽孝道，这才值得称道。只恐陛下尚未做到这一点，父母岂有不慈爱子女的！”这一席话，说得英宗大为感悟，从此以后不再说太后的不是。加之，韩琦面对流言蜚语屹然不动，众人知韩琦一心拥戴英宗，谣言也渐渐地少了。在给皇帝疏中，司马光再次恳请英宗孝谨太后，慈爱诸公主，勿被奸邪人所离间。在奏章中，也援引了汉章帝刘炟和明德马皇后的故事，但这里的角度是要英宗效法汉章帝孝顺马皇后及其亲属，对自己的生身父亲不加尊号。还恳请皇帝病好之后，亲到皇太后阁，“克己自责，以谢前失”，并对太后受“温恭朝夕，侍养立右”，最好胜过未即位之时。

为彻底消除英宗的误解，他狠狠地揭露了离间两宫关系的奸臣任守忠：“于皇太后之处，则言陛下与中宫之短；于陛下与中宫之处，则言皇太后之失，遂使两宫之心互相猜忌。”司马光不仅让英宗识其嘴脸，还要他到皇太后面前，讲明过去因受任守忠欺骗，才屡次违忤太后之意，请求太后谅解。

为了进一步弥合两宫间感情上的裂缝，十二月，司马光又向英宗连上三疏，认为太后于英宗有三德，“先帝立陛下为嗣，皇太后有居中之助，一也。及先帝晏驾之夜，皇太后决定大策，迎立圣明，二也。陛下践祚数日而得疾不省人事，中外众心，惶惑失措，皇太后为陛下摄理万机，镇安中外，以俟痊复，三也”。这是陛下子子孙孙都报之不尽的大德，希望英宗能侍奉太后，不但尽礼而且要尽诚尽意，“承颜顺意，曲尽欢心”。稍后，他又对英宗说：“古语道：‘大德灭小怨。’先帝擢陛下于众人之中，自防御使升为天子，唯以一后数公主属于陛下，而梓宫在殡，已失皇太后之欢心。长公主数人皆屏居闲宫，希曾省见。臣请以小喻大，设有闾里之民，家有一妻数女，及有数亩之田、一金之产，老而无子，养同宗之子以为后，其人既没，其子得田产而有之，遂疏母弃妹，使之愁愤怨叹，则邻里乡党之人谓其子为何如人哉！以匹夫而为此行，犹见贬于乡里，况以天子之尊，为四海所瞻仰哉！”对司马光的话，英宗基本上“嘉纳”之。表现在行动上，奉事太后“恭勤之礼，甚加于往时”。但个别地方，比如对奸臣任守忠的态度就没有完全按照司马光说的去做。不久以后，还把任守忠迁升入内都知，“职在宫禁”。司马光认为任守忠是“国之大贼，人之巨瘴”，若不及早除掉，“恐别生事”，于是又连上三札子，以激烈的言辞，给任守忠罗列十大罪状，英宗见反对如此激烈，也觉为难，只好将任守忠，除保信军节度副使，蕲州安置。司马光到底把这个奸邪之徒赶出了朝廷，天下人无不称快。

次年（即治平元年）夏季，英宗“疾益愈”，皇太后撤帘还政，于是，朝中态势发生极大改变。司马光生怕英宗“独揽万机”后，利令智昏，所以特别提醒他提防势利小人。因太后失去权柄，而“侍奉懈慢，供给有缺”，建议英宗在外朝时，国事要自决，在庭禁之内，取舍赐予，事无大小，不要专断，要先禀太后而后行；还建议简化太后取索各种物色手续，不要因手续过繁，使太后所急需的药饵什器之类拖延日久，“有伤慈母之心”。总之，司马光为使英宗对太后尽孝道，真是绞尽脑汁，体贴入微。但是，司马光帮助英宗体贴、孝敬太后是有原则的、有分寸的，那就是以不违背朝廷法度为前提。比如，英宗诏敕太后的弟弟曹佾同中书门下平章事，司马光坚决反对，他毫不客气地批评英宗重用曹佾，不是因他有功，而是以“皇太后之德至深至厚，无以为报”，故褒崇元舅，“以慰母心”。司马光认为这种做法是错误的，若以此推恩，次及后族，次及两府，次及他人，会使冗滥的吏制更加冗滥，使“回家官爵贱于泥土”，宋王朝就无法治理了。从这件事可清楚看出，司马光张口要英宗对太后“承顺颜色”、闭口“加意奉养”，绝不是迂腐地空讲“孝道”，而是为树立英宗的威望，以保政局的稳定。这一点他曾明白地告诉英宗：“陛下戒之慎之，始终不倦，外尽其恭，内尽其爱，使孝德日新。”正因为如此，有碍国家安宁的“孝道”他自然要反对了。

皇太后还政后，英宗和皇后奉事太后之礼，“甚加于往时”，皇帝的思想问题基本解决了，态度也转变了，但太后这边虽然把权交出来，基本上也消除了对皇帝的不满和隔阂。感情上的交融却不是那么简单的，她对皇帝皇后还是“遇之太严，接之太简”。有时进见，虽赐给座位，然而“如待疏客，语言相接，不过数句，须臾之间，已复遣去”。态度如此冷淡，是很难使双方感情上的裂痕愈合的，也就很难真正协调一致地对待政务。司马光知道后，转过来又加紧做太后的工作。不仅立即敦劝太后，而且连他们母子相见时，太后该如何言语动作，他都代为想到说到了，他说：“凡皇帝皇后进见之际，宜赐以温颜。留之从容，来往无时，勿加限绝。或置酒语笑，与之欣欣，相待一如家人之礼。”

在封建社会中，面对这样性命攸关的事情，司马光却能够做到不顾自身的安危而一心报国，并且能够将这些非常棘手的事情处理得这样到位，实属难得，司马光不愧是宋朝的忠良之臣。

九辞荣耀，规正得失

司马光自从进入知谏院之后，竭忠尽智，实施严格要求自己，并且竭力向仁宗进言。转眼间，司马光在知谏院已经将近一年了。这段时间，司马光不仅仅努力做好自己的职责内的事情，同时还花费大量的时间来阅读古代典籍，以寻求治国之道。

在知谏院，当时有这样的一个制度，作为谏官，每月要向皇帝进谏一次，遇重大事情要随时入对。失职者，特别是百日内仍无所谏言者，要被逐出朝廷外任或罚“辱台钱”。司马光从七月入谏院，到十月，百余天里，远远超过规定的“定额”，除进“三言”、“五规”和乞请建储札子外，还有八月十五日上的《论赦及疏决状》、八月二十一日《论举选状》等，有20余封奏疏。他在抓大事的同时，也没忘记注意随时发现和想到的小问题。如此忠于职守，自然要受到朝廷的赏识和器重，特别是在建储一事上，他直言群臣不敢言的话，给仁宗留下“忠臣”的印象。

嘉祐七年（1062）三月，仁宗擢升司马光为知制诰，掌管起草诏令之事。任此职要求才思敏捷，有很高的文字水平，所以对文人学士来说，能任此职是很高的荣誉，故多由“文士之高选，儒林之极致”者充

任，“非文辞高妙，殊众绝纶者，固不可为”。知制诰隶属学士院（即翰林院），翰林院设翰林学士承旨、翰林学士、知制诰、直学士院、翰林权直、学士院权直。翰林学士承旨是翰林院的长官，“不常置，以学士久次者为之”，常常空缺，而且要论资排辈。凡其他官员入学士院且未被任命为学士的，叫作直院；学士全部空缺，以别的官员暂行院中文书，叫作权直。知制诰“掌制、诰、诏、令撰述之事”，皇帝“乘舆行幸，则侍从以备顾问，有献纳则请对，仍不隔班”，这相当于皇帝的高级秘书兼顾问。

在当时，学士院基本就是宰相的摇篮，宋人叶梦得《石林燕语》中说：“祖宗用人，多以两省为要；而翰林学士尤号清切，由是登二府者，十常六七。”就是说中书省与枢密院的高级官员，十之六七都是学士院出身。经学士院出任宰相的人数，宋人李心传在他的《朝野杂记》中有专门的统计，他说自建隆至熙宁，在翰林院的共108人，而其中做到宰相的，就有21人：太祖时9人，1相；太宗时23人，4相；真宗时15人，4相；仁宗时52人，9相；神宗时10人，3相。知制诰，既是极荣耀之职，又常得随侍皇帝左右，有利于显露才华、易得飞黄腾达的美差。然而，司马光虽然奉诏就职，但他对这次荣升打心眼里不高兴，一开始就没打算去，所以刚到任就开始辞职。

三月十四日，司马光就上《辞知制止状》，奏明知制诰之职，“非臣所堪，乞更择人”，朝廷不许，他立即又上第二状，但也“未蒙开许”，再上第三状，却奉圣上旨令，“不许辞让”。尽管这样，他却下定决心，非辞不可，冒着“屡违诏命，上怒下怪，将抵罪诛”之险。从《辞知制诰状》中，司马光表现出的不是惊喜，而是惊恐：“数日之间，宠命相继，在人为荣，于臣甚惧。窃以二职，文士之高选，儒林之极致，古之英俊，尚或难兼，况于微臣，愚陋无比，一身二任，力所不堪，岂敢冒居以取颠覆。闻之震恐，瞀愦失据。”就是说，知制诰与侍讲这两个职位，是文人、儒士的最高追求，而自己既愚且陋，身兼二任，力所不及。因此听到任命，既震惊又害怕，心烦意乱，进退失据。然后，他说到吕公著的辞免及自己的不能接受："臣虽无知，若使廉让有耻者弃置不收，贪冒苟得者进受华显，不惟亏圣朝风化，亦使微臣受四海之责，将不得单毙其死。"意思是说，吕公著连考试都没参加，是廉让有耻者，朝廷没有录用；我参加了考试，是贪冒苟得者，朝廷却录用了。这样不仅败坏社会风气，也必定使我备受指责。

司马光再三辞让，而朝廷的态度，越加坚决："奉圣旨令依累降指挥，不许辞让，便受诏令！"面对这样的一个美差，也是非常有前途的官职，司马光却是坚决请辞，这让很多人都感到非常的意外。事实上，这才是真正的司马光，他这样做也是有原因的。

在他的奏疏中，他说得很明白。他说："自知文采恶陋，又不敏速。"在请辞的原因中，这是司马光反复强调的。他在第一状说："少及长，章句之学，粗尝从师，至于文辞，实为鄙野。"第三状说："臣自知文字恶陋，又不敏速，若除拜稍多，诏令填委，必阁笔拱手不能供给。"司马光辞到第四状的时候，远在青州（今山东省青州市）的庞籍也辗转听到。他专门写信给司马光，询问不肯接受的缘由。司马光收到来信，恭敬地写下《上始平庞相公述不受知制诰书》。两人关系密切，信中说话比较直接，辞知制诰的原因被表述得很清楚。司马光先说到来信："适蒙宠赐手教，问以久不受恩命之故，不惟爱念之厚，乃复知其坚守愚志，必有所为，非苟然而已，古人所谓知己者，正应如是，区区之死，不足以报，感极以泣，无言可喻。"意思是说，您的信中除了询问，还有信任，相信我有自己坚守的原则，绝非苟且行事。古人所谓的知己，正应如此。这份情谊，至死难报。感极而泣，无法言喻。然后说到彼此的关系："光自总角以来，则拜伏趋走于前，又辱知爱如此之重，岂敢以半言诬罔聪明；借使有之，亦不能欺也。"意思是说，我是

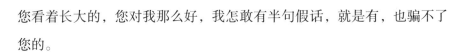

您看着长大的，您对我那么好，我怎敢有半句假话，就是有，也骗不了您的。

随后，司马光又说：“光自幼读经书，虽不能钩探微蕴，比之他人，差为勤苦尽心而已，又好史学，多编辑旧事，此其所长也。至于属文，则性分素薄，尤懒为之。当应举时，强作科场文字，虽仅能牵合，终不甚工。颇慕作古文，又不能刻意致力，朋（音亏，同窥）前修之藩篱，徒使其言迂僻鄙陋，不益世用。此真所谓学步邯郸，匍匐而归者也。向者年三十余，相公在枢府时，始令学作四六文字，供给笺奏，虽承命不敢不勉，而终以愚陋不能进益。自相公出镇以来，亦遂舍置，未尝！ 复为也。时时答亲旧书启，则不免假手于人。今知制诰之职掌，为天子作诏文，宣布华夷，岂可使假手答书启者为之邪。”司马光的意思就是说，自己的长处是经史，至于写文章，自觉天分不够，也没那个追求。参加科举时，勉强写些应试文章，不是太好。很想作古文，但不能专心致志，最终只是邯郸学步。过去我三十多岁，当时您在枢密院任职，让我学作骈文，代写书信及奏章，虽受命不敢不努力，但终因愚陋，没什么进步。自您任职地方以来，也就从而放弃。常常答复亲友书信，不免借助他人。现在知制诰的职责是为天子草拟诏命，宣布中外，怎可让借助他人答复书信的人来担任。

最了解司马光的莫过于他本人，他说：“光与石舍人（石昌言）同年登第，少相亲狎，熟知其人志度清夷，操行纯一。当在馆阁时，闻望甚美，其文采亦不全出众人之后。一旦擢处西掖，所作诰命，小有瑕谪，则轻薄之人相与传以为笑，至今身没，而传笑者未已，光窃伤之。向使石不登西掖，岂有此辱邪。光平生所为文辞，比之于石，自谓犹未能及，而视此前辙，欲使光遵而蹈之，岂能不惧且愧。苟贪其荣利，强颜为之，不惟取一身没齿之羞，亦非所以增朝廷之光华也。以是观之，光之不受知制诰，出于赤诚，非饰让也，但不为朝廷及世人所谅耳。”

意思是说，石昌言当年在学士院，所作诰命小有瑕疵，即遭轻薄之人讥笑。如今石昌言已去世，讥笑却仍未消失，这是我的前车之鉴。与石昌言相比，我自觉不及，要使我重蹈覆辙，我既害怕又惭愧。如果勉强就任，于公于私，都没什么好处。因此，我的不肯接受完全出于赤诚，绝非作秀。

司马光是一个很诚实，并且有自知之明的人，当然，他说自己文辞“恶陋”、“鄙野”，未免有些过谦了。对于一位饱学之士而言，能够做到如此的诚实不欺，谦虚谨慎，实在难得，而在这样的荣誉面前仍然能够做到这些，更是难得。同时，在这里，我们也就看到，他说的很多也是实话，他自幼及长，爱好章句之学，尤其爱好史学，对于文学兴趣不大，也不见长，所以，他力辞知制诰就不难理解了。由此而来的，他力辞知制诰还有更深一层的原因，就是怕弃长就短有辱国家声誉。正像他所说的“纵复牵合，鄙拙尤甚，暴之四远，为人指笑，又贻圣朝愧耻，谓之乏贤。故为公家之谋，则莫若用其所长，营一身之私，莫若避其所短”。司马光这种不慕虚荣、从实际出发的精神正说明他确是“脚踏实地之人”。其次，“不必皆以修注为之”。

当时，还有这样的一个不成文的规定，同时也是一种吏治的弊病：凡做知制诰者必须先任修起居注之职，不经过这一阶段，无论有多大本事，都没有资格晋升知制诰。反之，只要把这个职务弄到手，任职期间，不出大差错，就会稳稳当当登上知制诰的台阶。当司马光了解到这种情况的时候，心中非常不满，更是坚决反对。他认为，“资涂用人，不问能否，比例从事，不顾是非，此最国家之弊法，所宜革正者也”。虽然他暂时接受这个任命，但是，对于这样的一种制度，司马光是有着很多的担忧的。

不仅如此，司马光刚刚担任谏官的时候，就已经上疏提出对官吏“度材而授任，量能而试职”。一旦任用后，就不要更来迭去。他鉴于

升迁过频的弊病，再三强调官吏最好是“皆守一官，终身不易”。他考虑自己刚任修起居注，随即就迁升，这同他的谏言相违。而他所谏的章奏至今具存，如旷官窃位，心安受爵，就不能再讥评他人，也无法拯救吏弊。他在《辞知制诰第四状》中专讲了这一理由：“致治之道，任官最急。人之材性，各有所宜，虽以稷契皋夔之贤，皆守一官，终身不易。况今群臣，固非其比，当度材而授任，量能而试职，奏牍具存，事可案验。今臣自知知文辞鄙野，不足以充知制诰之职，若止以修起居注，资涂相值，循例序进，恬而有之，曾不愧畏，是臣但能讥评他人，旷官窃位，而受爵不让，至于已斯亡。此乃欺罔天听，静言庸违，当扶共兜之诛，以清唐虞之治。臣虽甚愚，决不敢为”。司马光说话算数，要别人做到的，自己带头做到，这就是司马光。

司马光这样一再请辞，在朝中已经引起了很大的震动，很多人也对他颇有微词。面对这样的局面，司马光唯恐朝廷造成错觉，于是又表明：他辞知制诰，出于赤诚，非饰让也。司马光坦白地说他不是不求闻达之人，“自胜冠以来，投牒应举，入朝求仕”，时刻都想有所作为，但是也应该量力而行、度才而为，才力不及，会使“职事废缺”，“虽小官不敢受”。只要是足堪其职的，比如任掌比较文字的馆职，掌规正得失的谏官、掌讲解经术的侍讲，“皆不敢以一言饰让”。而独辞知制诰，不是饰让，而是使“羸夫负百钧之重而予之千金，羸夫必辞，非不欲金也，力不任故也”。

这之后，司马光的辞免仍在继续。司马光的辞免先后达九次，终于获得批准。司马光的态度既诚恳又坚决，连上九章，朝廷终收回成命，四月十五日，改任起居舍人、知制诰兼侍讲司马光为天章阁待制。司马光举官自代，不许。五月一日，又命起居舍人、天章阁待制兼侍讲司马光仍知谏院。五月十一日，司马光怀着成功的喜悦上《上殿谢官札子》于陛下：“留臣以谏诤之职，恩施愈隆，责望愈重”，表示“有生安敢爱，有言安敢隐”，愿竭力报效朝廷。

司马光一心为国，竭忠尽智，和其他只为升官发财的那些人相比，司马光高尚的为官之道以及作为的品格更为可贵。他不贪慕荣华，始终坚守自己的岗位为君上进言献策，并且规正得失，以使得朝政清明。这就是司马光的为人。

请辞知谏，“嘉祐四友”

司马光在请辞知制诰之后，继续坚守在谏官的任上为国效力。然而，就在这个任职期间发生了一件事，也就是宋朝的持续了十八个月的“濮议”之争。这件事让司马光再次对朝廷失去了信心，同时也为自己的政治主张不被采纳而感到失望，对于司马光来说，这些都是让他难以接受的。于是，在经过考虑之后，他毅然决定辞去谏官之职，同时，也获得了“嘉祐四友”的美誉。

“濮议”之争的经过是这样的：仁宗去世之后，英宗赵曙即位。就在英宗亲政后的半个月，宰相韩琦等人就向英宗提议，请求有关部门讨论英宗生父“濮安懿王及谯国太夫人王氏、襄国太夫人韩氏、仙游县君任氏合行典礼”。当时仁宗逝世仅14个月，英宗批示“候过仁宗皇帝大祥别取旨”，也就是待到满24个月时再说。治平二年（1065）四月九日，韩琦等再次提出请求，议案被送至太常礼院，交两制以上讨论。其实，这点，司马光早就想到了。此时的司马光深感自己的责任重大，为了防止英宗做出违犯春秋大义、损害封建礼法之事，司马光在嘉祐八年（1063）四月二十七日呈进的《上皇帝疏》中，就依据封建礼法提出了“重于大宗则宜降其小宗”的建议。他说：“汉宣帝自以为昭帝后，终

不敢加尊号于卫太子、史皇孙。光武起于布衣，亲冒矢石，以得天下，自以为元帝后，亦不敢加尊号于钜鹿都尉、南顿君。此皆徇大义，明至公，当时归美，后世颂圣。至于哀、安、桓、灵，或自旁亲入继大统，皆追尊其祖父，此不足为孝，而适足犯义侵礼，取讥当时，见非后世。臣愿陛下深以为鉴，杜绝此议，勿复听也。”当英宗将濮议交付讨论后，由于事关重大，翰林学士王硅等人相互观望，谁也不肯率先发表自己的看法，而司马光此时却没有考虑这么多，他奋笔疾书，无所畏惧地亮明了自己的观点。然而，让司马光感到意外的是，宰执们却始终未置可否。

后来，宰执也找出以往的典籍，自持一言，并且认为朝中大臣会赞同。然而，让他们没有想到的是，百官对此反应极其强烈，台谏官一致赞同两制提案。一时间，议论纷纷。就在这个当口，太后也闻讯，亲自起草了诏书，严厉指责韩琦等不当称濮王为皇考。韩琦一见太后表了态，事态不妙，当即以王琏的方案缺乏依据为由，请求暂缓其事，等太后回心转意再说。英宗也认为需要等待时机，同意了韩琦的意见，暂不讨论，他下令太常寺先从礼经中“博求典故”再说。此时主管太常寺的是翰林学士范缜，他很快搜集到《仪礼》、汉儒议论和魏明帝诏书共5篇奏上，支持司马光的方案，而御史台自中丞贾黯以下也全台支持司马光。侍御史知杂事吕公著还专章批驳了宰执的论点，他说，出继之子于所生、所继皆称父母，这是不错的，但在属籍上是有所除附的。由此可见，条令的倾向是很清楚的。司马光认为王硅等二十余人两次会议无一人异议，英宗应当接受大家的意见。司马光指出，出继之了丁所继、所生皆称父母，那是因为《仪礼》、令文等“必须指事立文，使人晓解。今欲言为人后者为其父母之服，若不谓之父母，不知如何立文”。这是宰执蔑视天下人，认为他们均“不识文理”。又说，汉宣帝、光武帝均称其父为皇考，那是因为宣帝继昭帝之后，是以孙继祖，所以才尊

其父为皇考，但他不敢尊其祖为皇祖考。至于光武帝，他南征北战，白手起家，统一天下，名为中兴，其实创业。他即使自立太庙也不为过分，何况仅尊称其父为皇考呢？司马光不客气地质问英宗：“今陛下亲为仁宗之子，以承大业。《传》说：‘国无二君，家无二尊’，若复尊濮王为皇考，则置仁宗于何地乎？”又问：“设使仁宗尚御天下，濮王亦万福，当是之时，命陛下为皇子，则不知谓濮王为父为伯。若先帝在则称伯，没则称父。臣计陛下必不为此行也。以此言之，濮王当称皇伯又何疑矣。”在《论追尊濮安懿王为安懿皇札子》中，司马光说：“夫生育之恩，昊天罔极，谁能忘之？陛下不忘濮王之恩，在陛下之中心，不在此外饰虚名也。孝子爱亲，则祭之以礼。今以非礼之虚名加于濮王而祭之，其于濮王果有何益乎？”当然“濮议”并非单纯的礼法之争。司马光等人坚持尊无二上，是希望英宗能以此收拾天下人心，维护统治集团内部的团结。而韩琦、欧阳修等人则深知仁宗已死，太后已无能为力，考虑问题更现实，而且政治手腕更胜司马光等人一筹。

在这次的争议中，司马光以及支持他的人败了，这让司马光感到非常的失望，同时也对英宗和朝廷感到非常的失望，此后的事情都是宰执一方占据优势。治平三年（1066）四月，英宗下诏为其生父建庙。十月，下诏为其生母建园。诸事刚刚安排就绪，当月自己就已有病。治平四年（1067）正月，英宗驾崩。英宗在位四年里，无所作为，于国于民也没有丝毫之利和功绩。不仅如此，这四年算是仁宗之后的一个非常重要的时期，但是却被这些琐事占据了。在这个时期，社会矛盾依然严峻，甚至还有加剧的趋势，这些都让司马光感到非常的无奈。

这次的濮议之争对司马光的影响和打击都很大，并且在他任谏官的这5年当中，虽然他忠诚为国，敢于犯颜直谏，但是这些利国利民的建议很多都没有被采纳，并且使得国家的局势日益颓危。在这样的一种

抑郁不得志的情况下，治平二年（1065）十月，司马光终于辞去了知谏院之职。当年，他接受这一职务时，对此寄予厚望，希望借此一展平生所学，为宋王朝的长治久安竭尽微薄之力。当时，他还担心自己能否胜任，可是，5年的谏官生活使他看透了许多东西，也真正认识到谏官的作用。他愤慨莫名，不得不痛心地承认自任谏职以来，“国家纲纪，寝以隳紊。百姓困穷，衣食日蹙。戎狄悖慢，军旅骄惰。比于臣未作谏官之时，未见有分毫之胜”！司马光胸怀大志，同时也是想力挽狂澜，让国家日渐强盛，免受外族侵辱，然而，想到自己此时却无能为力，心中自然感慨万千。

在司马光的眼里，谏官的职责是规正得失，司马光在这短短的5年时间里递进了170余篇谏章，在许多重大问题上，他不避斧钺之诛，勇敢地阐述了自己的观点。司马光在《谏院题名记》中写道：“古者谏无官，自公卿、大夫至于工商无不得谏者。汉兴以来，始置官。夫以天下之政、四海之众，得失利病，萃于一官，使言之，其为任亦重矣。居是官者，当志其大，舍其细；先其急，后其缓；专利国家而不为身谋。彼汲汲于名者，犹汲汲于利也，其间相去何远哉！”在这5年里，司马光除了担任谏官外，还曾受命出使辽国及任知制诰。但司马光仅接受了知谏院之职，其他两职他都辞让了。司马光认为人臣陈力就列，不能者止，因此，当朝廷任命他为谏官时，他认为这是一个展示自幼所学先王之道的机会，就无“一言饰让”地接受了。对于使辽，他认为自己“资性拙讷”，非“专对之才”，“恐辱王命”就恳辞了。知制诰，即唐代中书舍人，职掌诏令起草之事。向来由“文士之高选，儒林之极致”者充任，晋升尤速。司马光认为自己“文字恶陋，又不敏速，若除拜稍多，诏令填委，必阁笔拱手不能供给。纵复牵合，鄙拙尤甚，暴之四远，为人指笑，又贻圣朝愧耻，谓之乏贤。故为公家之谋，莫若用其所长；营一身之私，则莫若避其所短”。在接受一项新的职务之前，司马光既考

虑国家的利益，又考虑自己的能力，实事求是，从不投机取巧。司马光不接受知制诰，还出于这样的一种考虑。在任谏官之初，他曾主张“度材而授任，量能而试职”，百官人人“皆守一官，终身不易”。言必行，行必果。一切从我做起，司马光就是这样的严于律己。司马光是个非常诚恳的人，他在《辞知制诰第六状》中，说：“臣自胜冠以来，投牒应举，入朝求仕，岂偃蹇山林、不求闻达之人邪？顾力有所不任，则不敢盗国家禄位，恐职事废阙、陷于刑辟耳。故自度才分，可以策励，虽高位不敢辞；不可强勉，虽小官不敢受。”

对于司马光来说，这5年既是他找到自己的人生定位的时间，也是他从满怀信心到非常失望的一个过程。这5年，他有过升职以及自己的政治主张被采纳时的喜悦，也有失去亲友的悲痛。嘉祐七年（1062），知谏院杨畋去世。杨畋，字乐道，他是北宋名将杨业的曾侄孙，文武全才。他为人老成持重，在谏院，司马光作为其副手受益颇多，司马光对他是非常尊重的。在《又和并寄杨乐道》一诗中，司马光写道：“狂简昧大体，所依官长贤。有如骖之靳，左右随周旋。庶几助山甫，衮职无尤愆。”最让司马光伤怀的，还是嘉祐八年（1063）恩师庞籍的逝世，“终始何尝忘教育，高卑曾不间疏亲”。这位老人对于晚辈后进，和蔼可亲，平易近人，司马光能成为一位颇具知名度的政治家是与庞籍长期以来的关心、培养、保护分不开的。但是，令人遗憾的是，为谏官的工作性质所限，司马光有近两年的时间不能去看望这位可敬的老人。“岂意一朝，忽为永诀”，今后也只能读读他的遗作《清风集》，缅怀他老人家的教诲了。治平元年（1064）十二月，司马光多年的好友钱公辅也离开了京城，被贬往滁州（今安徽滁县），任团练副使，不签书本州事。当时，英宗任命翰林学士王畴为枢密副使，钱公辅是知制诰，他认为王畴“望轻资浅”，不可大用，拒绝起草诏令。钱公辅这样做，本来并未超出职权范围，

但是，由于这是英宗亲政后首次任命执政，故大为恼火，重重地处罚了他。治平二年（1065），司马光有16年未返回故乡了。三月，回乡扫墓。谁料想回到家乡后，许多亲友都已亡故。连康强健壮、超凡脱俗的清逸处士魏闲也离开了人世。“青松敝庐在，白首故人稀”，物是人非，触目情伤，司马光伤感不已。然而，面对这样重重的打击，司马光并没有消沉，而是更加专注于做事，全力地辅佐君主。

司马光一生光明磊落，从不损公肥私，对国家更是忠心耿耿；同时，对人对事也都是诚实不欺，并且用自己的实际行动践行着自己的处事原则。他的这些高尚的品质，不仅仅赢得了当时朝廷官员的敬佩，更是让天下的士人引以为典范。也正是因为他的这些特点，他与吕公著、韩维、王安石齐名，被誉为“嘉祐四友”。早在欧阳修任参知政事的时候，他就推荐过司马光为宰相的人选。

这“嘉祐四友”当中，我们来了解一下王安石。王安石，字介甫，抚州（今江西省抚州市）临川（时为抚州州治所在）人。王安石少好读书，过目不忘，写文章动笔如飞，开始似乎漫不经意，完成后，无不服其精妙。朋友曾巩把他的文章拿给欧阳修看，欧阳修为之延誉，擢进士上第，任判官。依照当时惯例，任职期满可以献文以求试馆职，就是说可以提交论文的方式，谋得馆阁任职的机会。然而，王安石却没这样做，而是坚决要求继续留任地方。后来，他调任鄞县（今浙江省宁波市东南）知县。在鄞县任上，他大搞农田水利基本设施建设。青黄不接时，他又把公家的粮食借给农民，使出利息，当地百姓交口称赞，这就是后来青苗法的雏形。被调任舒州（今安徽省潜山县）通判时，因宰相文彦博的举荐，召试馆职，不就。欧阳修又举荐他为谏官，王安石以祖母年高，拒绝。欧阳修再次倾力举荐，遂任为群牧判官，而王安石则请知常州（今江苏省常州市）。任满，调提点江东刑狱。王安石标新立异，口才极好，旁征博引，相当自信，以天下为己任，立志要改造这个世界及其风俗。在士人中，王安石人望颇高，当时馆阁之命屡下，而王安石一辞再辞。士大夫以为他无意仕事，恨不识其面，朝廷每授以美官，都唯恐他不就。

在这个时期，司马光任判度支勾院，而王安石任度支判官，他们之间常有诗文往还，偶尔还会有和诗。王安石曾作《明妃曲》二首。

明妃初出汉宫时，泪湿春风鬓脚垂。
低回顾影无颜色，尚得君王不自持。
归来却怪丹青手，入眼平生未曾有。
意态由来画不成，当时枉杀毛延寿。
一去心知更不归，可怜着尽汉宫衣。
寄声欲问塞南事，只有年年鸿雁飞。
家人万里传消息，好在毡城莫相忆。
君不见咫尺长门闭阿娇，人生失意无南北。
明妃初嫁与胡儿，毡车百辆皆胡姬。
含情欲说独无处，传与琵琶心自知。
黄金捍拨春风手，弹看飞鸿劝胡酒。
汉宫侍女暗垂泪，沙上行人却回首。
汉恩自浅胡自深，人生乐在相知心。
可怜青冢已芜没，尚有哀弦留至今。

随后，司马光作诗相和，即《和王介甫〈明妃曲〉》。

胡雏上马唱胡歌，锦车已驾白橐驼。
明妃挥泪辞汉主，汉主伤心知奈何。
宫门铜环双兽面，回首何时复来见？

自嗟不若住巫山，布袖蒿簪嫁乡县。
万里寒沙草木稀，居延塞外使人归。
旧来相识更无物，只有云边秋雁飞。
愁坐泠泠调四弦，曲终掩面向胡天。
侍儿不解汉家语，指下哀声犹可传。
传遍胡人到中土，万一他年流乐府。
妾身生死知不归，妾意终期寤人主。
目前美丑良易知，咫尺掖庭犹可欺。
君不见白头萧太傅，被谗仰药更无疑。

司马光和诗中的王昭君像恪尽职守的忠臣，她最大的心愿，就是要使君王明白：谗言可畏，不可不防！

再后来，司马光还曾请王安石为他的一位长辈写碑文。司马光的堂伯父司马沂早逝。司马沂的妻子李氏生子司马咏、司马里及一女，不久，司马咏与一女夭折。当时李氏才28岁，立誓不再嫁人，含辛茹苦，让司马里四方求学。后司马里中第，官至尚书都官郎中。李氏有一姑妈，年老多病，生活完全不能自理，“常卧一榻，扶然后起，哺然后食”。李氏左右侍候，为她养老送终。宋仁宗嘉祐五年（1060）九月，李氏在京师逝世，享年83岁。十一月，夫妇合葬。司马光作《故处士赠都官郎中司马君行状》，说：“请于今之德行文辞为人信者，以表其墓，庶几传于不朽，而子孙有所法则焉。”所谓“今之德行文辞为人信者”，不是别人，就是王安石。在《宋故赠尚书都官郎中司马君墓表》中，王安石最后写道：“虽非其家人所欲论著，吾固乐为道之；又况以起居之贤，尝为吾僚而有请也。”此时的王安石，极受司马光的赏识，而此时的司马光，也极受王安石的推崇。

在那个时期，也是司马光生活得非常惬意的时期。然而，官场自古以来就瞬息万变，难以捉摸。司马光的仕途虽然曾经有过非常重要的时期，但是，他将自己一生的希望寄托在一个君王身上，注定壮志难酬，而宦海的沉浮又是再常见不过的了。

第五章

变法之争　壮志难酬离京城

世事多变，司马光有着自己的为官为人的原则，当他辞去知谏院之职后，又被任命为翰林学士。正当他想再次有所作为的时候，一场酝酿已久的变法运动爆发了，而发起这场变法的人正是他的好友王安石。尽管他们是好友，但是他们的政见却大相径庭。随着变法愈演愈烈，司马光和王安石之间开始有了争论，隔阂，最终绝交。由于当时皇帝的支持，司马光在争论中失败，无奈之下，他只好悲愤离京。

初任翰林，风云骤变

在知谏院的5年中，由于司马光的很多政治主张得不到仁宗的支持，并且自己一心报国，改变宋朝积贫积弱现状的大志丝毫没有实现，所以，在对仁宗和朝廷非常失望的情况下，司马光请辞了谏官之职。

仁宗驾崩之后，英宗即位。治平四年（1067）英宗驾崩，神宗即位。此时的神宗年方二十，他是一位有改革大志的君王。看到当时内政百事舒缓、积弊丛生，神宗心中非常不满，立志于改革积弊，励精图治。同年闰三月下旬，神宗任命了一批贤能之士，这其中就有王安石和司马光，以及吕公著。此时的司马光，是“谠言嘉谋，著在两朝”的名臣。参知政事的欧阳修深知其人，极力向神宗推荐，说司马光“德性淳，学术通明”，“识虑深远，性尤慎密”，可谓社稷之臣也。由于欧阳修的荐举之力和神宗对臣下的观察，对司马光也颇有好感。

于是，在这次的任命中，神宗请司马光、吕公著出任翰林学士之职。翰林学士是皇帝的私人秘书，除了负责任免将相、册立皇后太子、对外宣战等重大诏令的撰述之外，还是皇帝的最高侍从顾问官，“比于知制诰，职任尤重”，因而司马光就像当初辞免知制诰一样，再三恳辞翰林学士，他不希望因自己的能力问题而给国家造成损失。两次书面报告未获准，二十多天后，司马光又上殿向神宗面辞。神宗问他：“古代的君子，有的有学问但不擅长撰文，有的擅长撰文但学问不深，只有董仲舒、扬雄兼而有之。你也是一位既有学问又擅长撰文的人，为何还推辞呢？”司马光回答道：“臣不能作四六文。”神宗说：“就如两汉诏令一样也行。”司马光说：“本朝事体不允许。”神宗反问道：“你能考上进士第一等，还说不能作四六文，这能说得通吗？”司马光一下子被问住了，他一时无言以对，赶紧退下。神宗还是不放过司马光，他派内侍追上来，硬逼着司马光接受委任状，司马光还是不肯接受。正在僵持不下之时，神宗又派内侍前来敦促司马光谢恩，司马光不得已，只得返回。当司马光走到庭院中时，神宗示意内侍将委任状硬塞到司马光的怀中，司马光这才不得不接受了翰林学士之职。翰林学士是唐宋士人所重清要之职，宋代宰执多从翰林学士、御史中丞、三司使、权知开封府中选拔，俗称“四入头”，由此可见，神宗对司马光倚重之深了。

然而，朝廷政局风云变幻，难以预测，就在司马光步步荣升，并要以自己的治国纲领报效国家时，难以在老路上继续走下去的宋王朝内部正酝酿一场深刻、复杂的改革，而司马光无疑也卷入其中。

宋王朝从建立到英宗时期，已经经历了太祖、太宗、真宗、仁宗、英宗五代，共一百多年的历史。作为开国之君的太祖、宗两代，为防止五代以来藩锁势力的复辟，建立长久的赵氏基业，采取了一系列措施，加强高度的中央集权。

在政治上，调整和改革统治机构。为稳定局势，在中央保留三省、六部等旧机构外，还设立了中书、枢密院、三司、谏院、审刑院等新机构，这样就在全国形成了机构庞大、重叠臃肿的局面。为防止太监专权，采取“分化事权”的方针，极力缩小官吏的权限让所有的官员的职权都逐步分化，并且都受中央集权控制。为拉拢地主士绅扩大统治基础，继续沿用隋唐以来的科举制度，扩大录取名额，网罗众多的地主知识分子参加封建政权。这样的官吏制度虽然达到了加强控制和笼络的目的，却使官吏数量骤增，形成一个人浮于事的庞大的官僚群。在军事上，宋太祖用“杯酒释兵权”一之策，解除禁军高级将领的职务，取消殿前都点检和副都点检。还改革兵制，分全国军队为禁军、厢兵、乡

兵，藩兵四种。这样最终的结果就是导致出现了兵多而不精、兵将彼此不相熟的弊病，大大减弱了战斗力。在经济上，太祖、太宗为博得地主阶级的广泛支持，采取“不抑兼并”的土地政策，鼓励地主肆意兼并土地。当财力集中于中央后，使地方失去同中央抗衡的经济实力，但这样一来，使得地方财政极端困难，也加剧了社会矛盾。

由于宋空前加强以皇帝为首的封建专制主义集权，导致了“三冗”局面。然而，官多不能治国，兵多不足备边，冗费吞食了国家财力，从物质上动摇了北宋王朝的统治基础，使赵宋王朝陷入了“积贫积弱”的局势，面对宋王朝的颓势，一些地主阶级有识之士再也不忍坐视了，便纷纷上疏朝廷，朝野上下响起一片挽救危机的呼声。太宗至道三年（997），知扬州王禹偁上“五事书”，主张“谨边防，通盟好”。“减冗兵，并冗吏”、“艰难选举”、“沙汰僧尼”、“亲大臣，远小人”一等五项改革。仁宗宝元二年（1039），权三司度支判官宋祁上疏，认为国家之患在于“三冗”，解决的办法是裁减官兵，节省军费。在拯救时弊的方策中，最惹人注意的是参知政事范仲淹，他认为北方的病源在吏治，吏治的要害是“冗滥”。所以，他于庆历二年（1043）上疏仁宗，提出“明黜陟、抑侥幸、精贡举、择官长、均公田、厚农桑、修武备、减徭役、推恩信，重命令”十项改革主张。其核心是从整顿吏治着手，达到限制特权，改革行政机构的目的。在众多大臣的一致建议下，仁宗才勉强地采纳了范仲淹的建议，并诏令全国，也就是“庆历新政”。然而，这些积弊由来已久，并且这次的改革触犯了很多权贵们的利益，所以“新政”在刚推行的时候，就遭到了贵族官僚们的强烈反对，仁宗动摇了，结果“新政”推行不到一年就失败了。

范仲淹改革失败后，提点江东刑狱王安石于嘉祐四年（1059）向仁宗上万言书，他的见解与众不同，认为方今“天下之财力日以困穷，而风俗日益衰坏”，主要不是什么“冗吏”问题，而是“患在不知法度故

也”。因此，他主张要以“理财”为重点加以“变更天下之弊法”，以适合于当前的“所遭之变”和“所遇之势”。王安石的“变革”主张和司马光的“治国”思想呈给朝廷后，此时的仁宗皇帝，终日身居后宫、沉溺酒色，过着腐化无度的晚年生活。王安石的千言万语、司马光的奏章到了朝廷都石沉大海，无人问津，甚至连回复都没有。

司马光墓

等到仁宗驾崩，英宗即位的时候，虽然他很想革除当下的积弊，司马光、韩琦等重臣探讨过积弊之源和裁救之策，而他自己又“励精求治，孜孜不倦，未明求衣，日昃不食”，“志在有为”。然而，他只是历史舞台上一个匆匆过客，在位仅仅4年，又首尾两年病魔缠身，还没来得及施展他的抱负就驾崩了。神宗即位时年仅20岁，朝气蓬勃，很想有所作为，振兴祖业。他认识到“天下弊事至多，不可不革”，于是他“虚心下问”，征求元老重臣的意见。司马光把进给仁宗、英宗的治国“三言”，以“人君修心治国之要”为题，又进给神宗。当神宗询问宰相富弼应如何富国强兵时，富弼说：“首当推恩爱，布德泽，二十年未可道着用兵事。”元老重臣的治国思想和神宗的“当今理财最为急务”的思想不合拍。神宗的“理财”为先的思想，和在士大夫中早已声名大作的王安石思想相吻合。因此，神宗熙宁二年（1069）二月，起用王安石为参知政事，主持变法，一场酝酿多年的改革终于以不可遏止之势向旧规积习发起了冲击。

司马光出任翰林学士，并且遇到这样一位一心改革的君王，原以为可以施展自己的才能，实现自己的政治主张，然而全国形势纷繁复杂，并不像他想得那样顺利，在这个政治大漩涡中，谁也不知道自己的命运将会怎么样。

安定百姓，合理役法

随着宋神宗的即位，国家的形式和政治主张瞬间发生重大的变化，一场酝酿已久的变革终于爆发了。熙宁二年（1069）六月，变法的序幕已经拉开。二十五日，神宗下诏“令逐路转运使遍牒辖下州军，如官吏有知差役利害，可以宽减者，实封条析以闻”，预备在全国范围内讨论役法。

在这场讨论中，面对这样的一件大事，一心想实现自己政治主张的司马光，也有自己的看法。其实，早在英宗治平二年（1065）的时候，司马光根据自己亲眼所见的情况，就已经有了对全国役法的看法。事实上，不管是什么时候，百姓都是以食为天，而国家要想真正地强大起来，并且能够抵御灾害以及外族入侵，也必须有充足的后备。

治平二年（1065）三月，司马光请假回乡，祭扫祖坟。离开的时候，他写下一首名为《辞坟》的诗：十年一展墓，旬浃复东旋。岂负襁褓爱？横遭章绶缠。更来知几日，遗恨恐终天。恸哭出松径。悲风为飒然。虽然10年才得一次回乡，司马光也不能久待。大约10天以后，他就不得不离开了。司马光来去匆匆，路上却没闲着。四月十九日，司马光返回京师。到了京师之后，司马光就立即上疏《言钱粮上殿札子》。

在这个奏疏中，司马光根据自己这一路上的观察以及调查，说：臣近日蒙恩给假，至陕州祭扫，见沿途诸州官仓，钱粮大都乏少。官吏和军人的料钱、月粮都要陆续凑集，才能支给，估计其他未到诸州也大致如此。国无三年之储，国将非国。如今窘竭如此，朝廷竟不以为忧。若不幸有水旱灾害，方圆数千里，加之边鄙有警，兴师动众，不知朝廷将如何应对？臣见陈（今河南省淮阳县）、许（今河南省许昌市）、颍（今安徽省阜阳市）、亳（今安徽省亳州市）等州，只因去年秋天的水灾，已经骨肉相食，积尸遍野。那不是现任官吏的罪过，而是过去官吏的罪过。过去丰收之年，官吏只求偷安，不做长远打算，粟麦极贱，不能储蓄。及至凶年荒岁，公私俱竭，上下困窘，如何救济？今春幸而得雨，麦田有望，朝廷已将饥馑置之度外，不再考虑储备了。万一天下州县再有灾害，将与陈、许、颍、亳百姓，何异？若饥馑相继，盗贼必起。怎能不早作打算？

针对这种严峻的形势，司马光也提出自己的解决方案：伏望陛下于天下钱帛，常留圣心，特降诏书，凡文武臣僚，有熟知天下钱粮利弊，能使仓库充实，又不残民害物者，都许上书自陈。陛下勿以其官职疏远、文字鄙恶，略加鉴察。择理道稍优者，赐召对，从容询问，当今食货俱乏，公私皆困，为何？如何经营，可使上下丰足？若所答无可取，遣回而已。若有可取，即付诸实施，并录其姓名，置于左右。然后，从中挑选才干出众者，任为转运使、副使、判官，及三司使、副使、判官。每到年终，令三司合计在京府界及十八路钱帛粮草，以今之大数上奏。比之去年，若盈余为多，即令核查，如另无奸巧欺诈及不当之赋敛，当职之人，应予褒奖，累经褒奖，即另加进用。若减耗为多，即令责问，如另无大灾大害及添屯军马，当职之人，应适当责罚，累经责罚，即永久贬退。确能如此，行之不懈，数年之后，可使天下仓皆有余粮，库都有余财。虽有水旱灾害，及边鄙有警，亦不足为忧。英宗治平四年（1067），灾难真的来临。这年河北大旱，流民源源不断，涌入京师。六月十三日，待制陈荐请将便籴司的陈米贷给百姓，每户两石，朝廷很快批准。如果当时真的能够按照司马光的建议去做，河北各州县的官仓就不会那样空，自然也不至于出现那样多的流民。

随后，司马光又上《言赈赡流民札子》，奏疏中说：“臣窃见朝廷差官，支拨粳米于永泰等门，遇有河北路流民逐熟经过，即大人每人支与米一斗，小人支与米五升，仰子细告谕，在京难以住泊，令速往近便丰熟州军存活者。”意思是说，朝廷派遣官员，拨粳米于永泰（宋代京师北四门之一，其余为通天、长景、安肃）等门，遇有河北流民经过，就按大人一斗、小孩五升的标准支给（不再是每户两石），并耐心劝说，京师难以容纳，速往附近丰熟州军求生。

在那个时候，司马光就针对这样的情况，说到役法改革的问题。司马光认为，之所以存在流民，问题出在平时。他说民之本性，怀土重迁，难道他们就乐意背井离乡、舍弃亲戚田园、流浪向人乞讨吗？当然不是。只因丰收年景，粒米狼藉，公家既不肯收籴，私人也不敢蓄积，粮食随手散尽。春天指望着夏收，夏天又指望着秋收。上下偷安，不做长远打算，因此稍遇天灾，就粮食已绝，公私索然，无以相救。指靠官府，不能周遍；向富户借贷，又难以借到。错在无事之时，不在灾荒之年。加之监司守宰多不得其人，看到百姓困穷，却毫不怜悯，增收没名头的赋税，征调不紧急的劳役。官吏因缘为奸，蠹弊百出。百姓困穷，无以为生，不免有四方之志。以为他处必有饶乐之乡、仁惠之政，可以安居，于是砍桑伐枣，拆房毁屋，宰杀耕牛，典卖良田，累世之业，一朝告破，然后相携上路。若所到之处，又无所依，进退失望，老弱不转死沟壑，壮健不起为盗贼，岂有其他归宿？

司马光是一个非常务实的人，于是，针对这种严重的问题，司马光又说：“以臣愚见，莫若谨择公正之人，为河北监司。使之察灾伤州县，守宰不胜任者，易之。然后多方挪融斛斗，各使赈济本州县之民。

若斛斗数少，不能周遍者，且须救土著农民。各据版籍，先从下等，次第赈济。则所给有限，可以豫约矣。若富室有蓄积者，官给印历，听其举贷，量出利息，候丰熟日官为收索。示以必信，不可诳诱，则将来百姓争务蓄积矣。如此饥民知有可生之路，自然不弃旧业，浮游外乡。居者既安，则行者思返。若县县皆然，岂得复有流民哉？”意思是说，慎择公正之人，去做河北路的长官，让他察访罹灾州县，地方官不胜任者要予以撤换。然后多方筹集粮食，赈济本州县灾民。若粮食少，不能遍及，先救土著农民。根据户籍，先从下等开始，依次赈济。这样供给的粮食有限，可以预先控制，这样，将来百姓必定争相蓄积。饥民知道本地有活路，自然不会抛家舍业，漂泊异乡了。居者已安，出外的人就会考虑返回。由于当时的灾民非常之多，而司马光的办法又非常有实用性，于是，司马光的建议很快就被采纳并及时得以实施。

在这个过程中，司马光虽然处理的是灾民的问题，实际上已经是役法的问题。由于有了这些实地的调查，司马光获得了最真实的情况，并且也将这些融入到自己的政治主张当中。

这次，神宗又开始让朝中大臣讨论役法，司马光更是胸有成竹。然而，事情并没有他想的那么简单、容易。宋朝年间，对农业危害最大的法令，无过于役法。仁宗时期，多次改革，均未奏效。早在仁宗景祐元年（1034）的时候，北方诸路曾一度实行过“募有版籍为牙前”的募役法，庆历至皇祐间还曾实行过免役法，但这不过是扣克民财的花招而已。免役钱是没了，但差役如故，民至破产不能偿所负。后来朝廷发现了这一问题，明令予以制止。仁宗时，役法最大的一次改革要数至和二年的“罢诸路里正衙前”了。宋代以里正负责催税及服县里差役，当初，被人说为“脂膏”，是桩肥差。于是，又命里正役满再承担一项重难衙前，如主管官物或纲运等。但是，随着时间的推移，流弊渐生，里正往往要代逃户交纳租税或应付官府种种临时需求，而且“每乡被差疏密，与物力高下不均”，如果一县有甲乙两乡，甲乡有第一等十五户，每户资产三千贯，乙乡有第一等五户，每户资产五百贯，那么甲乡第一等户15年才服牙前役一次，而乙乡第一等户5年就要服牙前役一次。结果“富者休息有余，贫者败亡相继”，“至有孀母改嫁，亲族分居，或弃田与人以免上等，或非命求死以就单丁”，严重地破坏了社会生产力的发展。

针对这种严重的现象，韩琦提出了“罢差里正衙前，只差乡户衙前”的方案。各县首先明确所需衙前定额，然后再据五等簿从各乡第一等人户中选择物力最高的一户差充衙前，以后再差人就仿此施行。至于赋税则改由户长负责征收，三年一替，乡户衙前法行施于北方诸路。该法初行时，“民甚便之”，但是，推行十余年后，“民间贫困，愈甚于旧”。

随后，神宗颁诏讨论役法，就是要解决这个痼疾。此时的司马光也踊跃地参加了这场讨论，进呈了《论衙前札子》。他认为乡户衙前虽然解决了各乡服役不均的问题，并在一定程度上避免了贫富不均，但是乡户衙前法“将一县诸乡混同为一，选物力最高者差充衙前，如此则有物力人户常充重役，自非家计沦落，则永无休息之期”。他说：“臣尝行于村落，见农民生具之微，而问其故，皆言不敢为也。今欲多种一桑，多置一牛，蓄二年之粮，藏十匹之帛，邻里已目为富室，指抉以为衙前矣，况敢益田畴、葺庐舍乎？”

在这里，司马光揭露了乡户衙前所造成的社会弊端，这是推行乡户衙前法之初始料所不及的。有鉴于此，司马光希望这次变法要更慎重些，要长计却虑。他说：“凡为国者，患在见目前之利，不思永久之害。故初置乡户衙前之时，人未见其患。及今然后知之，若因循不改，日益久则患益深矣！”不过，此时司马光的思想似乎已倾向于里正衙前，他认为“里正止管催税，人所愿为，衙前所管官物，乃有破坏家产者。然则民之所苦，在于衙前，不在里正。今废里正而存衙前，是废其所乐而存其所苦也”。他认为里正衙前的劳逸不均之弊，在于“衙前一概差遣，不以家业所直为准，若使直千贯者应副十分重难，直百贯者应副一分重难，则自然均平”。他主张工作做得深入细致一些，将衙前各役与服役户的资产均分为若干等级，使负担更趋于合理。因而，他请求神宗将里正衙前与乡户衙前都交与大家讨论，“务令百姓敢营生计”，以致家给人足。需要说明的是，此时司马光还有这样一种考虑，他认为“一州一县，利害各殊。今一概立法，未能尽善”，不主张推出关于役法的全国性法规。

虽然司马光经过自己多年的观察和研究，得出了一些利国利民的役法观点，但是，此时的朝廷已经不像以前的朝廷了。司马光尽管陈述了自己的观点，然而，这场役法的争论已经不仅仅是役法的事情了，而是政治倾向的问题。这场争论还在继续进行，到底哪种主张能够被神宗采纳，还有待时日。

眼光长远，反对诱降

长期以来，宋朝对夷狄的基本原则与传统政策是“或怀之以德，或震之以威。要在使之不犯边境，中原获安则善矣。不必以逾葱岭，诛大宛，绝沙漠，禽颉利，然后为快也”。然而，这样的一种政策也使得宋朝时刻处于一种很危险的境地。

英宗治平四年（1067）六月，鄜延路边防要塞青涧城的知城种谔招纳西夏横山地区一位颇具实力的酋长朱陵归附。这件事得到了陕西转运副使薛向的支持，薛向给了朱陵很多的好处，并上疏神宗授予朱陵一

名武职，以便招纳到横山更多的羌人内附。此时的神宗正是想雪洗宋朝多年来的耻辱，干出一番功绩，所以，薛向的主张得到了神宗的大力支持。事实上，在英宗年间，薛向就曾上疏陈述《御边五利》。主张精选将帅，专用陕西士兵，蓄积财力、充分准备，使府库充物。对夏则在政治上实施反间之计，在军事上实施声东击西、犄角声援、浅攻的战术，在经济上实施断绝岁赐和互市的政策，置西夏以死地。当时神宗尚是皇子，对薛向已经是非常赏识。

接到薛向的奏章后，神宗立即召薛向进京面陈方略，两次赐金给薛向，并嘱咐对横山事务则由他下达手诏亲自指挥。时西夏欲将横山部落内迁至其首都兴州（今宁夏银川市）附近，横山部落怀土重迁，不愿离去。神宗认为打击西夏的时机已经来临，他计划诱降嵬名山部落，从而达到以夷制夷，进而消灭西夏。当时，种谔派人穿过夷山，去诱降嵬名山，用金盂贿赂他。嵬名山手下一小吏李文喜接受了金盂，并答应投诚，而嵬名山还蒙在鼓里。种谔立即上奏，说赵谅祚连年用兵，人心离叛，谅祚曾打算将横山部族全部迁往兴州（今宁夏回族自治区银川市，时为西夏京师所在），部族怀土重迁；他们的首领嵬名山，打算以横山部族，擒赵谅祚来降，神宗信以为真。延州（今陕西省延安市）知州陆诜，以情况真假未明，告诫种谔切勿轻举妄动。但种谔坚信不疑，言之凿凿。陆诜召种谔询问，并与陕西转运使薛向，共同商议招降事宜。三人经过商议，决定派幕佐张穆之进京上奏。张穆之行前曾接受薛向的授意，所以说事情准成。神宗认为是陆诜不合作，就调他去秦风路任职。

神宗得知这件事之后，并没有公布，同时也让参与的大臣都要严守秘密。然而，没过多久，司马光得知了这件事。当时，司马光任中丞之职，面对这种关系着国家安危的大事，司马光自然不会袖手旁观，他连上三疏，加以劝阻。神宗见状十分恼火，他怀疑是枢密使文彦博泄露

出去的。薛向的《御边五利》，神宗当时只给枢密使文彦博看过，并征求过他的意见，司马光上《言横山札子》，表示反对。可是，神宗没有批复。司马光以为是札子太过简短，道理没讲清楚，他又上长逾两千言的《论横山疏》。在《论横山疏》中，司马光着重以本朝的正反两方面的教训告诫神宗这位年轻的皇帝，他说："国朝以太宗之英武，北举河东，南取闽浙，若拾地芥。加之猛将如云，谋臣如雨，天下新平，民未忘战。当是之时，继迁背诞，太宗以郑文宝为陕西转运使，用其计策，假之威权以讨之，十有余年，卒不能克。发关中之民，飞刍挽粟，以馈灵州及清远军，为虏所钞略，及经沙碛，饥渴死者十七八，白骨蔽野，号哭满道，长老至今言之，犹歔欷酸鼻。及真宗即位，会继迁为潘罗支所杀，真宗因洗涤其罪，吊抚其孤，赐之节钺，使长不毛之地，讫于天圣、明道，四十余年，为不侵不叛之臣。关中户口滋息，农桑丰富。由是观之，征伐之与怀柔，利害易见矣。及元昊背恩，国家发兵调赋，以供边役，关中既竭，延及四方，东自海岱，南逾江淮，占籍之民，无不萧然，苦于科敛。自其始叛，以至纳款，才五年耳，天下困敝，至今未复。仁宗屈己，赐以誓诰，册为国主，岁与之物，凡二十五万，岂以其罪不足诛而功可赏哉，计不得已也！"

司马光认为此时不宜主动挑起争端。当时有的朝臣认为他诱我百姓，我诱他臣子，以牙还牙，以眼还眼，没有什么不可以。但是，司马光坚决反对。针对当时的一些大臣的看法，司马光打了个比方，他说："譬如邻人窃己之财，己以正议责之可也，岂可复窃彼之财以相报邪？"意思是说，比如邻居偷了我家的东西，我可以批评他，哪能再偷他家的东西，作为报复？司马光认为，谅祚常有据关中、窥河东之心，而我国新遭大丧，国库空虚，关中百姓自经战争，财力凋敝，熟户屡经杀掠，损失大半，尚存者亦怀有二心。"当此之际，陛下深诏边吏，敦信誓，保分界，严守备，明斥候以待之，犹惧谅祚狼子野心，不识恩义，乘我衅隙，侵噬疆场，又况彼不动而扰之，不来而召之乎？”意思是说，现在这种情形，我们即便老老实实，还担心谅祚主动挑起事端，侵犯我国疆土，更何况主动去招惹他？即便名山真的来降，于我也无益处。司马光说名山之所以归降，“盖亦私有愤恨，或别负罪恶，反侧不安，欲倚大国之威，以逼其主，其所部之民？未掌肯尽从也。”意思是说，大概心存私愤或触犯法令，心中不安，打算倚我国威，逼迫其国主，他手下的百姓，未必全肯听从。并且还说：“借令实能举兵以与谅祚为敌，战而胜之，则是灭一谅祚，生一谅祚也！”就是说，即便他真能起兵对抗谅祚，如果战胜，不过是灭掉一个谅祚，又生出一个新谅祚而已。但如果失败，名山必定引余众归我，如果谅祚倾力来追，理直气壮，长驱直入，恐怕我们难以抵挡。到时候朝廷不仅失信于谅祚，还将失信于名山，“若曩侧余众无几，犹可以缚而送之，以缓谅祚之兵，然形迹已露，谅祚必叛无疑也；若曩侧余众尚多，还北不可，人南不受，穷无所归，必不肯如山遇束手就死，将突据边城，以救其命，更为中原之患，未有涯也！”如果名山余众不多，还可以绑了送回，但我国意图已露，谅祚必叛无疑；如果名山余众尚多，我们不接受，回又回不去，必将占据边城，后患无穷。

司马光认为，在这样的形势下，我们要做的不是发动战争，而是先把国内的事情做好，他说：“为今之计，莫若收拔贤俊，随材受任，以举百职；有功必赏，有罪必罚，以修庶政；慎择监司，澄清守令，以安百姓；屏绝浮费，沙汰冗食，以实仓库；询访智略，察验武勇，以选将帅；申明阶级，剪戮桀黠，以立军法；料简骁锐，罢去羸老，以练士卒；完整犀利，变更苦窳，以精器械。”司马光反对神宗招纳横山之众，是因为西夏此时尚称臣奉贡，神宗既接见其使者，又诱其叛臣，完全丧失了信义，与大国皇帝的身份是极不相称的。况且，招纳未必成功，成功未必有利，也很难说这不是西夏为重开战争而实施的阴谋。更

重要的是，神宗即位尚未满一年，国穷民贫，军政未修，灭夏的时机远未成熟。

为了再次强调自己的主张，司马光再上《言横山上殿札子》，说：“臣近曾上言，赵谅祚即今称臣奉贡，朝廷不宜纳其叛臣，以兴边事，未审圣意以为如何？臣之所言，非谓谅祚无罪，不可讨也，又非能保其不叛也，但以国家今日内政未修，不可遽谋外事故也。伏望陛下，察臣所言八事，举百职，修庶政，安百姓，实仓库，选将帅，立军法，练士卒，精器械，然后观四夷之衅，乱者取之，亡者侮之，何患不能复大禹之故迹，雪祖宗之宿愤也！”在这里，司马光的眼光比较长远，他认为，诱降虽然可以获得某些利益，但很可能因此导致战争，以国家目前的状况，损失必定远远大于所得。然而，尽管他一再重申自己的观点，但是，神宗却始终不予理会。然而，尽管最后司马光上殿逐个点了参与招纳的边将姓名，在言之凿凿的情况下，神宗还是矢口否认。他认为司马光的态度极为“忿躁”，想重重地处罚他，他开始嫌司马光碍事了。事后，神宗想想司马光还是个正直的人，只不过行事太迂阔罢了。司马光道德学问为世所重，置于左右，朝夕讨论治国之道，拾遗补缺，讲经论史，还是非常合适的。于是，第二天他解除了司马光的中丞之职，让他重新去做了名翰林学士。

后来，尽管神宗秘密下令，诱降这件事必须等候他的指挥，但是，一心想立功的种谔已经等不及。当时种谔不等朝廷批复，就率部长驱直入，包围了嵬名山的营帐。嵬名山大惊，提枪欲战，弟弟夷山大喊：兄长已相约投诚，为何如此。名山不解地说：“我何时相约投诚？”夷山说：“兄长已接受种使金盂！”名山问：“金盂何在？”这个时候，李文喜才拿出金盂给他看。嵬名山扔枪在地，失声痛哭，遂率众随种谔降宋。这次的诱降，宋军共得部落首领三百人、一万五千多千户、士卒一万多人。然而，当时路上就有很多的人逃走。等到入塞，只剩下四千

多人。种谔计划在当地筑城，陆诜以无诏出师，召种谔返回。种谔攻取绥州，花费60万。

不久，西夏也诱杀了宋朝边将多人，以示报复。由于绥州之役是神宗背着陕西沿边各路经略司发动的，因而，陕西丝毫未做战备，所需大批钱帛、粮草、兵马、战具均严重缺乏。城寨没有修筑，险要没有布防，如何接纳归附蕃族也没有考虑。更为糟糕的是，指挥紊乱，一时间，“诸将得邻帅或监司移文即领兵入西界，纷乱无节制”。另外，中央在要不要招纳横山及具体做法上的认识也很不一致。打了胜仗，政事堂下令奖赏，枢密院下令警告。进筑堡寨，枢密院追查责任，政事堂通令嘉奖。神宗这时不得不起用衣锦还乡的韩琦出镇长安，统一指挥，整饬纪律，收拾局面。宋神宗年间的熙丰变法从一开始就存在着两种尖锐对立的指导思想，从一开始就发生了方向性的错误，变法不是为了医治战争的创伤，促进社会经济的发展，而是为了支持战争，把国家拖入战争的深渊。治平四年（1067）底，夏国主谅祚病故，同年，神宗与夏议和。但他并未接受绥州之役的教训，他将司马光等人的忠告置诸脑后，一心在寻找时机，准备再度发动战争。

登州命案，已显端倪

熙宁元年（1068），登州（今山东蓬莱市）发生了一起年轻女子阿云谋杀未婚夫致残的命案。在复议这起命案时，司马光与王安石对此案发表了截然相反的意见，这是他俩在思想、政治上的首次冲突。事情的经过是这样的：

登州女子阿云在为母服丧期间，与韦阿大订婚，这为当时的法律所

禁止。阿云嫌韦阿大相貌丑陋，趁夜黑风高，手提“腰刀”，向酣睡田舍的韦阿大连砍近十刀，并砍断韦一根手指。韦阿大虽受重伤，但没有致死。县尉很快怀疑到阿云，命弓手逮捕了她，进行审问。阿云害怕用刑，就如实招了。知州许遵认为阿云一问即招，符合敕文“因疑被执，招承减等”的规定，即以谋杀已伤按问欲举自首，从谋杀减二等定罪。

许遵将案件上报朝廷，认为阿云订婚之日，母服未除，订婚无效。审刑院与大理寺判为“谋杀已伤，绞罪”，就是说性质属谋杀，并且已经造成伤害，应处绞刑。又“因违律为婚奏裁”，即阿云订婚显非自愿，而谋杀由此而起，所以应减轻刑罚，裁决的结果是“贷命编管”，即免去死刑，只处流放。显然裁决时已考虑到以上情节，并相应减轻了刑罚。但许遵不服，认为阿云被问到就立即招供，应算“按问”，当依相关条款，再减轻刑罚，审刑院、大理寺的判决不当。案子到了刑部，核定的结果与审刑院、大理寺一致。最后，许遵“诏以赎论”，许遵被罚铜。当时许遵正被召判大理寺，御史台因此弹劾了许遵。不久，许遵果判大理寺，而“耻用议法坐劾”，觉得当时遭到弹劾，很没面子。于是旧案重提，认为谋杀中，谋是杀的因，阿云应算自首，当从“故杀”，适用“按问欲举”的条款，再减二等，并请下两制议，即请“两制”官员们共同讨论。诏翰林学士司马光、王安石同议，可是，两人意见也不能统一，司马光赞同刑部意见，王安石赞同许遵意见，最终各自上奏。争论的焦点在于谋杀这种杀伤性案件是否可免所因之罪，以及免罪以后所造成的社会效果如何。

在《议谋杀已伤案问欲举而自首状》中，司马光首先说：“右臣窃以为凡议法者，当先原立法之意，然后可以断狱。”意思是说，凡讨论法律，应先搞清楚立法的意图，然后才可断案。然后谈到具体的法律条文。《刑统》（宋代的法律）规定：“于人损伤，不在自首之例。”条下注释：“因犯杀伤而自首者，得免所因之罪，仍从故杀伤法。”所谓

“因犯杀伤”，是指因犯他罪，本来无意杀伤，事不得已，致有杀伤，除盗窃之外，如劫囚、贩卖人口之类皆为此类。如此规定大概是因为，既然于人损伤不得因自首获免，遂担心有因犯他罪而杀伤人者，有关部门拘泥条文，连其他罪也不许自首，所以特加申明。而杀伤之中，自有“故杀”、“谋杀”两等，其轻重不同。比如有人因犯他罪而杀伤人，他罪可因自首获免，但杀伤不在自首之列。若从谋杀则太重，若从斗杀则太轻，所以酌中，令从故杀伤法。至于只犯杀伤，再无他罪，只有未伤可以自首，但凡已伤，都不可自首。司马光还举了一个浅近的例子来说明这样断案的荒谬，他说：“今若使谋杀已伤者得自首，从故杀伤法。假有甲乙二人，甲因斗殴鼻中血出，既而自首，犹科杖六十罪。乙有怨仇，欲致其人于死地，暮夜伺便推落河井，偶得不死，又不见血，若来自首，犹科杖七十罪。二人所犯绝殊，而得罪相埒，果然如此，岂不长奸？”司马光认为如照许遵所断，恐不足劝善，也无以惩恶，结果是坏人得志，好人受害。

王安石则认为强盗与谋杀之罪皆可因自首而免所因之罪，“谋”即是所因之罪，上奏道：谋与劫囚、略卖人一样，都是杀伤的因，只有故杀伤无所因。《刑统》规定：“因犯杀伤而自首，得免所因之罪，仍从故杀伤法。”其意以为，所因之罪既因自首获免，而杀伤不许自首，但罪名又未有所从，所以令从故杀伤法。又认为，“谋杀人者徒三年，已伤者绞，已杀者斩”。其中的谋与已伤、已杀为三等罪名，由此可见谋为所因，他主张：“谋杀已伤，按问欲举，自首，合从谋杀减二等论。”后来上至宰辅富弼、文彦博、唐介，下至台谏、三法司官员都卷入了这场争论之中，他们有的支持王安石，有的支持司马光。御史中丞滕甫请再选官定议，诏送翰林学士吕公著、韩维及知制诰钱公辅。吕公著等赞同王安石，法官齐恢、王师元、蔡冠卿等人立即表示反对。又诏王安石与法官集议，双方反复争论，久而不决。熙宁二年（1069）二月

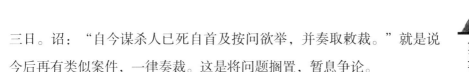

三日。诏："自今谋杀人已死自首及按问欲举，并奏取敕裁。"就是说今后再有类似案件，一律奏裁。这是将问题搁置，暂息争论。

判刑部刘述、丁讽认为诏书不够明确，并将诏书封还中书省。王安石对诏书也不满意，他说：如谋杀已死，为首者必死，不必奏裁；为从者，自有《编敕》（当时的法律体系，除了《刑统》，还有皇帝的敕令）之规定，也不必另立制度。王安石与唐介等人多次在神宗前争论，唐介说："此法天下皆以为不可首，独曾公亮、王安石以为可首！"意思是说，此案按律都认为不可算自首，只有曾公亮、王安石认为可算！王安石说："以为不可首者，皆朋党也！"意思是说，认为不可算自首的，都是朋党！指为朋党，是当时很厉害的攻击。

然而，事情争论到了这一步，并没有结束。随后，侍御史知杂事兼判刑部刘述等又上奏，认为不应仅以敕颁御史台、大理寺、审刑院及开封府而不颁之诸路，请中书、枢密院集议。吕公著、刘琦、钱颉皆请如刘述等奏，下之二府。神宗认为没有必要，而曾公亮等认为无妨，于是以众议付枢密院。文彦博和吕公弼倾向司马光，而陈升之、韩绛的意见与王安石略同。当时富弼入相，神宗令富弼与王安石议。富弼支持司马光，王安石不以为然。富弼大概认为既然说服不了王安石，多说无益，"乃辞以病"。

熙宁二年（1069）八月，神宗采纳了王安石的方案，日（甲寅），诏："自今谋杀人自首及按问欲举，并以去年七月诏书从事。其谋杀人已死，为从者虽当首减，依《嘉祐敕》：凶恶之人，情理巨蠹及误杀人伤与不伤，奏裁。"就是说从今往后，类似案件都按去年七月的诏书进行审判，谋杀人致死，从犯若自首，依敕奏裁。当初，二月十八日敕下，刘述率同僚丁讽、王师元，两次封还敕令，以示不能接受。王安石把这一情况汇报给神宗，诏开封府推官王尧臣弹劾刘述、丁讽，而刘述率侍御史刘琦、监察御史里行共同上疏，弹劾王安石。王安石又请贬刘

琦。八月九日，刘琦贬监处州（今浙江省丽水市西）盐酒务。八月十一日，司马光上《论责降刘述等札子》，没有批复。八月二十日，刘述贬知江州（今江西省九江市），通判复州（今湖北省天门市），王师元监安州（今湖北省安陆市）税。此前，开封府判罪定案，同判刑部丁讽、审刑院详议官王师元，皆“诬伏”，即无辜而服罪。唯独侍御史知杂事兼判刑部刘述，认为朝廷不该弹劾言官。三次讯问，拒绝招承。王安石要将他下狱，司马光、范纯仁力争，才得以保全刘述。

司马光对王安石这样处理持不同政见者非常愤慨，后来的事实也证明，阿云案所造成的社会效果是很不好的。受阿云案的影响，后来，即使是累问不承，也作按问处理。天下人对此颇多非议，司马光所言，不幸而中。虽然变法早已开始，然而，司马光和王安石之间的分歧以及后来的逐步对立，就是从这件案件的争论开始的，而变法的最激烈的争论和斗争也由此正式开始。

理财之争，《上体要疏》

在宋朝，积贫积弱的情况一直存在着，并且有越来越严重的趋势。尽管每任皇帝及大臣都想改变这种现状，但在如何解决这一问题上，却存在着不同的认识，有着不同的做法。这样一来，结果往往是很不理想，甚至造成了朝廷政局的混乱。神宗即位后，为了改变这种不利的形势，就开始从财政方面着手，节约国用，减少开支。然而，就在这个时候，朝中对如何理财依然有着不同的观点，并且朝臣中持不同意见的双方争论也越来越激烈，而这其中，司马光和王安石之间的分歧也越来越大。

其实，司马光的理财能力很早就已经有所展现。早在仁宗皇帝嘉祐四年（1052），这年的四月，一位叫清辨的秀州（今浙江省嘉兴市）僧人，千里迢迢来到京师。清辨辛苦跋涉所为何来？就是想请司马光为他们寺院新扩建的讲堂，写篇文章。我们知道，司马光不信佛，这可真是件大难事。司马光说："光文不足以辱石刻，加平生不习佛书，不知所以云者，师其请诸他人。"意思是说，我的文章不够好，而且平生不读佛经，不知道说些什么，师父还是另请高明吧。可清辨坚决不肯，说："他人清辨所不敢请也，故惟子之归，而子又何辞！"意思是说，这个事情，非你司马光莫属。

司马光没办法，只好接受下来。可是，怎么写呢？司马光问清辨：师父造这样一间讲堂，意图为何？

清辨答：我造这间讲堂，对堂中的人讲，你们当中有谁能弄通佛书、给人讲解的，我将面南而坐，以他为师；如果不能，将寻访四方，广求能人。结果都说不能，然后大家相率去到精严寺，请来僧人道欢，拜以为师。又与众人相约，自今往后，同心协力，讲堂损坏就修葺，师父空缺就补上，金石可烂，山渊可平，讲肆之声不可绝。

司马光赞：师父好志向！

司马光不信佛，但并非对佛毫无知识。在《秀州真如院法堂记》中，司马光记下以上的问答之后，写到对佛的认识："夫佛盖西域之贤者，其为人也，清俭而寡欲，慈惠而爱物，故服敝补之衣，食蔬粝之食，岩居堇处，斥妻屏子，所以自奉甚约而惮于烦人也。虽草木虫鱼不敢妄杀，盖欲与物并生而不相害也。凡此之道，皆以涓洁其身，不为物累。"意思是说，佛大约是西域一位贤人，他清心寡欲，慈惠爱物，因此穿破旧的衣服，吃简单的食物，独自住在岩洞里，远离妻子儿女，自己需求很少，因为怕麻烦别人。即便草木虫鱼他也不敢滥杀，大概是要与万物同生，不相伤害。佛做这些，都是为了清洁自身，

不为外物所累。

然后说到后世的背离及清辨的坚守：“故后世之为佛书者，日远而日讹，莫不侈大其师之言而附益之，以淫怪诬罔之辞，以骇俗人而取世资，厚自丰殖，不知厌极。故一衣之费或百金，不若绮纨之为愈也；一饭之直或万钱，不若脍炙之为省也，高堂钜室以自奉养，佛之志岂如是哉？天下事佛者莫不然，而吴人为甚。师之为是堂，将以明佛之道也，是必深思于本源而勿放荡于末流，则治斯堂之为益也，岂其细哉！”意思是说，后世学佛的人，以讹传讹，无不夸大其词，穿凿附会，拿些怪话吓唬俗人，谋取钱财，专心经营，不知满足，衣食奢侈，居室豪华。所有这些，已经与佛的志向完全背离。天下学佛者无不如此，其中尤以吴人为甚。师父造这间讲堂，为求弄清佛理，一定将深思佛之本源。那么，造这间讲堂的益处，将非常之大。

后来有一次，司马光收到一封信，是向他化缘的，而且口气大得怕人，一开口就要50万。化缘的人名叫刘蒙。司马光说“光得侍足下才周岁，得见不过四五”，看来他们交往的时间不长，才一年，见面也少，只见过四五次面，基本算个半生人。刘蒙的理由似乎足够充分：“亲之无以养，兄之无以葬，弟妹嫂侄之无以恤。”意思是说，父母双亲无力赡养，兄长死了没钱安葬，弟妹嫂侄无法周济。要钱的口气很大：“以鬻一下婢之资五十万畀之，足以周事。”意思是说，将买粗使丫头的50万钱给我，就足够了。当时，司马光的月薪才不过几万钱。司马光说：“何足下见期待之厚，而不相知之深也！光得不骇且疑乎？”意思是说，刘蒙你对我的期望太高了，而且这么不了解我，为此我很吃惊，也不得不表示怀疑。为什么这样说呢？

司马光说：“方今豪杰之士，内则充朝廷，外则布郡县，力有余而仁可仰者，为不少矣，足下莫之取，乃独左顾而抵于不肖，岂非见期待之厚哉？”意思是说，当今有余力又乐善好施的大款贤人比比皆是，而

足下偏偏找到了我，岂不是期望过高？“光虽窃托迹于侍从之臣，月俸不过数万，爨桂炊玉，晦朔不相续，居京师已十年，囊褚旧物皆竭，安所取五十万以佐从者之疏粝乎？夫君子虽乐施与，亦必己有余，然后能及人；就其有余，亦当先亲而后疏，先旧而后新。光得侍足下才周岁，得见不过四五，而遽以五十万奉之，其余亲戚故旧，不可胜数，将何以待之乎？光家居，食不敢常有肉，衣不敢纯衣帛，何敢以五十万市一婢乎？而足下忽以此责之，岂非不相知之深哉？”意思是说，我月薪才不过几万钱，自顾且不暇，而且居留京师十年，积蓄全都用尽，哪来的50万钱？君子乐善好施，也必须自己有余才行。即便有余，也必须遵从先亲后疏、先旧后新的次序。我和你交往才不过一年，只见过四五次面，马上就给你50万，亲戚故旧还有很多，他们怎么办？我平常食不敢常有肉，衣不敢纯衣帛，哪敢拿50万买一粗使丫头？你突然提这样的要求，岂不是太不了解我？

接着，司马光又说：“足下服儒衣，谈孔颜之道，啜菽饮水，足以尽欢于亲，箪食瓢饮，足以致乐于身，而遑遑焉以贫乏有求于人，光能无疑乎？”意思是说，你穿儒服，谈孔子、颜回之道，吃豆子饮水，足以父母膝下承欢，箪食瓢饮，足以个人生活幸福，却偏偏匆匆忙忙因贫穷求人，我又怎能不怀疑？

我们都知道，唐宋八大家中的韩愈字退之，他写过很多碑文，获得很高的润笔费，随得随散，很气派，刘蒙也拿韩愈来要求司马光。司马光说：“足下又责以韩退之之所为，若光者何人，敢望韩退之哉？退之能为文，其文为天下贵，凡当时王公大人庙碑墓碣，靡不请焉，故受其厚谢，随复散之于亲旧，此其所以能行义也。若光者何人，敢望韩退之哉？光自结发以来，虽行能无所长，然实不敢锱铢妄取于人，此众人所知也。取之也廉，则其施之人也靳，亦其理宜也。若既求其取之廉，又责其施之厚，是二行者，诚难得而兼矣。”意思是说，你拿韩愈来要求

我，我是什么人，敢与韩愈比？韩愈能文章，时以为贵，当时凡王公大人的各类碑文都请他写，给他很高的稿费，他随又散给亲友故旧，他那样做是有原因的。我自小虽品行才能无过人之处，但丝毫不妄取于人，这一点，人所共知。取得少，出手就小气，也是理当如此。如果既要求取得少，又要求出手阔绰，那怎么可能。刘蒙又要司马光先向别人借上，司马光认为更是不可："足下又欲使光取之于他人，是尤不可之大者。微生高乞醯于邻人以应求者，孔子以为不直；况己不能施，而敛之于人以为己惠，岂不害于恕乎？"意思是说，当年有人向微生高借醋，他没有，又向邻居去借，孔子认为他处事不当。自己没有，却拿别人的东西给自己充脸面，岂不是不厚道？不论怎么说，毕竟是拒绝，又教训了人家一通，司马光感觉过意不去，他最后写下自己的歉意："足下之命，既不克承，又费辞以释之，其为罪尤深。足下所称韩退之亦云：文章不足以发足下之事业，钱财不足以赒左右之匮急。稠载而往，垂橐而归，足下亮之而已。"意思是说，我既没有答应你，又解释这么半天，罪过更大了。你所称道的韩愈曾说：我的文章不足以阐明你的成就，我的钱财不足以周济左右的匮乏。你满载而来，却空手而归，请见谅。

这虽然只是两个故事，却已经可以看出司马光理财的能力，而后进行的变法中，他和王安石的理财之争，更是体现了他理财的主张。

熙宁元年（1068）六月下旬，为了解决日益严重的财政危机，神宗经过考虑，准备设置一个机构专门负责裁减国用制度，这个机构就由司马光来领导，但司马光没有接受这一职务。对于如何解决财政困难，司马光有自己的看法。他认为目前国家财政困难，原因在于用度太奢，赏赐不节，宗室繁多，官职冗滥，军旅不精。要彻底革除这些弊端，需要神宗与宰辅及主管财政的三司官员"深思其患，力救其弊，积以岁月，庶几有效"。因此，他认为并不需要另设一个专门机构，也绝非自己一朝一夕所能裁减得了的。神宗认为司马光的话很有

道理，于是就同意了司马光的建议，不再设置专门的财政机构。这一年，又是皇家例行的南郊祭祀年，按照当时的惯例，每次礼毕皇帝都要赐予陪祀官员若干银绢。

由于当时这种理财争论正在激烈的进行中，而且朝中很多的大臣都认为应该赏赐有度，节省国用。此时的宰相曾公亮认为，今年二股河决口，河北水灾严重，赐予应有所减少。宰辅平时俸禄丰厚，赏赍频繁，南郊礼毕请不再赐予。神宗将曾公亮的札子批转给翰林学士院，他责成学士院提出一个处理意见。对于这个问题，学士院里有人认为宰辅所赐不多，即使不赐，国家财政也不会宽裕，相反，对待大臣之礼过薄，却有损国体。

然而，此时的司马光对此大不以为然。他认为如果大臣有大功于天下，即使是赐之山川、土田，甚至封邦建国也未尝不可。如果只是因为郊礼陪位，而受数百万之赏，那就有所不妥了。像这种费用，即使是大臣不辞也应裁减。司马光心情沉痛地说：“倘若但务因循，姑息度日。欲裁损乘舆供奉之物，则日减于制度，大为削弱，非所以华国。欲裁损大臣无功之赏，则日所减无多，亏伤大体，非所以养贤。欲裁损群下浮冗之费，则日人情不悦，恐致生事，非所以安众。如此则是国用永无可省之日，下民永无苏息之期，必至于涸竭穷极然后止也。”尽管南郊赐予宰辅的银绢仅仅二万匹（两），省之不足以救灾，更不能使国家富裕起来，但是，希望国家从此以后渐思节省不必要的开支，以此作为一个良好的开端。为此，司马光主张神宗接受曾公亮等人的请求，允许他们辞免郊赐。其实，这是司马光的一贯主张，早在仁、英二帝逝世时，司马光就曾请求将所赐遗留物等退还国库。然而，尽管他屡上奏折请求，但是都没有得到答复，这让司马光感到非常失望。于是，他将以前皇帝的赏赐中的一部分赠给谏院做办公费使用，并以此来践行自己的政治主张。几天后，在学士院的这场争论又转移到了延和殿。八月十一日，司马光在迩英阁为神宗讲读经史结束后，与翰林学士王硅、王安石一同到延和殿将曾公亮的札子进呈给神宗。当着神宗的面，司马光与王安石争执了起来。

司马光说：“方今国用不足，灾害荐臻，节省冗费，当自贵近为始，宜听两府辞赏为便。”

王安石则说：“国家富有四海，大臣郊赍所费无几，而惜不之与，未足富国，徒伤大体。昔常衮辞赐馔，时议以为衮自知不能，当辞禄。今两府辞郊赍，正与此同耳。且国用不足，非方今之急务也。”

司马光接着说：“常衮辞禄位，犹知廉耻，与夫固位且贪禄者，不犹愈乎？国家自真庙之末，用度不足，近岁尤甚，何得言非急务邪？”

王安石也不甘示弱，说：“国用不足，由未得善理财之人故也。”

司马光又说：“善理财之人，不过是会箕敛以尽民财，如此则百姓困穷，流离为盗，岂国家之利耶？”

王安石道：“此非善理财者也，善理财者，民不加赋而国用饶。”

司马光反驳道：“此乃桑弘羊欺汉武帝之言，司马迁书之以讥武帝之不明耳。天地所生货财百物，止有此数，不在民间则在公家。桑弘羊能致国用之饶，不取于民，将焉取之？果如所言，武帝末年安得群盗蜂起、遣绣衣使者逐捕之乎？非民疲极而为盗邪？此言岂可据以为实！”

王安石又说：“太祖时，赵普等为相，赏赍或以万数。今郊赍匹两不过三千，岂足为多？”

司马光激动地说：“普等运筹帷幄，平定诸国，赏以万数，不亦宜乎？今两府助祭，不过奏中严外，办沃盥，奉悦中，有何功勤，而得比普等乎？”

这场争论时间很长，在争论中，司马光动了感情，他声色俱厉地批驳了王安石的理财观。作为一名历史学家，他敏锐地意识到王安石解决财政困难的方法是什么了。因为历史上任何一次理财，无一例外，都是

一次聚敛。在加强国家财政的同时，也加重了对百姓的搜刮。这次的争论过后，司马光原以为神宗会理解他的一片苦心，以国家社稷为重，然而，尽管这次在神宗面前的争论没有分出胜负，但是随后神宗的任命已经很明显地看出了胜负。

这次司马光和王安石之间的争论并没有结束，直到第二年，也就是神宗熙宁二年（1069）二月三日，王安石参知政事。然后，变法逐步展开。原先已不准备差官置局的神宗，在变法派的影响下，又改变了主意，先后设立了制置三司条例司、提举常平等推行变法的新机构与新职务。二月二十七日，设制置三司条例司，命陈升之、王安石二人负责。四月七日，应三司条例司之请，遣刘彝、谢卿材、侯叔献、陈颢、卢秉、王汝翼、曾伉、王广廉等八人去往诸路，考察农田水利及赋役。七月十七日，在淮（即淮南路）、浙（即两浙路）、江（包括江南东路、江南西路）、湖（包括荆湖南路、荆湖北路）六路推行均输法。对此，司马光坚决反对。他坚持自己的观点，认为要改善国家的财政状况，不必于常设机构之外再另设一套班子。八月五日，他进呈《上体要疏》，详细地阐明了自己的这一观点。

这个奏疏可以说是司马光对近来时事观点的集中表述，其中，司马光先说："臣闻为政有体，治事有要，自古圣帝明王，垂拱无为而天下大治者，凡用此道也。"意思是说，自古以来的圣明帝王，之所以能够无为而治，都是因为做到了"为政有体，治事有要"。接着，司马光解释道：君为元首，臣为股肱，上下相维，内外相制，就好比网之有纲（网上的大绳）、丝之有纪（丝的头绪）。古代君王设三公、九卿、二十七大夫、八十一元士，以"纲纪"其内，又设方伯、州牧、卒正、连帅、属长，以"纲纪"其外，因此尊卑有序，"若身之使臂，臂之使指"，无不遵从。司马光接着解释：人的智慧有限，气力也非无穷，以一人的智能和体力，要兼及天下诸事，做到件件皆知，根本就不可能。

因此王者的职责，就在于量才任人，赏功罚罪。若能慎择公卿牧伯而恰当任用，其余不用你选，就精了；谨察公卿牧伯的贤愚善恶而进退赏罚，其余不用你进退赏罚，就好了。这样，王者选择的人不多，审察的事也不繁。随后，司马光针对这次的变法就开始批评：“然自践祚以来，孜孜求治，于今三年，而功业未著者，殆未得其体要故也！”意思是说，神宗即位已三年，虽孜孜不倦，励精图治，但效果不甚明显，就是没把握好这个“体”和“要”！

司马光神情很激动地说：祖宗以来，内设中书省、枢密院、御史台、三司、审官、审刑等在京诸司，外设转运使、知州、知县等众官，以相统御，上下有序，这就是所谓的“纲纪”。如今陛下“好使大臣夺小臣之事，小臣侵大臣之职”，因此大臣解体，不肯竭忠，小臣推诿，不肯尽力，百官懈怠，万事衰颓。当今的两府，中书省主文，枢密院主武，在职责上相当于古代的宰相。若是百官之长任非其人，刑赏大政有失其宜，这是两府的责任。至于钱粮不足，条例不当，那是三司的事。陛下若能精选知晓钱粮、忧公忘私之人，任为三司使、副、判官、诸路转运使，何愁财利不靴。如今却使零箩荔臣，“悉取三司条例，别置一局，聚文士数人，与之谋议，改更制置，三司皆不与闻”，结果未必胜过从前，却白白搞乱祖宗成法。且两府于天下事，无不统领，若百官的职事，都要两府去管，“则在上者不胜其劳，而在下者为无所用矣”。

不仅如此，司马光再次重申自己的观点和主张，他说：凡天下事，在一县的应交知县处理，在一州的应交知州处理，在一路的应交转运使处理，在边鄙的应交将帅处理，然后才能有成。为什么呢？因为他们“久任其位，识其人情，知其物宜，赏罚之权，足以休戚所部之人，使之信服故也”。如今朝廷每有事，不是交给将帅、监司、守宰，却常好另派使者，所到之处徒有烦扰，于事未必有益。因为事情的利弊、官吏的能否，使者都不清楚，不免临时询问。若遇上“公明忠信”之人，还

能得其一二；可要遇上“私圈奸险”之人，是非将为之颠倒。两类人混杂一起，使者无法立即分辨，因此往往将事做坏，少能有益。又庸人之情，若策非己出，就嫉妒，就破坏，唯恐事成。此类官吏，十常五六。假如使者的谋划曲尽其宜，使者在当地的时候，当职之人已怏怏不快，不肯同心协力，说朝廷自派专使来管，我哪敢与知。等到使者离开，他一定随即败坏，说使者谋划好了又交给我，我现在竭力成事，功劳全归了首谋之人，我有什么？所以不如不派使者，而合理任用当职之人为好。如今朝臣、左右，都说陛下聪明刚断，威福在己，太平之功，指日可待。臣愚窃独以为未必。古代的圣帝明王，听人言，就能识别是非，故谓之聪；观人行，就能察知邪正，故谓之明；是非既辨，邪正既分，奸不能惑，佞不能移，故谓之刚；取是舍非，诛邪用正，确然无疑，故谓之断；诛一不善，天下不善者皆惧，故谓之威；赏一有功，而天下有功者皆喜，故谓之福。今聪明刚断，陛下确已付诸实施；欲收威福之柄，则确有其志，但如何去做，尚或有所未尽。因此，臣以为太平之功，还不能指望。

谈到时事的时候，司马光更是义正词严地说：帝王之道，当谋求远的、大的，而忽略近的、小的。国家大事，应与公卿商议，而不应让小人参与；四方之事，应交给牧伯，而不应使左右窥探。如今陛下好于禁中出手诏指挥外事，非公卿所荐举、牧伯所纠劾，或越次提拔，或无故废罢，外人疑骇，不知所从。这难道不是朝臣、左右所谓的聪明刚断、威福在己吗？陛下听了，信了，臣窃以为，错了。况且，陛下此前中诏所指挥的，并非什么大事。又有奸邪贪猥之人，陛下已明知而黜去的，或又改官升资，或不久又进用，那么威福之柄，就真的不在陛下了，只是陛下恰未虑及而已。陛下必欲威福在己，何如谨择公卿大臣。“明正忠信者”留，“愚昧阿私者”去，在位者既皆得其人。然后凡做一事，“则与之公议于朝，使各言其志；陛下清心平虑，择其是者而行之，非

者不得复夺也”。凡除一官，“亦与之公议于朝，使各举所知；陛下清心平虑，择其贤者而用之，不肖；者不能复争也”。这样，则谋者、举者，虽在公卿大臣，而行之、用之，皆在陛下，怎能说威福不在己呢！

制置三司条例司设立后，因为王安石的极力举荐，吕惠卿出任条例司检详文字。五月十八日，翰林学士郑獬罢知杭州（今浙江省杭州市），宣徽北院使王拱辰罢知应天府（今河南省商丘市南），知谏院钱公辅罢知江宁府（今江苏省南京市）。按照惯例，两制官员的任免必须宰相亲笔签署。当时富弼请假在家，曾公亮出使在外，王安石以参知政事的身份，擅出郑獬等。针对这种情况，司马光说：国家凡做一事，朝野之人，必或以为是，或以为非；凡用一人，必或以为贤，或以为不肖。此人之常情，自古皆然，不足为怪，关键是人君如何取舍。取是舍非，则安则荣；取非舍是，则危则辱。安危荣辱由此而分，故圣工极重视；博谋于群臣，下及平民，但最终的决策者，还在人君。古人有言：谋之在多，断之在独。谋之多，可以见利弊之极致；断之独，可以定天下之是非。

接下来，司马光又针对眼前的现状说：如今陛下听群臣议事，使各尽其情，这自然很好，但始终不肯裁以圣意，遂使群臣中好胜者，“以巧文相攻、辩口相挤，至于再，至于三，互相反复，无有限极”。深恐有损朝廷大体，有损陛下明德，流布四方，取轻夷狄，不是好事。司马光对近来时事，特别是正在推行的新法，基本是否定的。皇帝倾向变法，司马光不是不知道，但变法牵涉太多，为表明自己的态度，他也顾不了许多。

在朝廷中，司马光与王安石在改善国家财政状况方面有许多相同点，也有许多不同点。在革除三冗之上，他们的主张基本是一致的。但司马光反对于常设机构之外另设班子进行改革，主张在日常工作中，从一点一滴做起，持之以恒、为之以渐地革除积弊，这些都是司马光在多

年的为官中观察出的一些现象和总结出的一些经验。在这次的理财之争当中，司马光并不是全盘否定王安石的主张，但是他反对国家不适当地干扰社会经济，国家的经济政策应当是“安民勿扰，使之自富，处之有道，取之有节”，是“养其本原而徐取之”。而王安石则主张理财，又主张“唯王不会”，这些正是司马光所激烈反对的。然而，他的这些反对在开始的争论中还有一定的作用，随着改革的深入，他的政治主张和王安石以及神宗之间的分歧逐步拉大，并且产生了非常严重的后果。

坚辞枢副，三致介甫

司马光为人方正、忠直，尽管他坚决反对新法，但神宗仍然很敬重他，以为“汲黯在庭，淮南寝谋”，对他评价极高。神宗熙宁三年（1070）二月十二日，以司马光为枢密副使，想用他参决大政。但是王安石坚决不同意，他说：“光外托蒯上之名，内怀附下之实，所言者尽害政之事，所与者尽善（按：当作‘害’）政之人，彼得高位，则怀陛下眷遇，将革心易虑，助陛下所为乎，将因陛下权宠，构合交党，以济忿欲之私，而沮陛下所为乎？臣以既然之事观之，其沮陛下所为必矣！”熙宁三年（1070）二月，神宗因韩琦上书而怀疑青苗法，王安石一气之下“称疾家居”，以示抗议。而神宗只得再次下达新命，但这次还是被范缜驳回了。神宗迫不得已，只好违反常规，将新命直接交给司马光，而不经过通进银台司。范缜认为自己未能尽职，又逼得神宗破坏了朝廷的规章制度，于是，他愤然辞去了职务。

神宗早有重用司马光之意，这次王安石告假在家，神宗就趁此机会任司马光为枢密副使。在宋朝，枢密副使相当于负责全国军事工作的

二把手，地位显赫。然而，此时，王安石的变法正在全国铺开，而司马光是极力反对变法的。于是，在接到任命的当天，司马光即上《辞枢密副使札子》。二月十五日，司马光又上《辞枢密副使第二札子》。二月十九日，司马光再上《辞枢密副使第三札子》。他先说人的材性各有所能，人主量材授官，人臣审能受事，才能官不旷而事无败。接着历数自己入仕以来，曾辞免与未辞免的任命，说自己辞枢密副使，并非如有些人想象，是不慕荣贵或饰诈邀名，而是辞所不能。加之自己素有眼病，不能远视，近日以来，又颇多健忘，日常供职犹惧废阙，何况以衰病之身，当此重任。

当时，青苗法已在全国施行。所谓青苗法，就是将常平仓、广惠仓的钱粮作为本钱，每年青黄不接时，由国家向农民发放贷款，取利二分，即收取20%的利息，收获后再连本带息一同偿还。这种贷款是以农民田里的青苗作为抵押，因此叫作青苗钱。熙宁二年（1069）闰十一月十九日，从条例司之请，差官提举诸路常平仓、广惠仓，兼管勾农田水利差役，开始推行青苗法。当时全国常平仓钱粮共计一千四百万贯石，各路共置提举管勾官四十一人。在封建社会，农业是国家的根本，但人们对付自然灾害的手段有限，基本是靠天吃饭，收成很不稳定。丰年谷贱伤农，灾年谷贵伤民，这就要由国家来平抑物价。广惠仓则始澎建于嘉祐二年（1057）。当时，由于地主死亡无人继承等原因，各地都有一些无主的土地，这些土地以前都是由官府出售。当时的枢密使韩琦建议，这些土地由国家雇人耕种，耕种所得专门用于救济境内的老弱病残，以及用于救灾。

二月二十日，司马光上《乞罢条例司常平使疏》，认为青苗法可能导致民间的普遍贫困，国家的投入也可能血本无归，并且10年之后，国家有可能出现动乱。司马光动情地说：“如此，臣虽尽纳官爵，但得为太平之民，以终余年，其幸多矣！苟言不足采，陛下虽引而真诸二府，

徒使天下指臣为贪荣冒宠之人，未审陛下将何所用之？”意思是说，如果废除条例司，追回常平使，臣余生哪怕只做个太平之世的老百姓，也倍感幸运。否则，陛下就是把臣安置在两府，不过徒使天下指责臣贪恋荣华而已。二月二十一日，司马光又上《辞枢密副使第四札子》，我们从中可知，当天神宗又派勾当御药院陈承礼传宣，令司马光即日进见。司马光说：“臣仰烦圣恩重沓如此，虽顽如木石，亦当迁变。”意思是说，圣上如此眷顾，臣虽顽钝如木石，也应改变主意。然后说之所以坚持，是因为“荷戢。盛德者必有以酬报，居重位者不可以无功”。承隆恩必有酬报，居重位不可无功。而当今为害天下的，唯有制置三司条例司，及诸路提举勾当常平仓、广惠仓使者。臣前所上奏疏，陛下倘若以为是，请早赐施行；若以为非，则自己就是狂愚之人。如今英俊满朝，却要提拔狂愚使污枢府，岂不有累圣政。这时，司马光右膝生了个疮，不能起拜便请了病假。二十一日，王安石复出执政，政局急遽变化，他坚决反对用司马光为枢密副使，向神宗进言道：“光虽好为异论，然其才岂能害政？但如光者，异论之人倚以为重。今擢在高位，则是为异论之人立赤帜也。”二月二十二日，司马光再上《辞枢密副使第五札子》。神宗当天再命勾当御药院李舜举传宣，令司马光即日赴閤门领受敕告。司马光为此写下自己的不安：“陛下圣恩无穷，愚臣辞避不已。逮下之德愈盛，慢上之罪愈深。忧惶失图，无地自处。”但他重申二十日的奏疏，说陛下若能施行，胜过任自己为两府大臣，而自己若得此言施行，也胜过居两府之位。但倘若所言无可采，自己无颜当此重任。

司马光说臣如今若已受枢密副使敕告，即确如圣旨，不敢再谈职外之事，但既未受恩命，那就还是侍从之臣，对朝廷阙失，无不可言。何况所说二事，都是去年已有上奏，因其无效，才不敢当今日新恩。兼臣右膝下现生一疮，有碍拜起，不能人见，伏望再不差使臣宣召，只候膝疮稍愈，即自乞人见，面奏恳诚。二月二十七日，司马光最后上《辞枢

密副使第六札子》。当天神宗又派勾当御药院刘有方传宣，进行抚慰，并问司马光计划哪天入见，让他早一点。司马光写下自己的感激："圣恩深厚，不忘微贱，存恤勤至。臣蝼蚁之命，无足报塞，惶恐无措。"然后，他说自己现在膝疮虽稍减轻，但尚未痊愈，仍然有碍拜起，所以也不知入见的具体日期。而且自己近曾上疏，请罢制置三司条例司，及追还诸路常平仓、广惠仓使者，未听说朝廷稍有采纳，只听说条例司"愈用事"，催散青苗钱"愈急"，内外人心"愈惶惶不安"，这时候，自己"独以何心敢当高位"！听说古代国有大事，"谋及卿士，谋及庶民，参酌下情，与众同欲"，因此，"事无不当，令无不行"，未尝有四海之内，"卿士大夫、农商工贾，异口同词，咸以为非"，却"独信二三人之偏见，而能成功致治者也"。只希望将自己近来所上疏宣示内外臣庶，使共决是非，"若臣言果是，乞早赐施行；若臣言果非，乞更不差使臣宣召，早收还枢密副使敕告，治臣妄言及违慢之罪，明正刑书，庶使是非不至混殽，微臣进退有地，不为天下之所疑怪"！于是，二十八日，神宗下诏允许司马光辞免枢密副使的新职。

在这件事中，司马光非常坚决，除非废除新法，否则他不会就任枢密副使。司马光为了保持名节，坚持自己的政治主张，不为高官所惑的精神，赢得了士大夫的尊重。枢密使文彦博在给韩琦的信中说："君实作事，今人所不可及，须求之古人。"韩琦在给司马光的信中写道："多病浸剧，阙于修问。但闻执事以宗社生灵为意，屡以直言正论开悟上听，恳辞枢弼，必冀感动，大忠大义，充塞天地，横绝古今，固与天下之人叹服归仰之不暇，非于纸笔一二可言也。"又说："音问罕逢，阙于致问。但与天下之人钦企高谊，同有执鞭忻慕之意，未尝少忘也。"司马光的高风亮节也给神宗留下了深刻的印象。七月，枢密使空缺待补，有人又提及司马光，虽然也被王安石否决了，但是，从神宗的言谈之中可知，神宗对司马光是极其器重的，他认为司马光可与汉武帝

时的金日磾相比，有变能立大节，可托幼主，是社稷之臣。时翰林学士范缜主管通进银台司，该司的职能是“封驳制旨，省审章奏”，与唐门下省的给事中职能相类。范缜是司马光的好友，也是新法的反对派，他封还了神宗的新命，支持司马光出任枢密副使。应当说，神宗是真诚地希望司马光出来辅佐他的。后来他在与人论及副相人选时，他认为司马光肯在仁、英两朝出任谏诤侍从之职，未尝有所推辞，而今却不肯出任执政，为己所用，是“待朕薄”，就很能说明问题。于是三月八日，神宗再派人请司马光上朝。

司马光说：臣自知无力于朝廷，朝廷所行，皆与臣言相反。

神宗问：何事相反？

司马光答：臣说条例司不当置，又说不宜多遣使者外挠监司，又说散青苗钱害民，岂非相反？

神宗说：大家都说不是法不好，只是所派非人而已。

司马光：以臣看来，法也不好！

神宗强调：原敕不令强派。

司马光说：敕虽不令强派，但所派使者都暗示令强派。如开封府所辖十七县，只有陈留县令姜潜张榜公布，听任自来，请就发给，终无一人来请。由此看来，其余的十六个县，恐怕都不免强派！

神宗敦谕再三，司马光再拜，坚辞。神宗大概是想两派人物并用，使其相互制衡。所以他不顾王安石的反对，对司马光委以重任，但是当时的政治体制并不允许两派并存。神宗已决定变法，司马光对显赫的官位则毫不留恋，他将选择离开。元丰（1078—1085）中，尚书左丞蒲宗孟攻击司马光，说：“人才半为司马光邪说所坏。”神宗听后不语，直视蒲宗孟，半晌方说：“蒲宗孟乃不取司马光邪！未论别事，只辞枢密一节，朕自即位以来，唯见此一人。他人，则虽迫之使去，亦不肯矣。”蒲宗孟惭愧得无地自容。

司马光力图说服神宗停止变法，为此他宁愿放弃晋升枢密副使的机会。可是，随着争论以及变法在全国的推行，司马光已经感觉到要想说服神宗几乎是不可能的了。这个时候，他把希望寄托在这位昔日的好朋友身上。司马光与王安石嘉祐中相识，两人有十多年的交谊，因此，他决定以一位老朋友的身份向王安石坦诚进言。神宗熙宁三年（1070）二月二十七日，他给王安石写了一封长达3000余字的信，这就是《与王介甫书》。在信中，司马光谈了自己对王安石的看法。他认为王安石作为一名“独负天下大名三十余年”的大贤，执政一年，未能立致太平之业，却招致天下非议，原因在于“用心太过，自信太厚”。司马光认为自古以来治理国家的方法不过使百官各司其职、委任而责成而已，使农民休养生息的方法不过是轻徭薄赋、蠲免欠负而已，而这些王安石都鄙之为腐儒常谈，不屑一顾，反而别出心裁，更立制置三司条例司、提举常平使者，推行青苗、免役诸法。司马光在信中批评王安石，说：“侵官，乱政也，介甫更以为治术而先施之。贷息钱，鄙事也，介甫更以为王政而力行之。徭役自古皆从民出，介甫更欲敛民钱、顾市佣而使之。此三者，常人皆知其不可，介甫独以为可。非介甫之智不及常人也，直欲求非常之功，而忽常人之所知耳。”过犹不及，过之失与不及之患是同样的，因此，王安石推行新法是用心太过。其次，司马光认为人非圣贤，孰能无过，从谏纳善，也不仅仅是君主之事。但是，王安石却缺乏这方面的修养，“每议事于人主前，如与朋友争辩于私室，不少降辞气，视斧钺鼎镬无如也。及宾客僚属谒见论事，则唯希意迎合、曲从如流者，亲而礼之。或所见小异、微言新令之不便者，介甫辄艴然加怒，或诟詈以辱之，或言于上而逐之，不待其辞之毕也”。司马光认为王安石这样对待持不同政见者，是“自信太厚”。第三，司马光认为王安石青年时特好孟子、老子之道，而孟子、老子之道的主旨是仁义与无为。王安石推行新法大讲财利之事，尽夺商贾之利，是违背了孟子之道，

“尽变更祖宗旧法，先者后之，上者下之，右者左之，成者毁之，矻矻焉穷日力，继之以夜而不得息。使上自朝廷，下及田野，内起京师，外周四海，士吏兵农工商僧道无一人得袭故而守常者，纷纷扰扰，莫安其居”，也不符合老子的思想。因此，司马光在信中责问王安石：“何介甫总角读书，白头秉政，乃尽弃其所学，而从今世浅丈夫之谋乎？”司马光还劝告王安石要听从大多数人的意见，“自古立功立事，未有专欲违众而能有济者”。他警告王安石要提防谄谀之人，他谆谆告诫道：“彼忠信之士，于介甫当路之时，或龃龉可憎，及失势之后，必徐得其力。谄谀之士于介甫当路之时，诚有顺适之快，一旦失势，必有卖介甫以自售者矣！”后来的事实果然像司马光说的那样，吕惠卿为了取代王安石，果然大打出手，无所不用其极，造成了变法派的分裂，王安石晚年为此悔恨不已。

同年三月三日，司马光又有《与王介甫第二书》。从这封信来看，王安石收到司马光的第一封信之后，曾有回信。王安石的回信，不激烈，相反，相当客气。因为司马光的信中说：“不谓介甫乃赐之诲笔，存慰温厚，虽未肯信用其言，亦不辱而绝之，足见君子宽大之德，过人远甚也。”意思是说，没想到你会回信，关怀慰藉，温言热语，虽然未肯听从，也不侮辱绝交，足见你气度宽大，远过常人。王安石的回信应曾提及孟子，但司马光对王安石的理解，不以为然：“光虽未甚晓孟子，至于义利之说，殊为明白，介甫或更有他恐似用心太过也。”意思是说，我虽然不太懂孟子，但义利之说，却相当明白。你或许还有其他解释，也似太过用心。王安石应又说到目前并无父子不相见、兄弟离散之事，司马光这样解释：“今四方丰稔，县官复散钱与之，安有父子不相见、兄弟离散之事？光所言者，乃在数年之后，常平法既坏，内藏库又空，百姓家家于常赋之外，更增息钱、役钱；又言利者见前人以聚敛得好官，后来者必竞生新意，以朘民之膏泽，日甚一日，民产既竭，小

值水旱，则光所言者，介甫且亲见之，知其不为过论也。”意思是说，如今四方丰稔，地方官又散给青苗钱，哪会有父子不相见、兄弟离散之事？我所说的，是在数年以后——那时常平法已坏，内藏库又空，百姓家家在常赋之外又有利息和助役钱，而且言利者见前人因聚敛得好官，后来者必定主意不断，争相聚敛，日甚一日，等到百姓财产已尽，再稍遇水旱灾害，我所说的情况，你将目睹，遂知道我今日所说并不过分。

王安石在收到司马光的第二封信后，对于彼此诸多的分歧，王安石只简单地概括为一句话：“所操之术多异故也。”回信的内容主要是为变法辩解，而不是变不变法：“某则以谓受命于人主，议法度，而修之于朝廷，以授之于有司，不为侵官；举先王之政，以兴利除弊，不为生事；为天下理财，不为征利；辟邪说，难壬人，不为拒谏；至于怨诽之多，则固前知其如此也。”意思是说，他认为制定新法受命于皇帝，程序上合法，因此不算侵官；新法旨在兴利除弊，因此不是生事；变法的目的是为天下理财，不是为牟利；批驳邪说，拒斥小人，不算拒谏；至于诽谤之多，那是预料中的事。为此，司马光又写下了《与王介甫第三书》，对王安石就“侵官、生事、征利、拒谏”等为自己辩护再做解释与剖析。针对王安石的辩解，司马光信中这样回答：制定法令自然是执政分内之事，但不应不分大小，尽变旧法。治国的关键在得人，若真能择贤而任，弊法自去；若不能，就是天天授以好法，也没用。青苗钱不问贫富，也不问愿意与否，强派给老百姓，每年收取40%的利息，却说不牟利，我不信。至于批驳邪说、拒斥小人，果能如此，那是国家苍生之福，但恐怕你的身边，邪说、小人就有不少。那些歌功颂德、一味迎合者皆是，只是你没发现而已。司马光的初衷是想说服王安石，让他主动放弃变法。通过书信的往返，司马光对王安石执意不回地推行新法的政治立场和强硬态度也有了进一步的了解，从此以后，他不再对王安石

抱有任何幻想，而司马光和王安石也从此之后正式绝交了，这不能不说是一件憾事。

无力回天，愤然离京

熙宁三年（1070）四月，京城内政治形势变得极为严峻起来，连续发生了一系列耐人寻味的事件。八日，御史中丞吕公著被撤销职务，黜知颍州（今安徽阜阳市）。据说他在朝见神宗时，批评了青苗法，认为这样做失天下人心，并且认为将批驳韩琦的奏疏布告全国这种做法是错误的，他说："韩琦乞罢青苗钱，数为执事者所沮，将兴晋阳之甲以除君侧之恶。"

吕公著与王安石关系久远，王安石曾说，吕公著不做相，天下不太平。后来举荐吕公著为御史中丞，又说吕公著有"八元"、"八凯"之贤。相传古帝王高辛氏有才子八人，称为"八元"；高阳氏也有才子八人，称为"八凯"。可是半年不到，吕公著不赞成王安石变法，王安石

司马光墓石雕

又说吕公著有“欢兜”、“共工”之奸。我们记得，此前河北安抚使韩琦曾极言青苗法不好，神宗不听。当时孙觉对神宗说：“如今藩镇大臣如此论奏而遭挫折，若在唐末、五代之际，必有兴晋阳之甲，以除君侧之恶者。”司马光对此深表怀疑，他认为吕公著平时与同僚说话犹三思而发，不可能在神宗面前言谈如此轻率。吕公著与孙觉都是美髯公，神宗只记住了美髯。时间一久，神宗错把吕公著当成了孙觉，曾对辅臣们说，公著上殿，言朝廷摧沮韩琦太甚，将兴晋阳之甲，以除君侧之恶。而此时的王安石已有逐吕公著之意，自然也就不会为他辩白，吕公著获罪被逐，也就是很自然的了。城门失火，殃及池鱼，这事传出后，弄得韩琦也很紧张。他原来是打算从大名回家乡相州当一任清闲的地方官的，可是相州素屯重兵，为了避嫌，他只好改请徐州（今江苏徐州市）了。不过，事情到此并未结束，形势还在继续恶化。

四月十九日，以前秀州（今浙江省嘉兴市）军事判官李定为太子中允、监察御史里行。李定字资深，扬州（今江苏省扬州市）人，早年受学于王安石。登进士第，任定远县（今安徽省定远县）县尉、秀州判官。神宗熙宁二年（1069），由于孙觉的举荐，召至京师。李定初至京师，先去拜谒谏官李常。李常问：你从南方来，百姓以为青苗法如何？李定说：都认为很好，无不欢喜。李常告诫：朝廷上下正争论此事，你别这样说。李定赶忙跑去跟王安石讲了，并说：李定只知实话实说，不知京师竟不许。王安石大喜，立即推荐上朝应对，神宗主意始定。王安石让李定知谏院，宰相说以李定的资历，没有这种先例，改为太子中允、监察御史里行，知制诰宋敏求、苏颂、李大临，都认为这不符合程序，拒绝起草任命文件。诏谕数四，坚持不肯。最终，三人以屡违诏命，免去知制诰，时称“熙宁三舍人”。

不久，御史陈荐上疏，说李定任泾县（今安徽省泾县西北）主簿时，得到母亲仇氏的死讯，隐匿不为服丧。诏下江东、淮、浙转运使调

查，奏说李定曾以父亲年老求归侍养，并没有说是为生母服丧。李定辩称不知自己为仇氏所生，曾公亮认为李定应当补服。王安石力主李定出任御史里行，于是陈荐又被免职，改任李定为崇政殿说书，御史林旦、薛昌朝都说，李定不孝，不宜居劝讲之地，并认为王安石有罪，章六七上。王安石又请免二人。李定不自安，请求解职。最终，李定以集贤校溢理、检正中书吏房、直舍入院同判太常寺。五月二日，司马光上《论李定札子》，我们从中得知，当时宋敏求等拒绝草拟任命文件，已多次封还“词头”。数日以来，外间传说朝廷已经撤销任命，可是当天又有传闻，说有札子行下舍人院，令必须草拟。司马光担心此举将使朝臣苟且，塞绝言路。

为一名低级官员的任命而罢免三名高级官员，况且李定还是个隐瞒生母丧不服的名教罪人，这就不免有点蹊跷了。但是，如果听一听神宗与王安石的一段对话就不难发现问题的症结所在了：先是，王安石独对，问上说：“陛下知今日所以纷纷否？”

上说：“此由朕置台谏非其人。”

王安石说：“陛下遇群臣无术，数失事机，别置台谏官，恐但如今措置，亦不能免其纷纷也。”

不难看出，王安石罢黜吕公著、宋敏求，任用李定是为了夺取台谏，控制言路，为变法清除障碍，吕公著、李定事件可以说是台谏大改组、大换班的信号。四月二十三日，以淮南转运使谢景温为工部郎中、兼侍御史知杂事。谢景温“雅善”王安石，两人交情很好。又因谢景温的妹妹嫁给了王安石的弟弟王安国，算是姻亲。当初，王安石屡劝神宗独断，神宗遂专一信任他。苏轼曾做开封府考官，策问进士以“晋武平吴以独断而克，苻坚伐晋以独断而亡，齐桓专任管仲而霸，燕哙专任子之而败，事同而功异，何也”？苏轼出这样的题目，显然有所指。王安石看了很不高兴。苏轼此前曾多次上疏论时政得失，王安石已大为

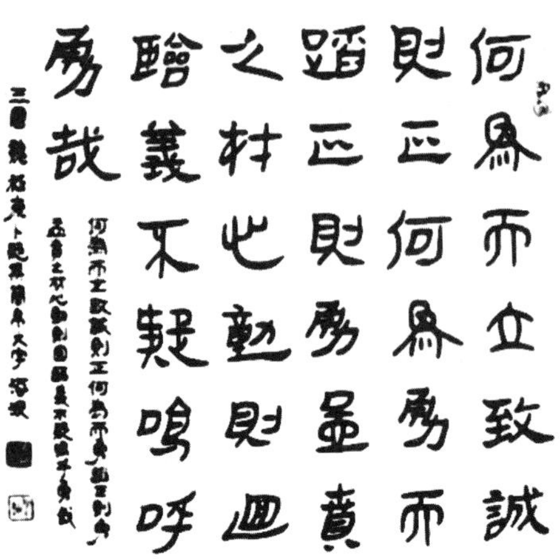
司马光《勇箴》

不快。当时诏举谏官，范缜举荐了苏轼。谢景温怕苏轼做了谏官对王安石不利，遂弹劾苏轼，说当年苏轼归蜀服母丧，多占舟船，贩运私盐、苏木。朝廷遂派人缉捕艄公、船夫，却查无实据。苏轼为避是非，不久，乞外任，遂出判杭州。

随之而来的则是对台谏中旧党人物的驱逐，从四月至六月，被撤换的台谏有监察御史里行程颐、张戬、王子韶，侍御史知杂陈襄，知谏院李常、胡宗愈。经过数月的努力，王安石终于控制了代表舆论、影响朝政的台谏，基本上实现了他就任参知政事时长君子，消小人，变风俗，立法度，一道德，方今所急的预期目标。九月里，他对神宗分析形势时说：“陛下观今秋人情已与春时不类，即可以知其渐变甚明。”此时免役法、将兵法已陆续出台，司马光深知形势已无法挽回。他与王安石“犹冰炭之不可共器，若寒暑之不可同时”。道不同不相与谋，司马光决定投闲置散，离开京城。八月，他正式向神宗提出了自己的请求。

乙丑，司马光对垂拱殿，乞知许州（今河南许昌市）或西京（今河南洛阳市）留司御史台、国子监。

神宗说：“卿何得出外，朕欲申卿前命，卿且受之。”

司马光说：“臣旧职且不能供，况当进用？”

神宗说：“何故？”

司马光说：“臣必不敢留。”

神宗沉吟久之，说：“王安石素与卿善，何自疑？”

司马光说：“臣素与安石善，但自其执政，违迕甚多。今迕安石者

如苏轼辈，皆毁其素履，中以危法。臣不敢避削黜，但欲苟全素履。臣善安石，岂如吕公著？安石初举公著云何，后毁之云何，彼一人之身何前是而后非？必有不信者矣。”

神宗说：“安石与公著如胶漆，及其有罪不敢隐，乃安石之至公也。”

神宗又说：“青苗已有显效。”

司马光说：“兹事天下知其非，独安石之党以为是尔。”

神宗又说：“苏轼非佳士，卿误知之。鲜于优在远，轼以奏稿传之，韩琦赠银三百两而不受，乃贩盐及苏木、瓷器。”

司马光说：“凡责人当察其情。轼贩鬻之利，岂能及所赠之银乎？安石素恶轼，陛下岂不知？以姻家谢景温为鹰犬，使攻之。臣岂能自保，不可不去也。且轼虽不佳，岂不贤于李定不服母丧，禽兽之不如，安石喜之，乃欲用为台官。”

从这段对话来看，司马光大概认为，与其遭到攻击再被迫出外，倒不如及早主动离开。当时的政治体制就是这样——不允许反对者存在。你要么支持变法，留下；要么反对变法，离开。此外，没有第三条路可走。

九月二十三日，延和殿登对，司马光再请许州及西京留台。

神宗问：必须许州吗？

司马光答：臣哪敢必须，只要稍近乡里，即臣之幸。

神宗又问：西京怎样？

司马光又答：恐怕非才士不行，不过，若朝廷差遣，不敢辞。

然后，拜谢而退。从以上的对话来看，当时神宗打算让司马光去西京留台任职，但事情很快有了变化。九月，司马光再次请求获准。十月十九日，遂以端明殿学士知永兴军，离开了工作和生活了14年之久的京城开封。永兴军对司马光意味着家乡，他将归去。希望远嫌避祸，不愿同流合污，是司马光此时的真实思想。在《秋怀呈范景仁》中，他对老友范缜表明了自己的心迹：

畴昔共登仕，尔来三十秋。
常唏丝绳直，窃耻鸱夷柔。
蹄涔学钜海，蚁垤依崇丘。
行之不自疑，亲寡憎怨稠。
于今不亟去，沦胥恐同流。
努力买良田，远追沮溺游。

司马光的这次离京让他感觉到非常的失望和凄凉。政治主张难以施展，自己的报国之志必将难以实现，同时，官场的黑暗和尔虞我诈更是让他心惊胆寒。这一切复杂的情绪一时涌出，司马光自是感觉悲愤。

第六章

身处一隅　寄情山水仍忧国

司马光离开京城之后，就闲居洛阳。虽然他在开始的时候心境非常低落，但是随着他在这里结交了很多的名人雅士，心境逐渐好转，并且开始习惯这里的生活。不仅如此，他还在闲暇之余开始筹备修书的事情。在洛阳的十五年里，他结交了很多的朋友，思想也有了更大的提升和丰富，这对他的修书有着非常大的帮助，并且最终修成《资治通鉴》。同时，尽管司马光身处一隅，但他心中始终是忧国忧民。

初到洛中，迂叟独乐

神宗熙宁四年（1071）四月十八日，以司马光判西京御史台。变法正在逐步深入，司马光无力阻止。对这个国家来说，他已经无事可做，除了沉默。初到洛阳，司马光感慨万千，久久不能平静，心情是极其复杂的。他深深庆幸自己未被风涛险恶的宦海所吞没，不再忧谗畏讥，能像平民百姓。一样生活，这已非常满足了，《初到洛中书怀》便是这种心情的真实写照。

三十余年西复东，劳生薄宦等飞蓬。
所存旧业惟清白，不负明君有朴忠。
早避喧烦真得策，未逢危辱好收功。
太平触处农桑满，赢取闾阎鹤发翁。

当然作为一个有理想、有抱负的士大夫，正值壮年，便投闲置散，年华虚度，事业未成，也不能说不是一种悲哀。洛阳是司马光青少年时期生活多年的地方，故地重游，触景生情，感慨万千，于是，他又写下了“铜驼陌上桃花红，洛阳无处无春风。重来羞见水中影，鬓毛萧飒如秋蓬”这首诗。所幸的是，故人在司马光失意时并未嫌弃他，连远在陕西的老友阎询也致函问候，以诗相赠，这又不能不使司马光感到人生的美好，从消沉中重新振作起来。在《酬终南阎谏议（询）见寄》这首诗里，司马光写道：

齿衰心力耗，揣分乞西台。
微禄供多病，闲官养不才。
敝庐容啸傲，清洛伴归来。
故友犹相念，寒光生死灰。

西京留台是个闲官，并无职事。到洛阳后不久，司马光就返回了故里夏县。年底，又回到了初仕的华州。物是人非，不禁又是一番感叹。于是，他写下了《重过华下》这首诗。

昔辞莲幕去，三十四炎凉。
旧物三峰雪，新悲一镊霜。
云低秦野阔，木落渭川长。
欲问当时事，无人独叹伤。

司马光从小崇尚自然，一直希望能与林泉相伴。在西京留台衙署的东边，有一座小园，园内无亭台楼榭。司马光因陋就简，插上竹片，搭起木架，在架旁种上了荼蘼、蔷薇和牵牛、扁豆。夏秋之季，木架上爬满了藤蔓，布满了浓密的枝叶，开满了五彩缤纷的花朵，司马光称之为“花庵”。公余之暇，司马光就在花庵下小憩，独自欣赏这简陋但又美丽自然的景色。他对花庵是很满意的，为花庵他写了不少首诗。

谁谓花庵小？才容三两人。
君看宾席上，经月有凝尘。
谁谓花庵陋？徒为见者嗤。
此中胜广厦，人自不能知。

荒园才一亩，意足已为多。
虽不居丘壑，常如隐薜萝。
忘机林鸟下，极目塞鸿过。
为问市朝客，红尘深几何？

但是，闲官尚有羁绊，毕竟不如山村野夫自由自在，“犹恨簪绅未离俗，荷衣蕙带始相宜”。对于司马光来讲，最为惬意的时光是徜徉于洛水之滨。熙宁五年（1072）正月，书局从开封迁至洛阳，就设在洛水之滨的崇德寺内。司马光从西台归来，总要一人去水边散步，这是他心情最舒畅、最欢喜若狂的时候，也是他最闲适自在的时候，《独步至洛滨二首》将司马光的这种心态揭示得淋漓尽致。

拜表归来抵寺居，解鞍纵马罢传呼。
紫衣金带尽脱去，便是林间一野夫！
草软波清沙径微，手携筇竹着深衣。
白鸥不信忘机久，见我犹穿岸柳飞。

在这安逸静谧的环境中，物我相忘，亦相融为一体了。不久，司马光在湟、洛之间购置了一座不大的新宅。在迁入新宅后不久，一天，司马光绕宅而行，见墙外暗埋竹签数十根，不知做何之用。家仆告诉他，这里无人行走，是用来防盗的。司马光听后，忙命撤掉，他说：“我箧中能有几何？况且窃贼也是人，怎可如此布防？”据南宋人庞文英说：“公居洛，在陋巷，所居才能庇风雨。”如果说这所住宅尚有什么与众不同的地方的话，那就是司马光在宅内打了一个“地室”，深丈余。夏日避暑，常常读书其中。

唐宋时，洛阳多名园。熙宁六年（1073），司马光在洛阳尊贤

坊北，买田二十亩，辟为“独乐园”。工程完工之后，他作《独乐园记》。

说到“独乐园”，我们先说说独乐园的格局。根据司马光文章的描述，独乐园的格局大致是这样：当中有一堂，藏书五千余卷，名曰“读书堂”。堂南有屋一所，名曰“弄水轩”，有水自南而北贯穿屋下。屋南，中间是一方形水池，深宽各三尺，水分五股，注入池中，形似虎爪。水池以北为暗流至屋北阶流出，泻人院内，状若象鼻。从此分为两渠，环绕流经庭院四角，最后在院西北汇合流出。堂北是一池塘，中央有岛，岛上种竹，岛周长三丈，形似玉块，挽结竹梢，好像渔夫住的窝棚，名曰“钓鱼庵”。池塘以北，东西有屋六间，为避烈日，墙壁和屋顶都特别加厚，门朝东，南北对开许多窗户，以邀凉风，前后多种美竹，这是清暑之所，名曰“种竹斋”。池塘以东，整地为一百二十畦，杂种各种草药，辨别名称并做标识。畦北为“采药圃”，种竹一丈见方，形似棋盘，弯曲竹梢，互相遮蔽为屋，又在前面种竹，夹道如走廊，种藤蔓类的草药，覆盖其上，四周另种木本药，做藩篱。圃南是六栏花，芍药、牡丹、杂花，各二栏。每一品种仅种两棵，辨别形状而

司马光广场

已，不求多。栏北为亭，名曰“浇花亭”。洛阳城距山不远，但树木茂密，常苦不得见，于是在园中筑台，台上构屋，以望万安、轩辕、太室等山，名曰“见山台”。当然，这是神宗熙宁六年（1073）独乐园刚落成时的格局。

司马光给这座小园起名为独乐园，为何起名“独乐”呢？司马光在《独乐园记》中有这样一番解释。他说：“孟子曰：‘独乐乐，不如与人乐乐。与少乐乐，不如与众乐乐。’此王公大人之乐，非贫贱者所及也。孔子曰：‘饭疏食饮水，曲肱而枕之，乐亦在其中矣。颜子一箪食，一瓢饮，不改其乐。’此圣贤之乐，非愚者所及也。若夫鷦鷯巢林，不过一枝。鼹鼠饮河，不过满腹。各尽其分而安之，此乃迂叟之所乐也。”又说：“迂叟平日多处堂中读书，上师圣人，下友群贤。窥仁义之原，探礼乐之绪，自未始有形之前，暨四达无穷之外，事物之理，举集目前。所病者，学之未至。夫又何求于人，何待于外哉！志倦体疲，则投竿取鱼，执衽采药，决渠灌花，操斧剖竹，濯热盥手，临高纵目，逍遥徜徉，唯意所适。明月时至，清风自来，行无所牵，止无所棍，耳目肺肠悉为己有，踽踽焉，洋洋焉，不知天壤之间复有何乐可以代此也。因合而命之日独乐园。或咎迂叟曰：‘吾闻君子所乐必与人共之，今吾子独取足于己，不以及人，其可乎？’迂叟谢曰：‘叟愚何得比君子。自乐恐不足，安能及人？况叟之所乐者，薄陋鄙野。皆世之所弃也，虽推以与人，人且不取，岂得强之乎？必也有人肯同此乐，则再拜而献之矣，安敢专之哉！”

司马光曾为独乐园中的建筑各赋诗一首，成《独乐园七咏》之三。

读书堂

吾爱董仲舒，穷经守幽独。

所居虽有园，三年不游目。

邪说远去耳，圣言饱充复。
发策登汉庭，百家始消伏。

钓鱼庵

吾爱严子陵，羊裘钓石濑。
万乘虽故人，访求失所在。
三旌岂非贵？不足易其介。
奈何夸毗子，斗禄穷百态。

采药圃

吾爱韩伯休，采药卖都市。
有心安可欺，所以价不二。
如何彼女子，已复知姓字？
惊逃入穷山，深畏名为累。

见山台

吾爱陶渊明，拂衣遂长往。
手辞梁王命，牺牛惮金鞅。
爱君心岂忘，居山神可养。
轻举向千龄，高风犹尚想。

弄水轩

吾爱杜牧之，气调本高逸。
结亭侵水际，挥弄消永日。
洗砚可钞诗，泛觞宜促膝。
莫取濯冠缨，红尘污清质。

种竹斋

吾爱王子猷，借宅亦种竹。
一日不可无，潇洒常在目。
雪霜徒自白，柯叶不改绿。
殊胜石季伦，珊瑚满金谷。

浇花亭

吾爱白乐天，退身家履道。
酿酒酒初熟，浇花花正好。
作诗邀宾朋，栏边长醉倒。
至今传画图，风流称九老。

每首诗都以“吾爱”开头。值得司马光爱慕的，当然不是泛泛之辈。“罢黜百家，独尊儒术”，董仲舒，在当时及后世都是很伟大的人物。严子陵早年游学长安，结识了刘秀，刘秀变成汉光武帝后，三次请他，他才肯出来，但因谗言，又悄然离去，隐居富春山下，终老于斯，那里有一“严陵濑”，相传为严当年垂钓之处。东汉高士韩伯休，从山中采药出来，卖到长安的集市上去，三十多年，从来都是一口价，后在集市上被一女子认出，从此避居山中，再不肯出来。陶渊明，他的诗句“采菊东篱下，悠然见南山”我们都很熟悉。杜牧之，就是唐代著名诗人杜牧，牧之是他的字。“雪夜访戴”的典故中，主人公是王子猷，鼎鼎大名的书法家王羲之就是他的父亲。《世说新语》上说王子猷特别喜欢竹子，即便寓居，也要种竹数丛，问他为什么，他指着竹子说：“不可一日无此君。”白乐天就是白居易，晚年寓居洛阳，诗酒自娱，优游山林。司马光在诗中写下上述名字，以他们的事迹对自己进行激励或者

安慰。

宋人李格非（也就是著名女词人李清照的父亲）著有《洛阳名园记》，关于独乐园，他记道："司马公在洛阳自号迂叟，谓其园曰独乐园。园卑小，不可与他园班。其说读书堂，数椽屋；浇花亭者，益小；弄水种竹轩（应为弄水轩、种竹斋）者，尤小；见山台者，高不过寻丈；其日钓鱼庵、采药圃者，又特结竹梢蔓草为之。公自为记，亦有诗行于世。所以为人钦慕者，不在于园尔。"可见，在洛阳众多的名园当中，独乐园极小，极质朴。它的知名，不是因为园子本身，而是因为园子的主人。

司马光为自己的独乐园写了很多诗，从这些诗中，我们可以大致想象出司马光在那里的日常生活。《次韵和宋复古春日五绝句》："车如流水马如龙，花市相逢咽不通。独闭柴荆老春色，任他陌上暮尘红。东城丝网蹴红毡，北里琼楼唱石州。堪笑迂儒竹斋里，眼昏逼纸看蝇头。"春天的洛阳城非常热闹，但司马光却在独乐园里辛苦修书。又如《送药栽与王安之》："盛夏移药栽，及雨方可种。为君着屐取，呼童执伞送。到时云已开，枝软叶犹重。夕阳宜屡浇，又须烦抱瓮。"诗里的司马光，更像是一位农夫。在某个初夏，司马光写下《首夏呈诸邻二章》："首夏木阴薄，清和自一时。笋抽八九尺，荷生三四枝。新服裁蝉翼，旧扇拂蛛丝。莎径热未剧，晨昏来往宜。煌燎久旱天，飒飒昨宵雨。尘头清过辙，水脉生新渚。岂徒滋杞菊，亦可望禾黍。勿笑盘蔬陋，时来一觞举。"

诸邻指的是张氏四兄弟——名叔、才叔、子京及和叔，他们是独乐园里的常客。读罢这些句子，那个初夏的种种情形，就仿佛在我们眼前。再如《独乐园二首》："独乐园中客，朝朝常闭门。端居无一事，今日又黄昏。客到暂冠带，客归还上关。朱门客如市，岂得似林间。"

独乐园里安静的日子，确实更多一些。还有《闲居呈复古》："闲

居虽懒放，未得便无营。伐木添山色，穿渠擘水声。经霜收芋美，带雨接花成。前日邻翁至，柴门扫叶迎。”想象一下，司马光当日的生活细节，已然在眼前。司马光的学生刘安世曾对“独乐”之意有所诠释，他说：“老先生于国子监之侧得营地，创独乐园，自伤不得与众同也。以当时君子自比伊、周、孔孟，公乃行种竹浇花等事，自比唐、晋间人，以救其弊也。”司马光有《独乐园七咏》，他以董仲舒、严子陵、韩伯休、陶渊明、杜牧之、王子猷、白乐天等七人相期许，意在讥诮王安石，誓不同其道，是对新法的又一次抗争，只不过表现的形式与前不同罢了。

司马光退居洛阳之后，可以说是不用再去想京师之中的那种黑暗和互相倾轧的事情。同时，司马光自幼就非常喜欢古文典籍，这次他正好有了这样的一个机会。其实，早在京师的时候，由于没有充足的修书时间，导致了修书进度很慢，到熙宁四年（1071）才修成《前汉纪》三十卷、《后汉纪》三十卷、《魏纪》十卷，共计七十卷，还不到全书的四分之一，却耗费了近五年的时间。司马光来到洛阳以后，情形就大不同了。西京留司御史台是个只拿俸禄，其实没多少事可干的闲官，一连两任。到熙宁八年（1075）闰四月初六，又受敕提举西京嵩山崇福宫，就是管理“道士埔”的官，更是个“坐享俸给，全无所掌”的差使，一直到元丰八年（1085）二月，先后四任，每任三十个月，历时小年。加上前两任，共“六任冗官”，长达十五年之久。

在这15年期间，司马光过着“紫衣金带尽脱去”、“解鞍纵马免传呼”的闲散生活，然而，也正是这样，他有了充足的时间，从事他所爱好的史学工作了。他曾兴奋地说，此时“行无所牵，止无所棍，耳目肺肠，悉为己有，蹈踽焉，洋洋焉，不知天壤之间复有何乐可以代此也”。看来，这时在官场中奔波半生的司马光，开始尝到了“无官一身轻”和对自己有支配权利的乐趣了。但他对皇帝的忠心丝毫都没有改

变，正像他自己说的那样："虽身处于外，区区之心，朝夕寤寐，何尝不在陛下之左右"，更没有忘记效忠朝廷。只不过效忠的方式有所改变了，不再以"言事"为职，而是靠治史为朝廷提供安邦治国的经验。所以，他退居洛阳的15年，仅熙宁七年（1074）四月，应诏遗朝政阙失状外，闭口不论时政，把他全部的政治观点、全部的爱国激情、全部的心血和时光，都倾注在编修《通鉴》上。当然，朝廷特别是神宗，也没有忘记这位忠直之士，"仍听以书局自随，给之禄秩，不责职业"，支持司马光用治史为国效力。

司马光著书的书局设在崇德寺，是他到洛阳后的第二年正月迁来的，随书局一同来的协修人员只有范祖禹一人，到熙宁六年（1073），司马光在尊贤坊北买了二十亩田地，辟为园林，取名"独乐园"，表明他摆脱了官场羁绊，独自逍遥之乐，颇有点清高的意味。园中有读书堂、弄水轩、钓鱼庵、种竹斋、采药圃、浇花亭、见山台，颇饶山水之胜。苏轼写诗描绘"独乐园"说：

青山在屋上，流水在屋下。
中有五亩园，花竹秀而野。
花香袭杖屦，竹色侵盏斝。
樽酒乐余春，棋局消长夏。

范祖禹在《春日有怀仆射相公洛阳园》诗中写道，

闲塞当门外，伊流绕舍西。
松筠不改色，桃李自成蹊。
稺笋穿阶进，珍禽傍面栖。
公归卧林壑，好作钓璜溪。

从诗人的笔下，我们可以知道独乐园是依山傍水、鸟语花香、景色秀丽的小巧园林。司马光就是在这座园子里一面玩赏山光水色，一面从事艰苦的修书劳动。司马光虽自称“独乐”，其实不然，他的朋友很是不少。当时的洛阳是公卿缙绅聚居之地，一些因反对新法而引退的老臣都定居在这繁华的古城西京，修宅辟园，过着悠闲自在的退引生活，其中有名重一时的元老富弼，文彦博，两人发起组织了一个70岁以上老人组成的耆英会，当时司马光才64岁，本来不够入会资格，但由于名望高，政治观点一致，也被破例邀请入会。其余会员有席汝言、王尚恭、赵丙、刘凡、冯行己、楚建中，王谨言、张问，张焘共十二人。司马光与之往来最频者是张氏兄弟四人，范祖禹说他经常看见司马光“幅巾深衣坐林间，四张多在焉，或弈棋投壶，饮酒赋诗”。

垂钓溪上、坐卧林间、投壶对弈、饮酒赋诗，反映了司马光挣脱官场羁绊后的心迹和情趣。这时候，他的心情是怡然自得的。当然如此清闲自在的游乐只是他这一时期生活的一个侧面，是他在独乐园中紧张修书生活的一种调节。当然，在这段时间里，他和朋友间的往来也是有节制的，更多的时候是独处书室，闭门写作，这也是他身退之后的最大的一个愿望。

寄情山水，结交雅士

随着时间的推移，司马光已经慢慢融入到洛阳这个环境当中，并且心境也有了很大的好转。正像“达则兼济天下，穷则独善其身”一样，在接下来的时间里，虽然他的胸中还有积郁，但是，相比他刚来洛阳的

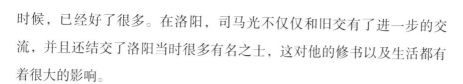

时候，已经好了很多。在洛阳，司马光不仅仅和旧交有了进一步的交流，并且还结交了洛阳当时很多有名之士，这对他的修书以及生活都有着很大的影响。

对于这样的生活，司马光曾经写过一首名为《自题写真》的诗。

黄面霜须细瘦身，从来未识漫相亲。
居然不可市朝住，骨相天生林野人。

当时的洛阳居天下之中，四方道里均，五方所荟萃，是天下的交通枢纽，更是天下的文枢。熙丰时，当时的一流学者如程颢、程颐、邵雍和名臣范缜、范纯仁、韩维等多聚集于此，司马光居洛与他们切磋学问，交往非常密切，并且由于他们的政治对当时的时政看法也是非常相似，所以，在这个过程中，他们结下了深厚的友谊。

说到程颢和程颐，在当时是非常有名的。司马光在洛阳的时期，和这二人有着非常深厚的友谊。在这段时期，司马光和他们常常在一起研讨经史，议论时局，相互诘难。在司马光编写《通鉴·唐纪》时，程颐向司马光提出了两个问题。第一，如何评价唐太宗、唐肃宗，他们是否是篡位？第二，魏徵在玄武门事变后，改事李世民，有没有罪？程颐认为“魏徵事皇太子，太子死，遂忘戴天之仇而反事之，此王法所当诛，后世特以其后来立朝风节而掩其罪。有善有恶，安得相掩”？在第一个问题上，司马光同意程颐的观点，认为二帝是篡位。在第二个问题上，他不同意程颐的观点，认为魏徵并没有什么罪过。他认为魏徵的行为其性质与管仲是一样的，管仲于公子纠死后，未如匹夫匹妇殉难，反而改佐小白，外攘夷狄，内修霸业，是完全正确的，值得肯定。程颐认为魏徵不能与管仲相比，因为“小白长而当立”，公子纠与他争夺继承权是“以少犯长”，“义已不顺”。不言而喻，李世民也是“以少犯长”。

既然李世民是篡位，魏徵既不能死难，又辅佐篡位之人，当然是有罪恶的。不难看出，程颐评价历史人物的标准是封建的君臣大义和宗法伦理思想，而司马光更多的是从是否有利于社会历史发展来衡量一个人物。既然齐桓公的霸业是有历史进步意义的，那么，管仲不死公子纠之难也是无可非议的。同样，既然魏徵所参与缔造的贞观之治是值得肯定的，那么，魏徵不死太子建成之难改事李世民也是无罪的。司马光在评价历史人物时摆脱了一家一姓、大宗小宗等封建腐朽思想的羁绊，眼光的确高出程颐一筹。

司马光作《中庸解》，有疑则阙。如“人莫不饮食，鲜能知味”及“强哉矫之类”，程颢对司马光的学术思想有深刻的了解，所以他知道后笑着说：“我将谓从天命之谓性处，便疑了。”确实司马光对性命等问题的研究相对薄弱一些，但是，司马光礼法方面的造诣很深，这是当时公认的。张载逝世后，其门人议加私谥，请程颢定夺，程颢不敢做主。程颐的女婿周全伯嫡母死后，生母又去世，如何服丧，程颐不能决定，最后皆就正于司马光，可见，他们对司马光在学术上的长短优劣也是很清楚的。程颢和程颐对司马光的学问很佩服，他们曾经说过这样的话：“某接人多矣，不杂者三人，张子厚、邵尧夫、司马君实。”

人之相识，贵在相识，司马光和这二人之间也有了非常深刻的了解。事实上，程颢和程颐对司马光的了解，不仅在学术方面，还包括在个性、政治才干等方面。程颢和程颐与司马光议论时，出现分歧，是决不放过司马光的，因为他知道司马光与别人不一样，“能受尽人言，尽人忤逆更不怒”。元丰八年（1085），神宗逝世的消息传到洛阳后，程颢就知道司马光、吕公著要出任宰相了，但是，他却不无忧虑，为何呢？他认为“元丰大臣皆嗜利者，若使自变已甚害民之法则善矣。不然，衣冠之祸未艾也。君实忠直，难与议，晦叔解事，恐力不足耳”。这个担心是有一定道理的，有人曾问韩琦：“司马光、吕公著为天下

所属望，他时大用何如？”韩琦答道：“才偏规模小。”司马光逝世后，有人这样评价他，认为“三代而下，宰相、学术，司马文正一人而已”。但是，他的高足刘安世并不这样认为，他说：“学术固也。如宰相之才，可以图回四海者，未敢以为第一。盖元祐大臣类丰于德，而廉于才智也。先人亦云，司马光所谓惟为大人能格君心之非者，以御史大夫、谏大夫执法殿中、劝讲经幄用，则前无古人矣。”司马光也认为自己如人参、甘草，“病未甚时可用，疾甚则非所能及”。他对自己的政治才干很清楚，很有自知之明。反之，司马光对于程颢和程颐的学识也是极钦佩的。他执政后，立即起用程颢，召为宗正丞，可惜程颢未克成行就溘然长逝了。于是，他又与吕公著联名推荐程颐，荐章中说：“伏见河南府处士程颐力学好古，安贫守节，言必忠信，动遵礼法。年逾五十，不求仕进，真儒者之高蹈，圣世之逸民。望擢以不次，使士类有所矜式。”于是，程颐由一介布衣而被擢用为崇政殿说书，成为哲宗的老师，肩负起教育哲宗的重担。

除了程颢和程颐，在洛阳的时候，司马光和当时的一大名士，也可以说是博学多才、德行高尚的雅士邵雍。邵雍是先天象数学的创立人，有《皇极经世》《伊川击壤集》等著作传世。嘉祐七年（1062），自卫州共城（今河南辉县）移居洛阳，借住于天津桥南的一座官宅，躬耕自给。熙宁初年，实行买官田法，邵雍所居也在出售之列。于是，司马光等在洛阳向诸公集钱，为邵雍买下了这座住宅，邵雍遂名其居为“安乐窝”，并自号安乐先生。

在古代封建社会，能够洁身自好而又富有才华的人，往往就会受到社会上其他儒士的尊重和钦佩。而对于邵雍，司马光也是非常敬重，不仅如此，在交往中司马光还以兄礼待之。他曾对邵雍说：“某陕人，先生卫人，今同居洛，即乡人也。有如先生道学之尊，当以年德为贵，官职不足道也。”司马光喜仿古代士大夫着深衣、冠簪、幅巾、缙带。外出时，则穿朝服乘马，而将深衣等装入皮匣内随身携带着，到独乐园就穿上。有一次他问邵雍说："先生可穿深衣吗？"邵雍答道："某为今人，当服今时之衣。"对司马光的迂阔做了委婉的批评，光深服其言合理。司马光在撰写《通鉴》中历代史论时，对于曹操的历史功绩曾有这样评价，他认为曹操统一北方，"是夺之于盗手，非取之于汉室也"。邵雍不同意司马光的观点。《通鉴》成书后，无此论，可见司马光是接受了邵雍的意见。反过来，邵雍对司马光也是非常敬重的，他认为司马光是位脚踏实地的人，是"九分人"，司马光深以为知音。司马光曾经这样评价自己，"光视地然后敢行，顿足然后敢立"。

两人道德高尚、纯粹，为乡里所重。人们时常告诫自己的子弟："毋为不善，恐司马端明、邵先生知。"植根于道德文章上的友谊是深厚的，《邵尧夫许来石阁久待不至》这首诗写得平淡而深沉，足以见他俩的交契之深。

淡日浓云合复开，碧嵩清洛远萦回。
林端高阁望已久，花外小车犹未来。

随着交往的深入，司马光和邵雍慢慢结成了生死之交。在熙宁十年（1077）夏，邵雍染小疾，久卧不起，体力日益损耗，神智却异常得清醒。他笑着对司马光说："某欲观化一巡，如何？"光说："先生未应至此。"邵雍坦然地说："死生常事耳！"庄子将死生作为万物变化之一，他认为当死亡降临时，应坦然地面对它。邵雍也是持这种态度，他能将自己的病况及时地告诉司马光，可见他是非常自信及信任司马光的。自此以后直至七月邵雍逝世，司马光与张载、程颢、程颐一直是朝夕守候在其榻前。邵雍逝后，司马光又作《邵尧夫先生哀辞二首》，表达了自己的哀思和对邵雍的敬仰之意，后人由此亦可见二人相知之深。

菽藿一箪乐，蒿莱三亩宽。
蒲轮不能起，瓮牖有余安。
高节去圭角，久要敦岁寒。
今朝郊外客，谁免涕执澜?
慕德闻风久，论交倾盖新。
何须半面旧，不待一言亲。
讲道切磋直，忘怀笑语真。
重言蒙跖实，佩服敢书绅!

在洛阳，司马光不仅仅结交新友，对于自己的旧交也是非常的珍惜。在这众多的旧交中，不得不说范缜这个人。范缜，字景仁，是司马光的同年、至交，为人恬退、勇决，素为司马光所敬重。在议温成礼、建储、濮议及变法等重大问题上，两人的立场、观点是完全一致的。两人的交谊，诚如《三朝名臣言行录》卷5所言，“熙宁、元丰间，士大夫论天下贤者，必曰君实、景仁。其道德风流，足以师表当世，其议论可否足以荣辱天下。二公盖相得甚欢，皆自以为莫及。……盖二公用舍大节，皆不谋而合……相先后如左右手”。司马光自己也曾对人说：“吾与景仁，兄弟也，但姓不同耳！”熙宁中，范缜反对王安石变法，63岁就退休，移居许昌。范缜的这个做法让司马光非常失望，在后来很长的一段时间里，司马光对于这件事都是耿耿于怀。这件事看起来并不是什么大事，但在司马光看来，这件事确是非常重要的。事情是这样的，当时，范缜答应移居洛阳的，而今却食言了。为此司马光在《和景仁卜居许下》这首诗里“颇致其怨”，诗是这样写的。

壮齿相知约岁寒，索居今日鬓俱斑。

拂衣已解虞卿印，筑室何须谢傅山。

许下田园虽有素，洛中花卉足供闲。

佗年决意归何处，便见交情厚薄间！

看到司马光为了这件事心中不快，范缜也感到非常惭愧。为了让这种交情不至于受到更大的影响，在后来的时间里，范缜经常到洛阳来看望司马光。每次范缜来到洛阳，司马光总会和他一起游玩名山大川，在《渑水燕谈录》等笔记中，我们至今还可窥见他俩的游踪：“元丰中秋，司马光与乐全子访亲洛游，并辔过韩城，抵登封，憩峻极下院。趋嵩阳，造崇福宫、紫极观、紫虚谷，寻会善寺，过轘辕，遽达西洛。少留广度寺，历龙门，至伊阳，以访奉先寺，登华严阁，观千佛岩，蹑山径，瞻高公真堂，步潜溪，还保应，观文、富二公庵，之广化寺，拜汾阳祠。下涉伊水，登香山，到白公影堂，诣黄龛院，倚石楼，临八节滩，还伊口。”凡所经游，发为咏歌，归叙之，以为《洛游录》，士大夫争传之。在山路攀援、溪涧跋涉之时，“景仁年长力更孱，牵衣执手幸不颠”，年长司马光11岁的范缜，总是得到司马光的照应。有一次，两人同游嵩山，各携带了些茶。司马光的茶是用纸包着的，范缜的则是用一个小黑木盒盛着。司马光见了，大吃一惊，说：“景仁竟然有茶器！”范缜听后，便把盒子留给了寺僧。事情虽小，但亦可见司马光之俭、范缜之从善如流与他俩亲密无间的关系。

然而，由于许昌到洛阳还是有一段距离的，虽然范缜总是尽量多的来看望司马光，但是终归不是居于此地，难免会有很多的不便，而且，每次停留的时间也是很短暂的。即便如此，他们之间的交情一直很深厚。后来，范缜去世，司马光时时怀念自己的这位老友。司马光平日游园常策的筇杖和秋后使用的貂褥都是范缜赠送的，睹物思人，情不能已，司马光挥笔写下了怀念友人的诗篇。

笻杖携已久，貂褥展犹新。

渐染岷山雪，拂除京国尘。

危扶醉归路，稳称病来身。

赖此斋中物，时如见故人。

司马光日常使用的布衾也是范缜赠送的，他将范纯仁一篇以俭为德、以奢为戒的《布衾铭》一笔不苟、恭恭敬敬地写在衾头之上，时时告诫自己。他去世时，就是用这床布衾覆盖在身上的，司马光与范缜就是这样终身“以善道相与，以忠告相益”。数十年来，司马光与范缜智识、谈论、趣向无所不同，但唯在制作古乐这件事上却始终水火不能相容。范缜频频来洛，原因之一，也是为了继续他俩之间自皇祐以来关于古乐的讨论。熙宁时，司马光任留台，两人争论数夜，不能决。又决定像皇祐时那样投壶定胜负，这次范缜输了，司马光快乐得像小孩似的欢呼起来：“大乐还魂啦！”看来他对皇祐那次弈棋输给范缜还耿耿于怀。但是，范缜并未就此罢休，他坚信周之釜、汉之斛其法具存，并且乐此不疲，在许昌城里如痴如醉地进行研制。元丰中，他宣称已仿造成功，邀请司马光赴许昌观看，被司马光婉言谢绝了。这时，司马光在这个问题上的认识已很通透，不再纠缠于细枝末节。他认为讨论礼乐应当掌握礼乐的本原，注重礼乐的社会功能，他说：“乐之用不过于和，礼之用不过于顺，二者非徒宜于治民，乃兼所以养生也。”至于“较竹管之短长，计黍粒之多寡，竞于无形之域，讼于无证之庭”，不过是徒劳无益而已，而且也未抓住礼乐的要领。他在《又云新铸釜斛与今太府寺尺及权衡若合符契复次前韵》这首诗中讥讽了范缜的迂阔和执迷不悟。

裁筒累黍久研精，况复新修釜斛成。

岂校忽微争口语，本期淳古变人情。

既言乐律符今尺，但恐箫韶似郑声。

若欲世人俱信服，凤凰再集颍川城。

对于司马光和范缜而言，虽然时常有学问上的争论，但是这丝毫不影响他们之间的交情，从后来司马光写的这些诗句上就能够看得出来。

我们知道，司马光是因为反对变法而愤然离京来到洛阳的，和他一样，还有很多反对变法的朝臣也都隐居于此。在这些朝臣当中，也不乏当时的名士。洛阳城是一座历史悠久的名城，唐、宋两朝均为陪都，是人文荟萃之地，自唐以来为故老罢政游宴之所。唐代白居易晚年退居洛阳，与胡杲等八位高年致仕之人，结为九老尚齿会，影响甚广。

宋人邵伯温说：“洛中风俗尚名教，虽公卿家不敢事形势，人随贫富自乐，于货利不急也。”意思是说，当时的洛阳风俗崇尚礼教，公卿之家也不敢倚仗权势，不论贫富，人人自得其乐，不汲汲于富贵，又说：“岁正月梅已花，二月桃李杂花盛开，三月牡丹开。于花盛处作园圃，四方伎艺举集，都人士女载酒争出，择园亭胜地，上下池台间引满歌呼，不复问其主人。抵暮游花市，以筠笼卖花，虽贫者亦戴花饮酒相乐，故王平甫诗曰：‘风暄翠幕春沽酒，露湿筠笼夜卖花。’”意思是说，洛阳有很多园子，春暖花开时，人们喜欢去那里郊游野餐。至夜游花市，以竹笼卖花，即便穷人也戴花饮酒，因此时人有那两句写实的诗句。

洛阳民风如此，士大夫自然不甘落后。神宗元丰五年（1082）正月，时兼西京留守的文彦博，“悉集士大夫老而贤者”，为“洛阳耆英会”，又命司马光记其事，因此有《洛阳耆英会序》。从这篇文章我们得知：此会的蓝本是唐代的“九老会”。它的发起人，就是唐代著名诗人白居易。当时白居易在洛阳，与年高德劭者八人交游，时人仰慕，作“九老图”传于世。入宋以来，洛阳诸公继而为之，已有数次，都在

“普明僧舍”——那里是白居易的旧居——画像。“洛阳耆英会”这个名称，不是与会者自己所取，而是当时他人所称。“洛阳耆英会”也画像，但不是在“普明僧舍”，而是在“妙觉僧舍”。

当时，司马光64岁，其他与会者都在70岁或以上。这篇文章写于第一次集会之后，第一次集会的时间是神宗元丰五年正月初十。集会的地点不是在发起人文彦博的家里，而是在富弼家里，与会者中富弼的年龄最大。第一次集会宾主共十一人，王拱臣和司马光是后来加入的。当时王拱臣写信给文彦博，说我家也在洛阳，官位和年龄不在诸位之下，只因为官在外而不得参加，特感遗憾，希望也能列入，千万别落下。

“洛阳耆英会”除司马光、王拱臣之外，据《洛阳耆英会序》的记载，其余十一个成员分别为：富弼（字彦国，79岁）、文彦博（字宽夫，77岁）、席汝言（字君从，77岁）、王尚恭（字安之，76岁）、赵丙（字南正，75岁）、刘凡（字伯寿，75岁）、冯行己（字肃之，75岁）、楚建中（字正叔，73岁）、王谨言（字不疑，72岁）、张问（字昌言，71岁）、张焘（字景元，70岁）。十三个人当中，文彦博当时判河南府兼西京留守司事，王拱臣任北京留守，都是闲职；楚建中、张问、张焘、司马光四人提举嵩山崇福宫，基本相当于内退；其余全部致仕，完全是退休在家的自由人了。司马光认为自己是晚辈，不敢与会。文彦博向来看重司马光，认为唐“九老会”中的狄兼谟当时年龄也不过70，要司马光依此例参加，并说：“某留守北京，遣人人大辽侦事回，云见虏主大宴群臣，伶人剧戏，作衣冠者，见物必攫取怀之，有从其后以挺扑之者，曰：‘司马端明耶？’君实清名在夷狄如此。”意思是说，司马光的清名远播夷狄，他做北京留守那会儿，派人去辽国侦察，派去的人回来说，见辽国皇帝大宴群臣，演员们表演节目，一人扮作士大夫模样，见东西就揣进怀里，有人从背后拿棍子敲他，向他提起司马光的名字。司马光愧谢，推辞。文彦博不听，命人从幕后悄悄为司马光画了像。文彦博以自己身为西京留守，是地主，携歌舞女伎、乐工，至富弼宅召开第一次集会。然后大家以年龄为序，依次做东。洛阳多名园古刹，有水竹林亭之胜，“诸老须眉皓白，衣冠甚伟，每宴集，都人随观之”，集会已成洛阳一景。据邵伯温说，曾在“资胜院”建一大厦，名“耆英堂”，绘像其中，每人赋诗一首。“耆英堂”可能就是司马光所说的妙觉僧舍，也可能是后来专门建起，负责画像的是闽人郑奂。

“耆英堂”里的画像上，其他人“或行或坐或立，幅中杖履，有萧然世外之致”，而司马光“据案握管”，因其当时正编修《资治通鉴》。由《耆英会图并诗刻石》我们知道，司马光所赋诗是以下这首《和潞公真率会诗》。

洛下衣冠爱惜春，相从小饮任天真。
随家所有自可乐，为具更微谁笑贫？
不待珍馐方下筋，只将佳景便娱宾。
庾公此兴知非浅，藜藿终难继主人。

从题目来看，这显然是首和诗，与“真率会”有关。诗的意思大致是说，我们洛阳的这些士大夫们留恋春光，有那些美景已足够愉悦；大家简单备点酒菜就可以了，因为关键不在酒菜；不必多么奢华，奢华了难以持久。它似乎是在解释退出耆英会重组真率会的缘由。这样说来，这首诗可能是司马光已经退出耆英会或者已经决定退出之后，才题写在“耆英堂”那幅画像上的。

司马光一生以勤俭律己，从不铺张浪费，然而，此时的司马光看到这里的很多做法有奢侈之嫌，于是，在第二年的时候，司马光与兄旦、范纯仁、鲜于优、宋道及耆英会中的楚建中、王尚恭、席汝言、王谨言相约，又成立了真率会。每家轮流做东，相会于城中的名园古寺之中。

在这个真率会中，司马光真正地做到了节俭。不仅如此，为了避免在发生以前的事情，他还和其他人商量，定下了会约。这个会约的内容就是：一、序齿不序官；二、宴会务必简素；三、每次食品不过五味；四、下酒菜肴各不过三十器；五、酒巡无算，深浅自斟，主人不劝，客亦不辞；六、召客只用一张请柬，客注来否于名下；七、赴会要早，不待敦促；八、违约者，罚一大杯。会约这样订，司马光是有过考虑的，他认为“俭则易供，简则易继”，这样才符合“真率”的精神。但是，这点有时也不易坚持。不久，文彦博闻知后，也要参加，司马光没有同意。文彦博不甘心，有一次，他打听到真率会的地址后，带着丰盛的酒馔直闯了进来。司马光无可奈何，只得请他参加，笑着说：“老俗套了！”事后，司马光颇后悔，给文彦博这么一搅和，以后就难以为继了。他对人说，真不该放此进来。

司马光有诗《二十六日作真率会伯康与君从七十八岁安之七十七岁正叔七十四岁不疑七十三岁叔达七十岁光六十五岁合五百一十五岁口号成诗用安之前韵》。

七人五百有余岁，同醉花前今古稀。
走马斗鸡非我事，纻衣丝发且相晖。
经春无事连翩醉，彼此往来能几家。
切莫辞斟十分酒，尽从他笑满头花。

从诗中我们可以读到司马光的白发以及他此时简单却真实的快乐。司马光时年65岁，由此断定，此次集会是在神宗元丰六年（1083）。参加者共有七人：司马光、司马旦（字伯康）、席汝言（字君从）、王尚恭（字安之）、楚建中（字正叔）、王谨言（字不疑），以及叔达。这个叔达，可能就是宋叔达，他似乎在年轻时与司马光结识，但其后四十

多年断了联系；后来他定居洛阳，与司马光做了邻居。但真率会不止这七个人，还有范纯仁（字尧夫），他时任提举西京留司御史台。史书上说他和司马光“皆好客而家贫，相约为真率会”，看来他也是真率会的发起人之一。真率会的成员中可能还包括鲜于优（字子骏），此前他为举吏所累，罢为主管西京御史台。他和司马光是老朋友，参加真率会，当在情理之中。

从司马光的诗《王安之以诗二绝见招作真率会光以无从者不及赴依韵和呈》来看，真率会每次集会，似乎都是先由主办者寄诗给会员，会员如果不能赴会，就和诗一首，说明原因。真率会集会的频率似乎不高，十天甚至月余聚会一次。

纵情山水，流连春光，那仅仅是司马光在洛阳生活的一个侧面。正像司马光在《和邵尧夫安乐窝中职事吟》中所表露的那样，“我以著书为职业，为君偷暇上高楼”。著书寻求学问，才是司马光在洛阳生活的主要方面。在春日满城寻欢作乐之时，司马光多半是在伏案阅读、奋笔疾书。在《次韵和宋复古春日五绝句》中，司马光这样写道：

东城丝网蹴红球，北里琼楼唱石州。
堪笑迂儒竹斋里，眼昏逼纸看蝇头。

相比之下，独乐园中，关闭、空寂的日子更为多些。

独乐园中客，朝朝常闭门。
端居无一事，今日又黄昏。
客到暂冠带，客归还上关。
朱门客如市，岂得似林间。

《独乐园二首》使我们对园主的生活有了更全面的了解。司马光的再传弟子马永卿曾为夏县令，据他的回忆，司马光在夏县老家时，常常宿于赐书阁东边的小阁内，“侍吏唯一老仆，一更二点，即令老仆先睡。看书至夜分，乃自罨火灭烛而睡，至于五更初，公即自起发烛，点灯著述，夜夜如此”。司马光在删定唐代长编时，把“长编每四丈截为一卷，自课三日删一卷，有事故妨废则追补”。为了完成《资治通鉴》，司马光“日力不足，继之以夜”，甚至自制圆木警枕，以防多睡。《通鉴》294卷，自《晋纪》以下216卷是在洛阳期间完成的，仅此一点就足以说明一切。后人分析司马光完成《通鉴》这部史学名著的原因时，曾说过这样的话，“所谓君子乐得其道，故老而不为疲也，亦只为精神不在嗜好上分去耳”，是非常中肯而符合事实的。当然，人非圣贤，孰能无过？过而能改，也就不可厚非了。有一年春天，司马光来到独乐园，园丁望着司马光叹息。司马光大惑不解，问其缘故，哪知园丁答道：“方花木盛时，公一出数十日，不惟老却春色，亦不曾看一行书，可惜澜（连）浪却相公也。”司马光非常惭愧，于是策马还家，誓不复出。老友再来相邀，都被司马光用园丁之语谢绝了。

其实，在洛阳的时候，司马光不仅仅结交名士，还会在阳城内游览古代名士的故居等地，这些也给了他极大的心理安慰。在宋朝，都城是东京开封，而陪都也就是西京洛阳。在当时，洛阳有很多的景区以及遗迹，像白马寺、故洛阳城、嵩山、少林寺、石淙、天津桥、鸣皋山、超化寺、安国寺和原本是白居易故居的普明寺等等。在闲暇的时候，司马光会经常远足前去游览。司马光不喜坐轿，行山中也骑马，遇到险恶的路段，就策杖而行。那段意味深长的名句“登山有道，徐行则不困；措足于平稳之地则不跌，慎之哉”，就是他游嵩山时题的。但是，司马光最喜爱的还是位于洛阳城南30里的伊阙和距洛阳西南有70里之遥的寿安县（今河南宜阳县），这里充满了山林野趣。伊阙有白居易、郭子仪等名人的遗迹，龙门石窟更是驰名天下，但一近黄昏，“万佛龛苔老，一灯林霭昏。渔梁杳相望，石濑夜声喧”，这静谧之美却鲜为人知。寿安县名气不如伊阙大，但也有众多的名胜古迹，如喷玉泉、神林谷、灵山寺、藏珠石、叠石溪等。司马光最喜爱东山下的叠石溪，多次与好友范缜前去游玩。后来他终于在这两处买下了山庄，以为游玩时的休息之所。

至于后者，司马光径命之为叠石溪庄。在《新买叠石溪庄再用前韵招景仁》这首诗里，司马光写下了自己在这里的生活情景。

一溪清水佩声寒，两岸莓苔锦绣斑。
三径谁来卜邻舍？千峰我已作家山。
鹿裘梨杖偏宜老，紫陌红尘不称闲。
早挈琴书远相就，放歌烂醉白云间。

北宋十年间，洛阳是座繁华的都市，一年四季鲜花盛开，因而又是一座花城。清明、谷雨之间的半个月里，是洛阳最热闹的季节。先是倾城而出，赴洛水之滨踏青、洗濯、祓除不祥，后是牡丹盛开。当时，不要说西街、安国寺、老君庙的名品供人观赏，即便是私家花园也都全部对外开放，故而洛阳城内万人空巷，“车如流水马如龙，花市相逢咽不通”，喧闹异常。此时，司马光也和闾阎市民一样兴致勃勃、争先恐后地去游玩观赏，从事后写下的诗篇里，我们可以感受当时节日的盛况，同享节日的欢乐。如《其日雨中闻姚黄开戏成诗二章呈子骏尧夫》。

谷雨后来花更浓，前时已见玉玲珑。
客来更说姚黄发，只在街西相第东。
小雨留春未春归，好花虽有恐行稀。

劝君披取鱼蓑去，走看姚黄判湿衣。

又如《和君贶清明与上巳同日鉴定舟洛川十韵》。

繁华两佳节，邂逅适同时。
雅俗共为乐，风光如有期。
晓烟新里巷，春服满津涯。
已散汉宫烛，仍浮洛水卮。
占花分设席，爱柳就张帷。
华毂争门去，轻帘夹路垂。
一川云锦烂，四座玉山攲。
叠鼓传遥吹，轻桡破直漪。
清谈何衮衮，和气益熙熙。
想见周南俗，当年播逸诗。

司马光此时与闾阎市民共同享受着节日的快乐，真有点“若将终身焉”的味道了。

在洛阳的这段时间里，司马光结交了很多的名士，游览了很多的遗迹，这对他的思想有着很大的影响。同时，通过和这些雅士的交往，他的政治主张以及修书的思路变得更加清晰深刻，这也为他后来的修纂提供了很多的依据，然而，春光虽好，流年易逝。在这闲游当中，岁月的印痕也逐渐爬上了司马光的额头。

似水流年，贤臣老去

在洛阳，司马光的心境已经好转，并且心胸也开始开阔起来。然而，在这样的交友和游览当中，岁月也在飞快地流逝，当初的国家贤臣也经不起岁月的侵袭，慢慢老去。而同时，他的那些当初的故交新友也都先他而去，这些事情更加增添了司马光的愁苦。当他一人独处的时候，也仰天慨叹时光的流逝，而自己的政治主张却未实现。理想和现实的差距，也让司马光的心中有着很多的无奈。

司马光闲居洛阳，此时，在朝中执政的正是他曾经的好友王安石。虽然司马光在洛阳生活比较闲逸，但是岁月不饶人，流年似水，贤臣司马光也在这岁月中慢慢老去。很多时候，司马光都会睹物感怀。他曾写过一首诗《观孙儿戏感怀》：“我昔垂髫今白头，中间万事水东流。此心争得还如是，戏走阶前不识愁。”在诗中，司马光表达出了一种时光易逝的感慨。司马光在和家人共享天伦之乐的时候，个人独处难免会突然意识到自己的衰老，感叹似水流年。

神宗熙宁四年（1071），吕公著以提举嵩山崇福宫居洛，司马光、邵雍、吕公著时相往来。吕公著生性沉默寡言，一整天也说不了几句话。一天，吕公著对邵雍长叹：百姓备受折磨！当时王安石执政，推行新法的都是些新进的“险薄之士”，吕公著因此叹息。从这里也能看出来，吕公著和司马光的政治观点也是一致的。虽然司马光远离朝政，但是他还是时刻关注着时政。针对王安石的变法，当时和司马光相处甚密的邵雍曾经说，王安石本远人，先生与君实引荐至此，有什么可说？司马光生气地回答说：都是公著的错！

神宗熙宁十年（1077）春，吕公著起知河阳（今河南省孟州市南，孟州州治所在），河南尹贾昌衡率司马光、程颢在福先寺上东院，为吕公著饯行，邵雍因病没能去。第二天，程颢跟邵雍说：席间，司马光和吕公著为进退辩论不已，我以诗为他们调解——“二龙闲卧洛波清，几岁优游在洛城。愿得二公齐出处，一时同起为苍生。”吕公著知河阳一年多，召拜枢密副使，后以资政殿学士知定州（今河北省定州市），又以大学士知扬州（今江苏省扬州市）。吕公著出山了，司马光仍然坚守自己的原则。

我们知道，司马光与邵雍处得不错，二人常有唱和。一天，司马光登上洛阳的崇德阁，之前他已约好邵雍，但等了很久，邵雍却没来。司马光因此写下：“淡日浓云合复开，碧伊清洛远萦回。林间高阁望已久，花外小车犹未来。”邵雍和：“君家梁上年时燕，过社今年尚未回。谓罚误君凝伫久，万花深处小车来。”又和：“天启夫君八斗才，野人中路必须回。神仙一语难忘处，花外小车犹未来。”司马光曾对邵雍说：我，陕州人，先生，卫州人，现在都住洛阳，就是同乡人。理学造诣有如先生，应以年德为贵，官职不值一提。可见司马光与这位理学家多有投缘。邵雍得病后，司马光、张载、程颢、程颐早晚探视。夏天，邵雍只是偶染微疾，但一直不见好转，可能他已有所预感，笑着对司马光说：我恐怕不行了。司马光安慰他：先生还未到那步！邵雍说：“生死乃常事。”临终，司马光与众人在外间商量如何料理后事，邵雍意识仍清楚，他把儿子邵伯温叫进来，说想和自己的父母葬在一起。七月四日，邵雍写下：“生于太平世，长于太平世，死于太平世。客问年几何？六十有七岁。俯仰天地间，浩然独无愧。”神宗熙宁十年（1077）秋，邵雍卒。就是这样一位好朋友，突然去世了。邵雍的去世，让司马光更加悲痛，并且更加让他感受到时间的飞逝。在接下来的

时间里，他的很多好友都相继先他而逝，这些都给已经步入老年的司马光很大的打击，让他显得更加沧桑。

这一年，对于司马光来说是非常难过的一年。就在邵雍去世后不久，也就是同年的十一月，他的另一位好友张载也去世了。接连而来的不幸的事情，让已显苍老的司马光更加的苍老。

张载，字子厚，长安（今陕西省西安市）人，世称“横渠先生”，是宋代理学的重要人物。神宗元丰元年（1078）正月十六，司马光有《答程伯淳书》。程伯淳即程颢，世称“明道先生”；其弟程颐，字正叔，兄弟并称“二程”，都是后世有名的理学家。司马光在长安上疏求退，称程颢公直，己所不如。司马光比程颢大14岁，程颢当年46岁。从司马光的这封回信中可以看出来，心中主要说的是张载去世后，门人打算为他定“谥”。但到底该不该，不能确定。向程颢求教，程颢也不能确定。正月十五，程颢又向司马光求教。当时司马光仓促答对，以为汉魏以来，此类例子甚多，都可以。但回头细想，又觉不妥，因此写信说明。信中司马光认为，以张载的平生志向，汉魏以下不足为法，宜不谥。

神宗元丰元年（1078），这一年，司马光60岁，而他的好友范缜已经71岁。司马光和他之间虽然在某些方面的看法不一致，但是这并没有影响他们之间的友情。在他们的相交的过程中，司马光还写过一首诗，名叫《六十寄景仁》：从来好与天争力，困竭方知己力微。见事晚于蘧伯玉，今知五十九年非。后来，他又写了一首诗《和景仁七十一偶成》。

心地长闲为己物，年华不驻是天时。

当如海上乘槎客，维楫都无任所之。

从这些诗句中，司马光除了感慨时间的流逝和自己的衰老之外，更是表现出了一种世事难料的无奈之感。

早在司马光刚筑独乐园的时候，司马光不仅仅自己写了很多的诗句，他的一些好朋友也为此写诗。在这里要说的是苏轼的诗，事实上，这是很普通的一件事，但是却给苏轼带来了很大的麻烦。

元丰二年（1079）七月，苏轼因以诗托讽、讪谤朝政被捕，下御史台狱。囚禁百日后，被贬为黄州（今湖北黄冈市）团练副使，本州安置，司马光等一大批新法反对派也因收受苏轼讥讽新法文字被处以罚铜之责，这就是北宋史上著名的“乌台诗案”。对于苏轼的不幸，司马光充满了同情。他在无故受牵连之后，不顾个人安危，于元丰三年（1080）春，苏轼离京赴黄州的前夕，请范缜给苏轼捎去了《超然台诗寄子瞻学士》及《独乐园记》，诗中肯定了苏轼的所作所为，赞美了他威武不能屈、富贵不能淫、贫贱不能移的高贵品质和“无往而不乐”的乐观主义精神，同时说了些宽慰苏轼的话。

使君仁智心，济以忠义胆。
婴儿手自抚，猛虎须可揽。
出牧为龚黄，廷议乃陵黯。
万钟何所加，担石何所减。
用此始优游，当官免阿谄。
向时守高密，民安吏手敛。
乘闲为小台，节物得周览。
容膝常有余，纵目皆不掩。
山川远布张，花卉近缀点。
筵宾肴核旅，燕居兵卫俨。
比之在陋巷，为乐亦何歉。

可笑夸者愚，中天犹惨惨。

苏轼到达黄州后，复信并撰写《司马君实独乐园》诗寄给司马光，诗中写道：

青山在屋上，流水在屋下。
中有五亩园，花竹秀而野。
花香袭杖屦，竹色侵盏斝。
樽酒乐余春，棋局消长夏。
洛阳古多士，风俗犹尔雅。
先生卧不出，冠盖倾洛社。
虽云与众乐，中有独乐者。
才全德不形，所贵知我寡。
先生独何事，四海望陶冶。
儿童诵君实，走卒知司马。
持此欲安归，造物不我舍。
名声逐吾辈，此病天所赭。
抚掌笑先生，年来效喑哑。

在这首诗中，苏轼委婉地责备司马光在这个关键的时候不应该做一个“独乐者”，而应当挺身而出，不辜负“儿童”、“走卒”们的期望，责无旁贷地去大声疾呼。这样的事情发生在诗人之间，本来是很常见的，但是，随后不久这首诗却成了变法派攻击苏轼的一个话柄。神宗元丰二年（1079）七月，御史中丞李定，及御史舒宜、何正臣，交章弹劾知湖州（今浙江省湖州市）苏轼讥讽朝政，诋毁圣上。诏知谏院张璪、御史中丞李定，调查后上奏。当时李定请选官员参与调查，并请罢免苏轼的湖州知州，派员缉捕。皇帝批示御史台选朝臣一员，乘驿马缉捕，将罢免知湖州的诏旨一并带去。这个时候，苏轼的处境已经非常危险了。

这件事的经过是这样的：当时有个叫朱寿昌的大孝子，尚在襁褓中时，生母遭弃。寿昌长大之后，为官四方，寻访不辍。英宗治平年间，寿昌已至高官，听说母亲嫁至关中，遂弃官入关中，终于在陕州找到，当时士大夫对他的孝行多有歌咏。苏轼为作诗序，并对不奉养母亲的人，严加斥责。李定看到后，“大惋恨”，于是，弹劾苏轼作诗毁谤朝廷。经过几个月的审讯，终于定案。十二月二十六日，祠部员外郎、直史馆苏轼，责授检校水部员外郎、黄州（今湖北省黄冈市）团练副使，本州安置。苏轼本来被判两年流放，但他运气好，赶上了特赦。定案以后，御史舒直又说收受苏轼讥讽朝政文字的人，也应受到处罚，这些人除苏轼的“铁杆粉丝”驸马都尉王诜外，还有王巩、李清臣、张方平、司马光、范缜、钱藻、陈襄、曾巩、孙觉、李常、刘攽、刘挚等共二十二人，司马光因此被罚铜。此案审判时，关于给司马光的赠诗，攻讦者认为，诗中说希望司马光执政，陶冶天下，就是讥讽现任执政不得其人；说儿童、走卒都知道司马光，终当进用，司马光曾论新法不好，那么，就是终当进用司马光改变新法；又说司马光缄默不言，那意思就是希望司马光继续进言，攻击新法。虽然司马光非常反对王安石的变法，但在这些诗中并没有表现出这样的情感。然而，由于当时是变法派执政，所以他们就千方百计地打击反对派，甚至捕风捉影。

后来，苏轼写信向司马光道歉，说：“轼以愚暗获罪，咎自己招，无足言者，但波及左右，为恨殊深。虽高风伟度，非细故所能尘垢，然轼思之，不翅芒背耳。”意思是说，我因愚昧获罪，咎由自取，没什么好说，只是波及左右，特感后悔。虽然先生的高风亮节，不会因为这些小事蒙尘，但我想来，仍如芒刺在背。

司马光在洛阳闲居，虽然远离朝廷，但是依然受到了很多的不公正的待遇，这让他的心中非常愤懑，难免有些牢骚。但是，他时刻也没有忘记自己的职责，而且时刻坚持自己的原则。然而，不管怎样，时光就像河中的流水，哗哗地流逝，而北宋贤臣司马光正在老去。

忧国忧民，司马相公

司马光自从愤然离京后，就一直闲居洛阳，远离朝政。随着时间的流逝，他也逐渐习惯了在洛阳的闲逸生活。然而，心系天下的司马光又怎能做到置身事外呢？面对理想和现实的巨大差距，司马光感到非常的无奈，时间一长这些不得志和无奈慢慢转化为了愤恨。在洛阳，当他心境好的时候，往往也表露出远离政治的想法。

为了表明心志，他曾经写过《放鹦鹉二首》。

野性思归久，笼樊今始开。
虽知主恩厚，何日肯重来。
虽道长安乐，争如在陇头？
林间祝圣主，万岁复千秋。

这首诗中，司马光虽然表达出了远离政治的想法，但他的内心还是很复杂的，有时由极度消沉竟转而为激愤，出现在我们面前的是外表颓放、内心激越的嵇康式的人物。他一反常态，赞赏起屈原来，甚至于瞬间接受了佛教的色空思想，司马光这些异常的思想情绪表现在《醉》《呈乐道》这两首诗里。

厚于太古暖于春，耳目无营见道真。
果使屈原知醉趣，当年不作独醒人。
欢游俯仰皆陈迹，薄宦须臾即色空。
试忆昔年双桂会，只如前日梦魂中。

从这里，我们就能够看出来，虽然司马光心中非常不快，但是并没有真正的置身事外。同时，从他的性格和政治抱负看，他也不可能完全做到不问时事。在洛阳期间，他与当时的政治斗争是息息相通的。熙宁四年（1071）四月十八日，他改任西京留台。五月十日，其志同道合的好友吕公著在洛阳故去了。吕公著原为御史中丞，他是因为坚决反对王安石而被罢官的。司马光对他的这位好友非常敬重，他接受了吕公著临终前的委托，为他写了墓志铭。在墓志铭中，司马光不避忌讳，不顾个人安危，奋笔写下了吕公著与王安石斗争的历程：

今上即位……素闻其强直，擢为天章阁待制，复知谏院，迁谏议大夫，权御史中丞。是时，有侍臣弃官家居者，朝野称其材，以为古今少伦。天子引参大政，众皆喜于得人，献可独以为不然，众莫不怪之。居无何，新为政者，恃其材，弃众任己，厌常为奇，多变更祖宗法，专汲汲敛民财，所爱信引拔，时或非其人，天下大失望。献可屡争不能得，乃抗章悉条其过失，且说："误天下苍生必此人。如久居庙堂，必无安静之理。"又说："天下本无事，但庸人扰之。"上遣使喻解，献可执愈坚，乃罢中丞，出知邓州。

对于吕公著的早逝，司马光是非常痛心的。他在《吕献可章奏集序》中，表示了自己的敬仰之意，肯定了吕公著一生努力奋斗的价值：

“呜呼！献可以直道自立，始终无缺，而止于谏议大夫，年止五十八。彼不以其道得者，或位极将相，寿及胡者。从愚者视之，则可为愤邑。从贤者视之，以此况彼，所得所失，孰为多少邪？后之人得其书者，宜宝蓄之，当官事君，苟能效其一二，斯为伟人矣！”熙宁以来，神宗锐意开边，继取横山之后，又开拓熙河（辖境在今甘肃、青海境内），平渝州（今四川重庆市）南川夷，经制梅山（今湖南新化县），措置泸州（今四川泸州市），消井监夷，招纳融州（今广西融水苗族自治县）蛮，平南江（今湖南芷江县）蛮，受衡（今湖南衡阳市）、永（今湖南零陵县）等州傜人纳土，挑起与交趾（今越南）的争端。民族矛盾、国际冲突异常尖锐。为了支持战争，茶、盐、酒等厉行专卖，青苗、免役、免行等聚敛过重之弊也已逐渐暴露。

神宗熙宁七年（1074）三月二十八日，蝗旱为灾，诏求直言。众所周知，在帝王时代，皇帝通常会认为，这样的灾难全由自己的过失所招致，因此，臣民们可以直截了当地指出过失所在，以利改正。四月五日，王安石一个学生叫郑侠的，向皇帝进了一幅《流民图》，随图附奏疏一道。郑侠在奏疏中说，图中所绘都是亲眼所见，如废除新法，十日之内必定降雨。因为郑侠的奏疏，王安石不自安，求去。神宗再三挽留，最终同意。四月十九日，王安石以吏部尚书、观文殿大学士，出知江宁府。接着，由于王安石的举荐，以韩绛为同平章事，吕惠卿为右谏议大夫、参知政事。二人“守其成规，不少失”，时号韩绛为“传法沙门”，吕惠卿为“护法善神”。

同年，四月十八日，司马光上近四千言的《应诏言朝政阙失状》，认为正在推行的新法就是朝廷之阙政。同时，司马光还控诉新党党同伐异、控制言路、以使者胁迫州县、潜遣逻卒、立榜告赏、钳制舆论、壅蔽下情之罪，并痛陈新法之大弊六端，以为“六者之中，青苗、免役钱为害尤大”。希望神宗能像汉武帝那样幡然悔悟，结束战争，“禁苛

暴，止擅赋，力本农”，使“天下复安”，并最后在状中恳请神宗：“陛下诚能垂日月之明，奋乾刚之断；放远阿谀，勿使壅蔽；自择忠谠为台谏官，收还威福之柄，悉从己出；诏天下青苗钱勿复散，其见在民间逋欠者，计从初官本，分作数年催纳，更不收利息；其免役钱尽除放，差役并依旧法；罢市易务，其所积货物，依元买价出卖，所欠官钱亦除利催本；罢拓土开境之兵，先阜安中国，然后征伐四夷；罢保甲教阅，使服田力穑；所兴修水利，委州县相度，凡利少害多者，悉罢之。如此，则中外欢呼，上下感悦，和气熏蒸，雨必沾洽矣！彼阿谀之人、附会执政者，皆缘新法以得富贵，若陛下以为非而舍之，彼如鱼之失水，必力争固执而不肯移，愿陛下勿问之也。臣窃闻陛下以旱魃之故，避殿撤膳，其焦劳至矣，而民终不预其泽，不若罢此六者，立有溥博之德，及于四海也。”然而，当时朝中的情形，注定了这样的奏状不可能得到回应。

神宗出于稳定政权这样一种考虑，暂时停止了方田均税法，青苗、免役钱并许免息和暂时搁置不征，同时又免去了王安石的相职。神宗熙宁八年（1075）二月十一日，王安石复出为相。但熙宁九年（1076）十月二十三日，王安石再次罢去。继而枢密使、检校太傅吴充，及礼部侍郎、参知政事王珪，并守前官、同平章事，二人同为宰相。形势似乎出现转机，因为吴充反对新法。但是，神宗无意废除新法，决策人物仍是新党中坚人物韩绛、吕惠卿，时号韩绛为“传法沙门”，吕惠卿为“护法善神”，一切表明神宗所为不过是缓和阶级矛盾的弛张之术而已。

吴充，字冲卿，建州（今福建省建瓯市）浦城（今福建省浦城县）人。吴充的儿子吴安持是王安石的女婿，但吴充不赞成王安石的新法。神宗知道他中立，有意用为宰相。王安石离职后，吴充就代为同中书门下平章事、监修国史。吴充做了宰相，想有所变革，奏请召还司马光、吕公著、韩维、苏颂，又举荐了孙觉、李常、程颢等数十人。司马光与

吴充是“同年”，在《司马文正公传家集》中，有不少诗是写给吴充的，比如《次韵和吴冲卿秋意四首》《和吴冲卿三哀诗》《吴冲卿直舍阎士安画墨竹歌》《秋意呈邻几冲卿》《次韵和冲卿中秋陇月》《和冲卿喜雨偶成》《和吴冲卿病中偶书呈诸同舍光时亦卧疾》，等等，从这些诗作判断，两人的私交应当不错。

在此情况下，熙宁十年（1077）四月，司马光忧国忧民，又给吴充写了封亲笔信，在信中，司马光先说：近日听自京师来的人讲，相公你经常提到我，有的说还有所举荐。我来到洛阳，早已无心做官。少壮时犹不如人，何况年近六十，须发皆白，两眼昏花，双耳重听，牙齿几乎掉光，精力早已衰退。然后表达感激之情：你我交往日久，今日特蒙挂念，知己之恩，终生难忘。疏冗之人无以为报，只有忠信之言，或可报盛德之万一。

司马光又谈到时局，他说，自新法推行以来，“中外恟恟，人无愚智，咸知其非”。州县官吏“困于烦苛，以夜继昼，弃置实务，崇饰空文，以刻急为能，以欺诬为才”。而乡村的老百姓，“迫于诛敛，人无贫富，咸失作业，愁怨流移，转死沟壑，聚为盗贼，日夜引领，冀朝廷之觉寤、弊法之变更，凡几年于兹矣”。国家已相当危险，“今府库之实，耗费殆竭，仓廪之储，仅支数月，民间赀产，朝不谋夕，而用度日广，掊敛日急，河北、京东、淮南蜂起之盗，攻剽城邑，杀掠官吏，官军已不能制矣”。接着提到贾谊：贾谊在汉文帝那样的盛世，仍以为当时的情形好比抱火放在柴堆下面，自己睡在柴堆上面，火没烧起来，就以为安全得很。要是放在今天，他肯定要说，大火都烧起来了，人们却还在柴堆上面呼呼大睡。为鼓励吴充，司马光又提到历史上两位著名的宰辅：周公“勤劳王家，坐以待旦，跋胡囊尾，羽敝口瘏，终能为周家成太平之业，立八百之祚，身为太师，名播无穷，子孙奄有龟蒙，与周升降”。另一位王夷甫“位居宰辅，不思经国，专欲自全，二弟于方镇，以为三窟，及晋室阽危，身亦不免”。司马光说吴充，“如相公之用心，固周公之用心也”。

随后，司马光为吴充分析形势：“今若法弊而不更，民疲而不恤，万一鼠窃益多，蜂虿有毒，则窃恐庙堂之位，亦未易安居，虽复委远机柄，均逸外藩，固非息肩之处，乃至投簪解绂，啸傲东山，亦非高枕之地也，然则相公今日救天下之急，保国家之安，更无所与让矣。”意思是说，现在你吴充只有一条路好走，就是救国家危急，保国家平安，废除新法。

紧接着，司马光代为谋划：“救急保安之道，苟不罢青苗、免役、保甲、市易之法，息征伐之谋，而欲求其成效，是犹恶汤之沸，而益薪鼓橐，欲适鄢郢，而北辕疾驱也，所求必不果矣。”救急保安的办法，若不废除青苗、免役、保甲、市易等法，及停止征伐的计划，而要有所成效，就好比不想水开，却一个劲儿添柴扇风，要去鄢郢，却向北疾驰猛跑，肯定是达不到预期效果的，具体的就是“欲去此五者，而不先别利害，以寤人主之心，则五者不可得而去矣。欲寤人主之心，而不先开言路，则人主之心不可得而寤矣”。就是说必须先区别利害，让皇帝明白；而要让皇帝明白，就必须先开言路，“所谓开言路者，非如向时徒下诏书，使臣民言得失，既而所言当者，一无所施行，又取其稍讦直者，随而罪之，此乃塞言路，非开之也”。后来新法照旧，郑侠获罪，司马光认为那是塞言路，不是开言路，现在的关键“在于辅佐之臣，朝夕启沃，唯以亲忠直、纳谏争、广聪明、去壅蔽为先务，如是则政令之得失、下民之疾苦，粲然无所隐矣”。就是说现在的关键是，辅臣要朝夕竭诚开导皇帝，使亲近忠直、采纳谏诤、开广聪明、去除壅弊。这样，政令的得失、百姓的疾苦将昭然若揭。然后是美好的展望：“以圣主睿明之资，有贤相公忠之助，使谠言日进，下情上通，至治可指期而致，况弊法何难去哉！”

说到时局的危急，司马光又说：“夫难得而易失者，时也。今病虽已深，犹未至膏肓。苟制治于未乱，保邦于未危，尚有反掌之易；失今不治，遂为痼疾，虽邴魏姚宋之佐，将未如之何，必有噬脐之悔矣。”时不我待，如今病虽已深，但还不至于病入膏肓，如果医治及时，仍然易如反掌，但错过了这个机会，就成了顽症，经久难愈，即便古贤相复生，也无济于事，想后悔都来不及。最后是司马光对吴充亲切地勉励：“相公读书从仕，位之首相，展志行道，政在此时，苟志无所屈，道无所失，其合则利泽施于四海，其不合则令名高于千古，丈夫立身事君，始终如此，亦可以为无负矣。”但是，最高决策权在神宗手里，岂是吴充所能左右的？何况此时王珪与吴充不睦，议事决策往往阴掣其肘。而新党后起的中坚人物蔡确也正在炮制冤狱，逮捕其子，欲进而扳倒吴充。吴充自顾尚且不暇，又哪里能谈得上改革呢？因此，司马光的希望，只能是一个泡影。

王硅与吴充同为宰相，王硅顾忌吴充，阴掣其肘。而且，吴充讨厌蔡确，蔡确处理相州（今河南省安阳市）的案件时，趁机将吴充次子吴安持及亲戚、官属等都抓起来审问，企图掌握吴充把柄。蔡确参政后，吴充和他讨论变法，又数为所折。朝廷征讨安南（今越南一带），无功而返。知谏院张璪说，吴充曾写信给统帅郭逵，阻止进兵，因此又置狱。吴充原本有病，生了瘤子，又多次遭同僚困辱诽谤，忧惧交加，病情日渐加重。神宗元丰三年（1080）三月，吴充乘舆归第，罢为观文殿大学士、西太一宫使。月余，卒，年六十。司马光的希望再次落空。

元丰五年（1082），神宗改革中央官制，他任用司马光为御史中丞，此事由于新党的反对，未能实现。也就是在这前后，宋军五路深入进讨，顿兵灵州坚城之下，溃败而归。不久，永乐城失陷，两次战役均以宋军惨败而告终。神宗精神上受到很大的打击，渐渐染病，他又准备立太子后，用司马光、吕公著为师傅，为托孤顾命之臣。这年正是多事

之秋，年初，司马光的夫人张氏不幸病逝，不久司马光怀着沉痛的心情写了《叙清河郡君》这篇短文来寄托对亡妻的哀思，琐细之事，娓娓述来，于字里行间流露出了对妻子的无限深情。叙文是这样写的："君性和柔敦实。自始嫁至于瞑目，未尝见其有忿惶之色、矫妄之言。人虽以非意侵加，默而受之，终不与之辨曲直，己亦不复贮于怀也。上承舅姑，旁接娣姒，下抚甥侄，莫不悦而安之。御婢妾宽而知其劳苦，无妒忌心。尝夜濯足，婢误以汤沃之，烂其一足。君批其颊数下而止。病足月余方愈，故其没也，自族姻至于厮养，无亲疏大小，哭之极哀，久而不衰，咸出于恻怛，非外饰也。内外无一人私议其短者，兹岂声音笑貌之所能致邪？平居谨于财，不妄用，自奉甚约。及余用之，以明亲戚之急，亦未尝吝也。始余为学官，笥中衣无几，一夕盗入室尽卷以去。时天向寒，衾无纩絮，客至无衫以见之，余不能不叹嗟。君笑曰：'但愿身安，财须复有。'余贤其言，为之释然。"

妻子的死，对司马光的打击是很大的，忽然间影只身单，形影相吊，一切都变得趣味索然，家也不成其为家了。这年初夏，他独游南园，老病交加，内心惆怅不已，写下《初夏独游南园二首》。

取醉非无酒，忘忧亦有花。
暂来疑是客，归去不成家。
桃李都无日，梧桐半死身。
那堪衰病意，更作独游人。

同年秋天，司马光忽然感到语言艰涩，他怀疑这是中风病的征兆，担心朝夕发作，猝不及救，于是，决定先将《遗表》写好，置于卧室之中，在临终前，委托范纯仁、范祖禹将它呈上。《表》的内容大约与上述《书》《状》相同，而情感则更加深沉，令人感动。

元丰八年（1085）三月初，神宗病逝，这是司马光万万未料到的。三月中旬，他赶赴开封奔丧，谁知上殿时卫士见到司马光，个个以手加额，庆幸地说：“此司马相公也！”消息传开后，百姓们也蜂拥而至，奔向通往皇宫的街道，堵住去路，高声呼道：“公无归洛，留相天子，活百姓！”所到之处，被数以千计的人围观，以至马匹无法行进，人们都希望他出任宰相。他去相府拜会王硅、蔡确等，市民有的爬上高树，有的登上屋顶看他。相府的人想驱逐这些围观者，谁知市民们说：“我们不想看你家的相爷，我们只是想一睹司马相公的风采。”无论怎样呵斥也不走，屋顶上的瓦也踩碎了，树枝也攀折了，司马光就是这样地深得民心。人臣有这样高的威望，有时也并非是好事，司马光害怕了。正好朝廷免去入京百官进宫辞行的礼节，于是，司马光就直接回洛阳了。此时，神宗的长子只有9岁，于是，百官请太皇太后高氏垂帘听政，同小皇帝一道主持国务。高氏一贯反对新法，她听政后，立即派遣使者赶赴洛阳看望“清德雅望、贤愚同敬”的司马光，请司马光出知陈州（今河南淮阳县），经过京城时，入朝参见。

此时，司马光脱离政坛已有15年之久了，他早已无意再涉足官场。但是，颁诏的使者络绎不绝地从开封奔赴洛阳，一再请司马光出山。太皇太后屡赐手诏责备司马光，说：“先帝新弃天下，天子年幼，此何时而君辞位耶！”长兄司马旦此时也晓以大义，说：“生平诵尧、舜之道，思致其君，今时可而违，非进退之正也。”本来赋闲西洛并非司马光的本愿，就这样，“从来好与天争力”的他接受了亲友们的忠告，带着他们的期望，义无反顾地、毅然决然地离开了生活15年之久的洛阳，重新投身于激烈的政治斗争中去了。

司马光之所以有这样的决定，和他自入仕以来的政治理想是分不开的，同时，司马光忧国忧民的博大胸襟也决定了他必然会做出这样的选择。然而，此时的朝廷在经过这样的变法之后已是千疮百孔，司马光的出山能不能力挽狂澜还未可知。

《资治通鉴》，永留后世

司马光在洛阳十五年，主要的工作是把助手所编纂的长编删削定稿。这绝非是勾勾抹抹、一蹴而就的轻巧事，而是要经过一个去粗取精、去伪存真、加工制作的艰苦过程。把庞杂的长编，删繁就简；把牴牾的资料，铨次考异，把风格各异的文字，熔铸一体；把粗糙的句法，锤炼润色。就是说，司马光要把长编中所网罗的历代史家、文人，以不同的观点、文字、书法书写的史料，经过删削加工，使之成为一家之言，这要付出多少艰苦的劳动。

司马光曾在给朋友的诗中说："我以著书为职业，为君偷暇上高楼。" 所谓著书，就是主编《资治通鉴》。《资治通鉴》的绝大部分篇章都是在洛阳时期的十五年内完成的。后来，有人在洛阳看到《资治通鉴》的草稿，它们堆满了整整两间屋子，翻阅数百卷，无一字潦草。由此，我们可以想象工作量之巨大，主编司马光态度之严谨。但书局一度险些被撤销，司马光在写给助手范祖禹的信中，曾谈及此事。唐代的长编，多达六七百卷，司马光从熙宁九年（1076）秋开始删削，到元丰元年，差不多用两年时间才删到唐代大历末年以前的二百余卷，还有三分之二的卷校没有动手，接着又花费一年多的时间，即到元丰四年才基本完成。司马光用五年心血，把六七百卷的长编删成八十一卷。

修书不仅时间漫长，而且非常紧张。司马光给自己规定定额，限期完成。比如，删削唐代部分时，把长编"每四丈截为一卷，自课三日删一卷，有事故妨废则追补"，其实每天都排得满满的，靠什么时间追补

呢？只能是靠起早睡晚、废寝忘食来弥补。宋人马永卿在《嬾真子》中有这样记载："园圃在宅之东，温公即宿于阁下东畔小阁。侍吏唯一老仆，一更二点即令老仆先睡，著书至深夜，乃自罨火灭烛而睡。至五更初，公即起，发烛点灯著述，夜夜如此。"

人的精力是有限度的，疲劳常常迫使司马光到园中休息。他说：每当"志倦体疲，则投竿取鱼，执衽采药，决渠灌花，操斧剖竹，濯热盥手，临高纵目，逍遥徜徉，惟意所适"，借以松散一下紧张的神经，活动一下劳乏的躯体。当然，有时候朋友们聚会也难免要耽误一些时间，但一有觉察，他就严格地约束自己。一年春天，正是有名的洛阳牡丹盛开的大好时光，文彦博等人连日邀他赏花游春。一天游罢归来，他的老园吏十分惋惜地对他说"万花水盛时，公一出数十日，不惟老郄春色，亦不曾看一行书，可惜澜浪郄相公也"，一语提醒了司马光，他感到非常惭愧，"誓不复出"。再有人邀请他，他便把园吏的话告诉人家，委婉地谢绝了。这件事既说明司马光平时为人平易近人，不摆官架子，所以仆人都敢于对他直言相劝，也说明司马光总是十分爱惜时间、抓紧修书的，以致偶尔耽误一段，连看园仆人都为之叹息。

司马光就是这样十几年如一日，起早贪黑、珍分惜秒地刻苦著述。书局中不独他自己这样，前面说过，协修范祖禹，不事进取，甘心沉沦，在洛阳默默修书十五年，他一生中的黄金时代，全部献在助修《通鉴》上。

从金代晦明轩刊《增节入注附音司马温公资治通鉴》中来看，这封信应是刘攽、刘恕的相继离开，使范祖禹感觉到某种压力，他打算向朝廷提出申请，撤销书局。范祖禹写信向主编司马光请示，司马光以此信作答。信中司马光苦苦挽留，说如果书局撤销，在他有生之年，此书将永无修成之日。而且，以当时的情形，对自己和范祖禹，修书不论是作为职业，还是作为事业，都是上上之选。最终范祖禹留了下来，书局

没有撤销。现在想来，多亏范祖禹没有自作主张，否则，我们今天就不会读到这部大书了。司马光另有《答范梦得》，应是范祖禹初入书局不久，司马光写给他的。信的内容主要谈修书的一些规范，包括“丛目”、“长编”的制作方法。《资治通鉴》的丛目和长编今天已不复可见，从信中的叙述，我们可以大略知道它们的形式及规模。由此信我们还可以知道，《资治通鉴》的编纂程序是先由助手们作“丛目”，在“丛目”的基础上再作“长编”，最后由主编司马光亲自删定。信中提到，刘恕曾说仅唐史的“丛目”就有千余卷，如果每天看一两卷，全部看完也得一两年工夫。此外，当时助手之间的分工也可由信中读到。范祖禹到局后负责唐史，此前这部分由刘恕负责，隋以前归刘攽，梁以后归刘恕。

书局迁至洛阳之后，有一年刘恕也来到了洛阳。刘恕水陆兼程，辗转数千里，“自言比气羸惫，必病且死，恐不复得再见”。意思是说，他元气衰耗，必得大病，然后死去，恐怕再没机会见面了。刘恕在洛阳待了数月，离开时已是夏历的十月。多年的朋友情谊使司马光十分担心他的身体，见他行装十分单薄，经不住初冬的寒冷，便恳切地拿出一条貂皮褥子相赠，以便路上防寒。可是以清贫廉洁自守的刘恕虽然在盛情难却的情况下收了下来，但是走到半路，最后还是托人送还给了司马光。他的命运是非常悲苦的，还是在途中就得悉母亲病逝的消息，在悲哀愤郁之中，他竟得了偏瘫病，右肢残废，但他仍以顽强的毅力抱病修《通鉴》。“每呻吟之隙，辄取书修之”，“未死之前，未尝一日舍书不修”。最后，“病益笃，乃束书归之局中”。神宗元丰元年（1078）九月，卒，年仅47岁。司马光感叹：“以道原之耿介，其不容于人，龃龉以没固宜，天何为复病而夭之邪！此益使人痛惋惝恍而不能忘者也！”过了多年，《通鉴》书成之后，司马光犹不能忘怀他的功绩，上书请求将他儿子补一个官，于是朝廷才授予他的儿子刘

羲仲为郊社斋郎。

刘恕去世了，《资治通鉴》的编纂仍在继续。司马光和他的助手们，为了编著《通鉴》，所贡献的不仅仅是知识、智慧和辛劳，甚至还有生命，这部书凝聚着这些学者全部的心血。然而人们之间总是有那么多的矛盾、猜忌、攻击，学者们自找苦吃的努力并不为一些人所理解、所支持。

在洛阳的这些年里，书局在人事方面又有新的变动，司马康加入了。神宗熙宁六年（1073），应司马光之请，授司马康检阅《资治通鉴》文字，就是做校对工作。我们知道，司马康于神宗熙宁三年（1070）以明经擢上第，释褐试秘书省校书郎、耀州（今陕西省铜川市）富平县（今陕西省富平县）主簿，应司马光之请，留国子监听读。神宗熙宁四年（1071），又应司马光之请，授司马康守正字。神宗熙宁五年（1072），司马康监西京粮料院，迁大理评事。司马康也在书局中供职，书成却只提刘恕等三人，他很谦虚。司马康颇有乃父风范，《资治通鉴》书成，司马康曾对朋友说："此书成，盖得三人焉。"意思是说，《资治通鉴》得以成书，刘恕、刘攽、范祖禹三人功不可没。又说："《史记》前后汉，则刘贡父（刘攽字贡父）；三国历九朝而隋，则刘道原（刘恕字道原）；唐讫五代，则范淳夫（范祖禹字淳夫）。"

到熙宁九年（1076），司马光到洛阳专事修书已经五年，一共定稿一百零六卷，离全书的完成还差得远。这是因为历史年代距宋朝越近，史事就越庞杂，典籍就越繁多，研究、考订、整理所需要下的功夫也就越多，从时间上看，似乎进度就显得慢一些，于是有人"倡为浮言"，说书之所以久修不成，是因为司马光等人贪图朝廷给发的笔墨、绢帛及所赏的果品、金钱，故意拖延时间。既而托人暗地检查，才知道当初虽有此圣旨，书局却根本未曾请领。而此时听到这样的流言蜚语，平生特别重名节的司马光精神上受到很大刺激，于是，更加"严课程，省人

事，促修成书”。在接下来的时间里，司马光更加严格按照计划，完成每日的工作量，尽力减少人为干扰，加紧修书。

神宗元丰七年（1084）十一月，《资治通鉴》书成。至此，一部编年体巨著《资治通鉴》完全修成。共二百九十四卷，上起周威烈王二十三年（前403年），下迄周世宗显德六年（959年），记载了一千三百六十二年的历史。同时，对选择修入《通鉴》中的歧异史料的理由，以及对各种异说的辨证、存疑和盘托出，作《通鉴考异》三十卷。为便于检寻，把《通鉴》每年所涉及的重大事情，标目列举，作成《通鉴目录》三十卷。《考异》和《目录》二书，和《通鉴》一起呈进，时在元丰七年（1084）十一月，司马光已年66岁。这部书，如果从嘉祐年间同刘恕酝酿并着手编《通志》开始算起，惨淡经营近30年时间，从书局成立算起，还历时19年，从退居洛阳算起，还苦心孤诣地工作了15年。他在《进资治通鉴表》中说：“臣既无他事，得以殚精极虑，穷竭所有，目力不足，继之以夜；遍阅旧史，旁采小说，简牍盈积，浩如烟海，抉擿幽隐，校计毫厘。上起战国，下终五代，凡一千三百六十二年，修成二百九十四卷；又略举事目，年经国纬，以备检寻，为《目录》三十卷；又参考群书，评其同异，俾其归途，为《考异》三十卷，合三百五十四卷。”从中我们可以看到《资治通鉴》这部大书最初的形式以及成书之艰辛。又说：“臣今筋骸癯瘁，目视昏近，齿牙无几，神识衰耗，目前所为，旋踵遗忘，臣之精力，尽于此书。”意思是说，自己现在身体瘦弱，憔悴不堪，眼睛昏花，视物模糊，牙齿所剩无几，精神衰耗，意识亏损，眼前在做的事，转眼就忘个精光，臣的精力，已为此书耗尽，这部大书可以说是司马光某段生命的结晶。

《资治通鉴》进呈后，丞相王硅、蔡确去见神宗，问如何？神宗答：“当略降出，不可久留。”意思是说，《资治通鉴》不可在外久留。又赞叹：“贤于荀悦《汉纪》远矣。”意思是说，《资治通鉴》远

远好过《汉纪》。散朝后，神宗派人将书送至中书省，每页都盖上“睿思殿”的印章，睿思殿是皇帝在宫中的书房，舍人王震等正好也在中书省，随着宰相来看，宰相笑说：“君无近禁脔。”这里所谓的“禁脔”，晋元帝迁都建业之初，公私艰窘，生活极端困难。群臣每猎获一兽，都倍感珍贵，脖子上的一块肉尤其宝贝，往往立即进献，从不敢染指，当时呼为“禁脔”。

神宗元丰七年（1084）十一月十五日，神宗赐诏嘉奖：敕司马光：“修《资治通鉴》成事。史学之废久矣，纪次无法，论议不明，岂足以示惩劝，明久远哉！卿博学多闻，贯穿今古，上自晚周，下迄五代，发挥缀缉，成一家之书，褒贬去取，有所据依。省阅以还，良深嘉叹！今赐卿银绢、对衣、腰带、鞍辔马，具如别录，至可领也。故兹奖谕，想宜知悉。冬寒，卿比平安好。遣书，指不多及。十五日。”接着，十二月三日，因《资治通鉴》书成，以端明殿学士兼翰林侍读学士司马光为资政殿学士，校书郎、前知龙水县范祖禹为秘书省正字。当时刘恕已卒，刘攽遭废黜，因此未有嘉奖。后来，司马光嫌《目录》太过简略，计划再作《举要历》八十卷，可惜还没有完成就病逝了。尽管如此，《资治通鉴》一书，仍然具有非常高的价值。

自神宗之后，《通鉴》一直受到封建帝王和学者们的推崇和重视。宋元之际的史学家胡三省说：“为人君而不知《通鉴》，则欲治而不知自治之源，恶乱而不知防乱之术。为人臣而不知《通鉴》，则上无以事君，下无以治民。为人子而不知《通鉴》，则谋身必至于辱先，作事不足以垂后。乃如用兵行师，创法立制，而不知迹古人之所以得，鉴古人之所圳失，则求胜而败，图利而害，此必然者也。”王应麟甚至说：“自有书契以来，未有如《通鉴》者。”清开国史上的名臣宁完我，在一封给皇太极的奏折中说：“臣观《金史》，乃我国始末，汗亦不可不知，但欲全全译写，非十载难成，且非紧要有益之书。……如要知古来

兴废的事迹，则有《通鉴》一书。此等书实为最紧要大有益之书，汗与贝勒及国中大人所当习闻明知，身体而力行者也。”清代史学家王鸣盛说：“此天地间必不可无之书，亦学者不可不读之书。”近代学者梁启超在《新史学》中说：“司马温公《通鉴》，亦天地一大文也。其结构之宏伟，其取材之丰赡，使后世有欲著通史者，势不能不据为蓝本，而至今卒未有能愈之者焉。温公亦伟人哉！”。

对《通鉴》颂辞之多、赞誉之高，于《史记》之后，可以说无任何一部史籍敢与之比美，就是因为它既是部简明扼要的政治教科书，能为封建统治阶级提供鉴古知今的统治术；又是部出类拔萃的史学名著，为历史编纂学开创了继往开来的编纂法。

后世对《资治通鉴》评价也非常之高。在《四库总目提要》中，对《资治通鉴》的评价是“网罗宏富，体大思精”。司马光修《通鉴》所用史料，一是靠自家藏书，二是神宗所赐颖邸田书，三是借阐崇文院图书，四是抄录私家藏书等。通过这四条渠道，当时的全部史籍就都在他的掌握之中。司马光自称“遍阅旧史，旁采小说，简牍盈积，浩如渊海”，显然不是夸口。张煦侯据《通鉴》和《通鉴考异》中所披露的书名加以统计，分为正史、编年（含谱录）、别史、杂史、霸史、传记（含碑碣）、奏议（含别集）、地理、小说、诸子十类，共三百零一种。三百二十二种也好，三百零一种也好，仅是从《考异》中考出的，至于引用明白无误，无须载入《考异》中的史料自然不会少。但仅就可考的统计数字，足以说明《通鉴》网罗史料的种类之多，当时无任何一部史学名著敢与伦比。在史学界有一种传统的观念往往认为只有“正史”才是信史，对私家著作特别是小说笔记之类不屑一顾，比如王钦若主编《册府元龟》，就是多从六经、正史、诏令、奏议中取材，对杂史、小说之类摒弃不用。而司马光一反常人偏见，提出“其实录正史，未必皆可据，杂史小说，未必皆无凭”的灼见，冲破取材的禁区，开辟

了取材的新领域，在着重依据正史实录的基础上，对百家谱录、正集别集、墓志碑碣、行状别传等史料，经过“高鉴择之”，使之为己所用。搜取之细，竟“世间一器一物之微， 苟有文字，固皆以史料视之”，这就使他的视野大为开阔。据仓修良、魏得良统计，司马光等人所据的材料，仅正史一项就有一千五六百万字，加上其他史料，不下3000万字。正因为《资治通鉴》取材广泛，极大地补充了正史资料的不足，这样使《通鉴》史料更加真实和完备。更重要的是《通鉴》“所引之书，已半亡佚”，而《通鉴》中却保存了许多佚书中的史料。所以，《通鉴》史料价值极高，是研究中国古代史特别是唐及五代史必不可少的文献。

不仅如此，《通鉴》是部贯通古今的编年通史，起迄长达一千三百六十二年，除《史记》外无任何一部史书能与之相比。但《史记》所记很长一段历史是遥远的传说时代，而据大量的文献资料撰写的历史年代并不长于《通鉴》。就其文字量说，《通鉴》全书三百多万字，相当于《史记》的六倍，比“前四史”的总和还多些。就其内容说，《通鉴》着意记述的是“治乱兴衰”的政治史，也兼涉了经济、文化等诸方面内容，对天文、历法、地理、礼乐等也都泼以重墨。胡三省在《通鉴注》中指出；“温公作《通鉴》，不特纪治乱之迹，至于礼乐历数，天文地理，尤致其详。读《通鉴》如饮河之鼠，各充其量而已。”这样一部时间长、文字多、内容广的大书，又绝非胡乱拼凑的，而是作者极具匠心，精密构思而成的。所以，《四库总目提要》说它“网罗宏高，体大思精”不是书评的陈滥套语，而是切合实际的评说，《通鉴》是受之无愧的。

《资治通鉴》的第二个特点就是史料信实，据事直书。

司马光编纂《通鉴》的目的是为“资治”，是为“穷探治乱之迹，上助圣明之鉴”，所以对历史上关系到治乱兴衰的史事，都尽力按照事物本来面目，加以详细真实的记录，以便统治者从中得到有益的启示和

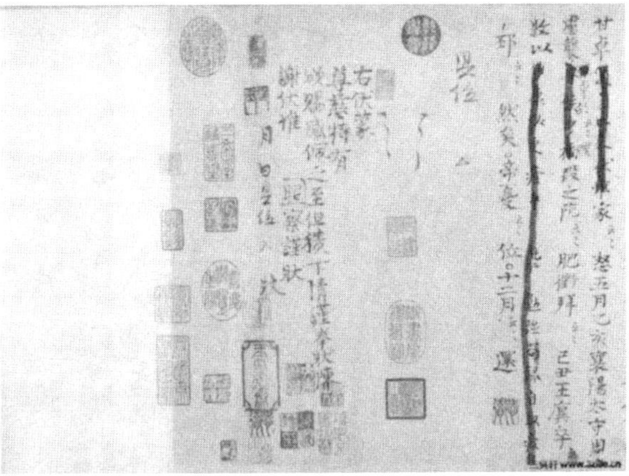
司马光撰资治通鉴残稿卷

鉴戒。由于司马光十分强调人君在国家治乱中的作用，《通鉴》中写人君的事情非常多。书中详细记载了前代有数的“好皇帝”修身、齐家、治天下的清明事迹，为统治者树立可效仿的楷模，但更多的还是记载那些贪婪残暴、昏庸腐朽的统治者恣意享乐、残酷压榨造成国破身亡、生灵涂炭的悲惨教训，给统治者敲响警钟。《通鉴》中揭露大于颂扬，黑暗面大于光明面，所以，从整体上看，《通鉴》的基本情节符合封建社会腐朽黑暗这个大实际。《通鉴》对昏君加以揭露，对明君的是非得失也如实总结，对所有统治者都是一部极有说服力的教材，确能使他们从中得到启示和受到鞭策。

要使统治者约束自己不失君德，仅从他们本身一方面进行道德教育当然是不够的，还必须使他们在人民力量面前感到震慑，有所畏惧，才能使他们时刻警惕。这样，《通鉴》在揭露封建统治者的同时，比较真实、详细地记载了人民群众反抗封建统治的斗争情况。比如，对唐末黄巢大起义，记载得非常具体生动，远远超过了新、旧《唐书》的《黄巢传》。《通鉴》说黄巢挥师渡江时，唐朝守将高骈“畏怯不敢出兵”，起义军一举攻克洛阳后，“留守刘允章率百官迎谒，黄巢入城，劳问而已，闾里宴然”；攻入长安时，起义军更是威武雄壮：“黄巢前锋将柴存入长安，金吾大将军张直方率文武数十人迎于坝上。黄巢金装肩舆，其徒皆披发，约以红缯，衣锦绣执兵以从，甲骑如流，辎重塞涂，千里络绎不绝。民夹道聚观，尚让历谕之曰：‘黄王起兵，本为百姓，非如李氏，不爱汝曹，汝曹但安居无恐”。作为一个封建史家，能把本阶级的掘墓人——农民起义军，能征惯战、纪律严明、深受群众欢迎的壮举和政府军腐败无能、畏缩不前、拱手投降的狼狈相都如实记录下来，是难能可贵的。当然，这并不是说司马光背叛了自己的阶级，他始终也没有改变自己的阶级立场。农民军无论怎样威武雄壮，怎样受人民的欢迎，在他的笔下始终是“盗贼”。他写他们的威力和影响，正是要把真实情况告诉统治者，引起他们的高度重视，以防重蹈覆辙。正因为是这样，《通鉴》记述农民起义，不仅真实地记录了起义的经过、目的和口号，还直言不讳地指出起义的原因是“官逼民反”。比如，说两汉末年的绿林、赤眉起义是“饥寒穷愁起事”，东汉末年的黄巾大起义是因官吏之侵掠所致，说黄巢起义是各级官吏在人民生活极端困难的情况下，照样催租逼债逼出来的，这次大起义不是一天酿成的，“自懿宗以来，奢侈日甚，用兵不息，赋敛愈急。关东连年水旱，州县不以实闻，上下相蒙，百姓流殍，无所控诉，相聚为盗，所在烽起”。

《通鉴》所记唐懿宗咸通十年（869）六月“陕民暴动”，驱逐观察使崔荛是一生动的事例。崔荛自命清高，不亲政事，百姓向他讲述严重旱情时，他指庭院的树说：“此尚有叶，何旱之有？”把上诉的百姓痛打一顿，群众怒不可遏，起来把他赶走。崔荛逃到百姓家里找水喝，百姓拿尿让他喝。《通鉴》就是要通过这些活生生的事实，向封建统治者揭示一个道理：官不要过分逼民，而应当“养民”，使人民的生活有起码的保障。否则，就会“官逼民反”。司马光鉴于契丹、西夏屡屡犯边，宋军屡战屡败，致使北宋民族危机日益严重的现实，在《通鉴》中对历史上的民族战争和人民抵抗入侵者的英勇斗争也给予极重要的位

置。比如，记载汉与匈奴关系、唐与突厥关系时，对汉武帝能复“平城之辱”、唐太宗能雪“帝突厥之耻”的记载十分突出。特别副东晋、宋、齐、梁、陈和唐以后的梁、唐、晋、汉、周前后两个五代的历史时，对民族战争写的尤其集中和突出。其表现手法非常可贵，他对统治者和人民群众在民族战争中两种截然不同的态度，爱憎分明地加以如实记录。《通鉴》用历史事实向统治者揭示一条道理：民族危机是统治者为实现个人野心，不顾民族利益，不能很好利用人民的力量造成的。只要能像汉武帝、唐太宗那样有志雪耻复仇，率领将士浴血奋战，就能打败入侵者，就能夺取民族战争的胜利。

《通鉴》能够直书历代统治阶级的罪恶，能比较客观真实地记载人民群众在阶级斗争和民族斗争中的表现，除了司马光一心要为统治阶级“资治”外，还同他不别正闰、不主褒贬的进步历史观有密切关系。正闰说，就是正统论，它是以唯心论的五行相胜说为理论根据，对封建王朝系统的附会之说。持这种历史观的人认为，历史上王朝有正统和僭伪两种。比如，以三国时期为例，他们认为三国的刘备，是汉室的正统，所建立的政权是“合法的”，而曹操却是僭伪，他建立的政权是篡权，是“不合法的”。显而易见，这只是一种从封建的愚忠思想产生的迷信偏见，按照这种观念修史，不可能据实直书，不可能不歪曲历史。司马光对这种正统论很不以为然，他修通鉴时极力排除所谓正闰的干扰，主要根据“功业之实”加以记述。他说：“正闰之际，非所敢知，但据其功业之实而言之。”

为了保证《通鉴》“庶几不诬事实，近于至公”，明确规定《通鉴》中所采用的年号，不是“尊此而卑彼”，也没有“正闰之辨”，只是“授受相承，借其年以纪事尔，亦非有所取舍抑扬也”。这样，司马光可以不别正闰，据“功业之实”记述历史，有助于把以往正统论者篡改的历史拨乱反正，从而加强了史实的客观性。同时，司马光还以极大

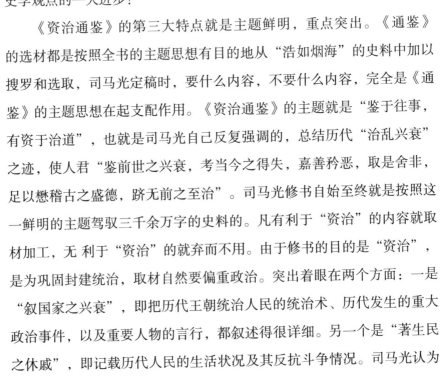

胆识反对随意褒贬的《春秋》笔法，力主通过对史事的取舍和翔实的叙述“使观者自责善恶得失”，当然，不是说司马光对所写的历史人物和事件没有观点，没有评论，恰恰相反，它继承了司马迁以来史家著述因事立论的优良传统，在《通鉴》中也附着了许多评论，共二百零九篇，多随事而发，或论人或论事，或褒或贬，爱憎、是非分明，企图以此说服当代君主接受自己的治国主张，达到“资治”的目的。但附论中的褒贬同任情褒贬的《春秋》笔法有极大的不同，《春秋》笔法是寓褒贬于叙事之中，而《通鉴》是把叙事和评论严格分开。叙事力求准确，不能以自己的观点随意对史实加以取舍、改易，褒贬放在附论里，以“臣光曰”的形式出现的。这样，自然会使叙事部分较为客观，较为可信，而作者的观点也鲜明突出。司马光不别正闰、不主褒贬，主张据事直书，善恶自见，“借年纪事”的历史观，足以对传统历史观点进行挑战，是史学观点的一大进步！

《资治通鉴》的第三大特点就是主题鲜明，重点突出。《通鉴》的选材都是按照全书的主题思想有目的地从“浩如烟海”的史料中加以搜罗和选取，司马光定稿时，要什么内容，不要什么内容，完全是《通鉴》的主题思想在起支配作用。《资治通鉴》的主题就是“鉴于往事，有资于治道”，也就是司马光自己反复强调的，总结历代“治乱兴衰”之迹，使人君“鉴前世之兴衰，考当今之得失，嘉善矜恶，取是舍非，足以懋稽古之盛德，跻无前之至治”。司马光修书自始至终就是按照这一鲜明的主题驾驭三千余万字的史料的。凡有利于“资治”的内容就取材加工，无 利于“资治”的就弃而不用。由于修书的目的是“资治”，是为巩固封建统治，取材自然要偏重政治。突出着眼在两个方面：一是“叙国家之兴衰”，即把历代王朝统治人民的统治术、历代发生的重大政治事件，以及重要人物的言行，都叙述得很详细。另一个是“著生民之休戚”，即记载历代人民的生活状况及其反抗斗争情况。司马光认为

“生民休戚”直接关系到“国家盛衰”，为引起统治者的重视。

《通鉴》由于受主题的制约，除着重政治史外，同国家治乱有关的经济制度、经济措施及生产斗争情况也予以适当的重视，但篇幅不多，且不甚详细。《通鉴纪事本末》从《通鉴》中编辑成二百三十九件大事，经济仅占两件。至于文化方面的史迹，就更为简略，《通鉴》中连屈原、陶渊明的名字都未提到，杜甫若不是“出师未捷”一诗为王叔文所吟，其名字也难以载入。经济是国家赖以存在的基础，文化是国家重要的上层建筑，司马光为“资治”而忽略这两个重要方面，是他治国思想的局限性造成的，有失偏颇，但也不能不考虑到因卷帙的限制，使之不可能面面俱到。为确保《通鉴》达到“资治”目的，司马光还规定了“不语鬼怪”的原则，将充斥正史、杂史中的怪异故事，以及灾异、符瑞、图谶、占卜一类迷信之事，一概拒之于《通鉴》之外。当然，这种情况也不可能是完全彻底的，《通鉴》中还是杂糅少数有迷信色彩的东西。这些不是漏删，是司马光有意保留，以期对统治者“有所儆戒”，也反映了司马光世界观方面的局限性。他对“无益治世”的佛教和道教持否定态度，所以他明确规定，“其微言不能出吾书”。司马光“不语鬼怪”，不信释老，这对突出《通鉴》的重点、保证全书的价值起了重要作用。总之，《通鉴》以能否为统治阶级“资治”做尺子，对全部史料进行严格的鉴别和取舍，凡有益于治逆、有利于提供统治术的，就尽力网罗，哪怕是“亡国之臣，盗贼之佐，苟有一策，亦具录之”；凡无关治道，特别是有害治道的史料直删不录。由于《通鉴》能用鲜明的主题驾驭史料，使它成为一部文题相符、观点明确、材料集中的政治教材，这为中国古代史籍编纂做了开创性的尝试。

《资治通鉴》除了是一部有关治理国家的著作外，还是一部非常有文采的作品，具有很高的文学价值。书中的文字朴实而生动，寓意明显而深刻，它的文学价值可以和《史记》比美。《史记》是一部杰出的

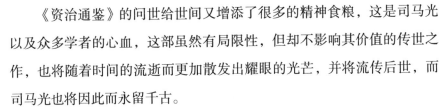

历史文学作品，被誉为“史家之绝唱，无韵之《离骚》”。梁启超说：《通鉴》的“文章技术不在司马迁之下”，特别是关于写战争的篇章。其中许多篇章，已成为脍炙人口的文学作品。总之，《通鉴》是一部长于叙事，又颇具文采的史学名著，是继司马迁之后，将文史之长熔铸一体的典范。

当然，不容怀疑，司马光是彻头彻尾的封建史学家，他满脑子是封建儒家思想，这就决定他编著的《通鉴》不可避免地有其缺点和局限性。在史学思想上，过分强调儒家的传统说教“名分论”，过分宣扬人君的治国作用，过分强调封建礼教和封建道德决定论等，这些都是封建性的糟粕，应该剔除。另外，在内容上，过于偏重政治，经济、文化上有些应该载入的没有载入，在史料剪裁上，有“重复”“位置不当”“称谓不一”“误二为一”“事实舛误”等问题。然而，“瑕不掩瑜”，尽管《通鉴》有这样或那样的缺点和局限，仍不失为封建史家之绝笔。

《资治通鉴》的问世给世间又增添了很多的精神食粮，这是司马光以及众多学者的心血，这部虽然有局限性，但却不影响其价值的传世之作，也将随着时间的流逝而更加散发出耀眼的光芒，并将流传后世，而司马光也将因此而永留千古。

第七章

鞠躬尽瘁　功臣身后多凄凉

《资治通鉴》修成之后，司马光本想终老洛阳，但是当时的形势又迫使他不得不再次进入权力机构，并且快速得到重用。在这样的情况下，司马光不顾自身的安危，于危难之际力挽狂澜，全面废除新法。然而，由于这些新法已经积重难返，尽管他全力而为，仍然没有大的效果。同时，由于他操劳过度，于元祐元年（1086）九月一日，病逝，享年68岁。不幸的是，这样的一位贤臣，却落得身后蒙尘的结果。

晚年复出，门下侍郎

司马光在洛阳闲居，本以为会终老于此，然而，此时的朝廷局势万变，很多事都很难预料。

元丰八年（1085）三月七日，宋神宗驾崩于福宁殿，年仅38岁。10岁的皇太子赵煦即皇帝位，即为宋哲宗；尊皇太后为太皇太后、皇后为皇太后；一切军国大事，“并太皇太后权同处分”。皇帝太过年幼，哲宗不能理政，暂由太皇太后（英宗后、神宗母）垂帘听政。这位太后一直是反对王安石变法的，而且特别器重司马光。就是宋神宗，从司马光退居洛阳以后，也一直没有忘记他，临死之前，还留下话，要用司马光和吕公著为赵煦的师傅。所以，太皇太后当政后，就立刻想到了这些旧臣。太皇太后遣人内供奉官梁惟简宣谕：“邦家不幸，大行升遐，嗣君冲幼，同摄国政，公历事累朝，忠亮显著，毋惜奏章，赞予不逮。”意思是说，国家不幸，神宗皇帝驾崩了，新皇帝太过年幼，我不得已垂帘听政。先生元老重臣，忠诚刚直，请不惜奏章，尽力辅佐。四月，以资政殿学士司马光知陈州（今河南省淮阳县）。

五月二十七日，高太后又诏司马光门下侍郎。官制改革后的门下侍郎，就是之前的参知政事，相当于副宰相。然而就在第二天，司马光上《辞门下侍郎札子》，说自己年老体衰，精力不济，请太皇太后收回成命。同一天，又上《请更张新法札子》。随后，司马光再上《辞门下侍郎第二札子》，其中谈到神宗熙宁三年枢密副使的任命，说自己贪爱富贵与常人无异，所以终辞不拜，只因所言不足采纳，然后说：“未审圣

意以臣前后所言，果为如何？若稍有可采，乞特出神断，力赐施行，则臣可以策励疲驽，少佐万一。若皆无可采，是臣狂愚无识，不知为政，岂可以污高位，尸重任，使朝廷获旷官之讥，微臣受窃位之责？”司马光的意思很明白：如果我提的建议尚可采纳，就请施行出来，我也愿意就任；如果无可采纳，万不敢从命。当天太皇太后派中使梁惟简赐手诏，说：“赐卿手诏，深体予怀，更不多免。嗣君年德未高，吾当同处万务，所赖方正之士，赞佐邦国，想宜知悉，再宣谕。前日所奏乞引对上殿讫赴任，其日已降指挥，除卿门下侍郎，切要与卿商量军国政事。早来所奏，备悉卿意，再降诏开言路，俟卿供职施行。”意思是说，目前这种情况下，正需方正之士为国出力，因此一定不要再辞。至于再降诏书开言路，等你供职以后，即施行。太皇太后已经给出肯定的回答，司马光于是不再辞让。

同年六月，门下侍郎司马光举荐刘挚、赵彦若、傅尧俞、范纯仁、唐淑问、范祖禹，说此六人“皆素所熟知，若使之或处台谏，或侍讲读，必有裨益”。意思是说，这六个人我都很熟悉，让他们任言官或做侍讲、侍读，必定有益。又举荐了吕大防、王存、李常、孙觉、胡宗愈、韩宗道、梁焘、赵君锡、王岩叟、晏知止、范纯礼、苏轼、苏辙、朱光庭，说他们“或以行义，或以文学，皆为众所推，伏望陛下纪其名姓，各随器能，临时任使”。意思是说，他们各有所长，希望陛下记录姓名，适当任用。而文彦博、吕公著、冯京、孙固、韩维等，司马光认为都是国家重臣，阅历丰富，办事稳重，完全可以信赖，如果也让他们各举所知，参考异同，可使人才不致遗漏。

太皇太后本来已任范纯仁为左谏议大夫，唐淑问为左司谏，朱光庭为左正言，苏辙为右司谏，范祖禹为右正言，但司马光说自己和范纯仁有亲戚关系，吕公著、韩缜也说与范祖禹有亲戚关系，应避嫌。章惇坚持认为，此种情况按惯例必须回避。司马光说：“纯仁、祖禹作谏官，诚协众望，不可以臣故妨贤者路，臣宁避位。”意思是说，范纯仁和范祖禹任谏官，是众望所归，如果实在要避嫌，我宁愿辞职，而范纯仁、范祖禹则请除他官。最后，唐淑问、朱光庭、苏辙三人的任命照旧，改范纯仁为天章阁待制，范祖禹为著作佐郎。六月十四日，以资政殿学士韩维知陈州；未行，召兼侍读，加大学士。六月十六日，以奉议郎、知安喜县事、清平人王岩叟为监察御史。七月六日，以资政殿大学士兼侍读吕公著为尚书左丞。九月十八日，以秘书少监刘挚为侍御史。同月，召朝奉郎、知登州苏轼为礼部郎中。

司马光在一封写给范纯仁的信中，谈到自己当时的想法：“光愚拙有素，见事常若不敏，不择人而尽言，此才性之蔽，光所自知也。加之闲居十五年，本欲更求一任散官，守候七十，即如礼致事；久绝荣进之心，分当委顺田旱，凡朝廷之事，未尝挂虑。况数年以来，昏忘特甚。诚不意一旦冒居此地，蒙人主知待之厚，特异于常，义难力辞，黾勉就职。故事多所遗忘，新法固皆面墙，朝中士大夫百人中，所识不过三四，如一黄叶在烈风中，几何其不危坠也？又为世俗妄被以虚名，不知其中实无所有。上下责望不轻，如何应副得及。荷尧夫知待，固非一日，望深赐教，督以所不及；闻其短拙，随时示谕，勿复形迹。此独敢望于尧夫，不敢望于他人者也。光再拜。”范纯仁是范仲淹的长子，司马光和他已是老朋友。这是一封求助信，司马光请老朋友范纯仁随时指点和监督自己。此时的门下侍郎司马光，觉得自己就像秋风中的一片黄叶。

因世事多变，晚年的司马光复出入朝，并且再次得到重用。然而，由于岁月的侵蚀，此时的司马光已经将自己的精力消耗在了修书之上，此时的他已是风烛残年，这时的复出不知是福是祸。司马光或许并没有想这些，而是将自己的一切都奉献给了国家。

变革新法，首开言路

司马光复出之后，认为要想真正变革新法，首先就要从言路上开始。因为在变法时期，为了推行新法，朝中打击反对新法的朝臣，并且严禁诽谤，人人以言为讳。

元丰八年（1085）三月，司马光刚到东京开封，太皇太后（高太后）就派人请司马光“毋惜奏章，赞予不逮”。司马光非常感动，他非常赞同太皇太后“听政之初，首开言路”，并且认为这是“宗庙、社稷之灵，四海群生之福”。数日后，他又递上《乞开言路札子》，对此作了进一步的阐述。他说：“君降心以访问，臣竭诚以献替，则庶政修治，邦家义安。君恶逆耳之言，臣营便身之计，则下情壅蔽，众心离叛。自生民以来，未有不由斯道者也。”不仅如此，他还提出了具体的建议：“臣愚以为，今日所宜先者，莫若明下诏书，广开言路，不以有官无官之人，应有知朝政阙失及民间疾苦者，并许进实封状，尽情极言。仍颁下诸路州军，于所在要闹去处，出榜晓示，在京则于鼓院、检院投下，委主判官画时进入，在外则于州军投下，委长吏即日附递奏闻。皆不得取责副本，强有抑退。其百姓无产业人，虑有奸诈，则责保知在，奏取指挥，放令逐便，然后陛下于听政之暇，略赐省览。其义理精当者，即施行其言，而显擢其人。其次取其所长，舍其所短。其狂愚鄙陋，无可采取者，报闻罢去，亦不加罪。如此则嘉言日进，群情无隐，陛下虽深居九重，四海之事如指诸掌。举措施为，唯陛下所欲。”

紧接着，司马光又说：“臣闻《周易》天地交则为泰，不交则为

否。君父，天也；臣民，地也。是故君降心以访问，臣竭诚以献替，则庶政修治，邦家义安；君恶逆耳之言，臣营便身之计，则下情壅蔽，众心离叛。自生民以来，未有不由斯道者也。”意思是说，《周易》讲天地相交则为泰，不交则为否。君父是天，臣民是地。因此，如果人君虚心垂询，臣子竭诚谏诤，则政治清明，国家安定；反之，人君厌弃逆耳之言，人臣只为身谋，则民情阻遏，众人离心。有史以来，无不如此。在司马光的心目中，理想的政治体制应是君臣共治。

司马光非常重视舆论的先导作用，他认为“斯乃治安之源、太平之基也”。新党当然也明白舆论的威力，于是，四月，时任首相的蔡确背着太皇太后，下诏威胁臣民，如果对于新法“敢有弗钦，必底厥罪。仍仰御史台察访弹劾以闻”，妄图禁止人们对新法的怀疑和否定。并且从颁诏的第二天起，就连续处罚了越职言事的太府少卿宋彭年、水部员外郎王谔，各罚铜三十斤，企图吓倒反对派。司马光于是再次上书，直陈这样做将使“欲仕者敛冠藏之，欲谏者咋舌相戒”，即使宋彭年等所言不当，不采纳就可以了，不成加罪。同时他还进一步建议，诏书不仅要“榜于朝堂”，而且直“颁于四方”，才能真正使臣民都得进言。

四月，司马光又上《乞开言路状》。同时，他还向太皇太后进言，以为帝王之术，不过用人、赏罚而已。但当之与否则关系到国家的治安与乱亡。能否得当，关键在于至明，而能否至明，关键又在于至公。就目前而言，要做到至公至明，就必须下诏书，开言路。此时，司马光已受命知陈州，但尚在洛阳未起程，他闻讯后，莫名愤慨，立即上书太皇太后谈了自己对此事的看法，他说：“陛下临政之初，而二臣首以言事获罪，臣恐中外闻之，忠臣解体，直士挫气，欲仕者敛冠藏之，欲谏者咋舌相戒，则上之聪明，犹有所不照，下之情伪，犹有所不达，太平之功尚未可期也。”他说，古代置谏鼓，设谤木，问于刍荛之人，未曾听说朝臣言事有越职之罪。如果在其位的不肯言，不在其位的又不能言，

那么，陛下怎么了解天下的利病？司马光又说，我如今已是知陈州，照此办理，我于本州之外，言及他事，也是越职。他一针见血地指出，人人敢怒不敢言，这只能是对大臣有利，对国家是绝对不利的。显然，在司马光看来，王安石新法之所以造成那样的恶果，就是因为言路堵塞，而现在要改变它，须自开言路始。

在当时，开言路是有着相当大的阻力的。但高太后的态度已很明确，太皇太后曾以手诏询问司马光治国当以何先？其实，司马光未及奏陈，太皇太后已有行动。四月二十七日，司马光在《乞去新法之病民伤国者疏》中先说："凡臣所欲言者，陛下略已行之，臣稽慢之罪，实负万死。"意思是说，我打算说的，陛下大体都已施行，我耽延迟慢，罪该万死。

在这份长篇奏章中，他不仅极言新法的危害，而且回顾了自己在神宗时和变法派进行斗争的全过程，倾诉委屈，再表忠心，提出保甲法、免役法和将兵法是"病民伤国，有害无益"，当今急务就是应当将此首先变革。当时有一种议论，认为父死子继，三年之内不应当改父之政。开封府推官张商英就上书说："三年无改于父之道，可谓孝矣。今先帝陵土未干，即议变更，得为孝乎？"这对废除新法是一种舆论压力，为了消除高太后废除新法的思想顾虑，司马光又针对这种说法引证历史上子改父政"当者，人谁非之"的例子，说明废新法是"母改子政"，完全正当，"何惮而不为？"不过，这时候，他的提法还是"择新法之便民益国者存之，病民伤国者悉去之"，还有所保留。紧接此疏之后，他又连续上奏，进一步具体提出《罢保甲状》，《罢将官状》。接着，司马光谈及为政之道时，说："夫为政在顺民心，苟民之所欲者与之，所恶者去之，如决水于高原之上，以注川谷，无不行者。苟或不然，如逆阪走丸，虽竭力以进之，其复走而下，可必也。今新法之弊，天下之人，无贵贱愚智，皆知之，是以陛下微有所改，而远近皆相贺也。"意

思是说，治国的关键在顺应民心，能做到这一点，就像从高原向山谷放水，无不顺利；反之，就像往山上滚球，即便竭力往上推，最终还是要滚到沟里去。如今新法的弊病人尽皆知，因此陛下稍有变革，天下就额手称庆。“为政在顺民心”，这是司马光治国思想的核心，他又说：“为今之计，莫若择新法之便民益国者存之，病民伤国者悉去之。”就是说眼下最好保留新法中对百姓有利、对国家有益的部分，而对百姓有害、对国家又无益的部分则全部废除。显然，司马光在废除新法上是有选择的，选择的标准就是：对百姓有利、对国家有益。

同年五月初，诏书终于颁布，但蔡确等已在这道诏书里塞进了自己的私货。求谏诏书中，有这样一节：“若乃阴有所怀，犯非其分，或煽摇机事之重，或迎合已行之令，上则观望朝廷之意。以徼倖希进，下则衒惑流俗之情，以干取虚誉，审出于此，苟不惩艾，必能乱俗害治。然则黜罚之行，是亦不得已也。”意思是说，若居心叵测，越职言事，或动摇国家大政方针，或迎合已施行的法令，或观望朝廷意向，以希侥幸提拔，或渲染小民琐事，沽名钓誉，如此之类，如不惩治，必定扰乱风俗，妨碍安定。那么，或黜或罚，也是不得已。

诏书中还说：“顾以即政之初，恐群臣未能遍晓，凡列位之士，宜悉此心，务自竭尽，朝政阙失，当悉献所闻，以辅不逮。宜令御史台出榜朝堂。”此诏一出，舆论大哗，司马光连上两章，无情地揭露了蔡确等人的险恶用心。司马光说如“其所言或于群臣有所褒贬，则可以谓之阴有所怀。本职之外微有所涉，则可以谓之犯非其分。陈国家安危大计，则可以谓之扇摇机事之重。或与朝旨暗合，则可以谓之迎合已行之令。言新法之不便当改，则可以谓之观望朝廷之意。言民间之愁苦可闵，则可以谓之眩惑流俗之情。然则天下之事，无复可言者矣。是诏书始于求谏，而终于拒谏也”。而且，诏书仅榜于朝堂，这样，广大无资格入朝的官民是无法得见此诏的。为此，司马光坚请删去中间一节，并且颁布全国。此时，韩维也被召进京，他也指出诏书前后矛盾，请另撰诏文，颁布天下。

五月二十八日，司马光又上《请更张新法札子》。在司马光等人的敦请之下，太皇太后终于在六月二十五日重新颁布求谏诏书，并责成司马光等执政官负责审阅吏民所上封事，蔡确等所设重重堤防此时终于被冲开，“四方吏民言新法不便者数千人”，从此，纠正新法的斗争逐渐展开。

七月十四日，司马光上《乞降臣民奏状札子》，说那些奏状不付外令三省或枢密院商议施行，就毫无益处。请选择其中可取的，降出施行。如日理万机，无暇通览，就请降付三省，交执政官员们审阅，其中可取的，用黄纸签出，再进呈御览，或留身边，或降付有关部门施行。八月八日，司马光上《乞降封事签迹札子》，由此我们得知，第一次已有三十三卷奏状降出，司马光与诸执政经过选择，可取的都已用黄纸签出进呈。司马光请皇帝再次详览，或留身边，以备规戒；或降付有关部门，商议施行。九月三日，门下侍郎司马光上《乞省览农民封事札子》。司马光认为，如果不广开言路，农民疾苦绝无可能上达，因此这些奏状不可忽视。其中，司马光深情地谈到农民：“窃惟四民之中，惟农最苦。农夫寒耕热耘，胼手胝足，戴星而作，戴星而息……又况聚敛之臣，于租税之外，巧取百端，以邀功赏。青苗则强散重敛，给陈纳新；免役则刻剥穷民，收养浮食；保甲则劳于非业之作；保马则困于无益之费，可不念哉！”意思是说，士农工商，四民当中，农民最苦。而聚敛之臣，租税之外，又巧立名目。青苗钱、免役钱、保甲、保马，百般盘剥，叫人怜悯。十月十七日，司马光再上《乞裁断政事札子》。十月二十四日，又上《议可札子》，一再提醒：“谋之在多，断之在独。”

此时身为门下侍郎的司马光虽然已经是风烛残年，但他还是尽力进言，清明朝政。随着他的进言以及广开言路的执行，实现他的政治抱负的机会又来了，而这广开言路就是他变革王安石变法的开始。在接下来的时间里，他加快了变革新法的步伐。这些波折对于已经非常羸弱的北宋王朝来说，也算是一个暂时稳定的时期。

位极人臣，全面废法

随着变革新法的进行，司马光更加受到高太后的重用。哲宗元祐元年（1086）闰二月二日，司马光为尚书左仆射兼门下侍郎，相当于宰相。到了这个时候，司马光完全有能力来实现自己的政治理想了。然而，在面对这样的复杂形势的时候，司马光还是有些犹豫和矛盾的。在官场上沉浮了数十载，很多的事情让他感到非常的无奈，所以，在升任宰相的时候，他依然是万般推辞。

接到任命之后，司马光即上《为病未任入谢札子》。在洛阳修书的十余年中，司马光的身体健康受到严重的损害，此时的司马光已经是体弱多病了。之前，他就已经请病假，现在仍在假中。他说："臣先为久病在假，不能朝参，乞一宫观差遣，未奉谕旨；今忽闻制命，超升左辅，俾之师长百僚，岂臣空疏所能堪可！臣方别具悃款辞免，未敢祗受。"意思是说，自己因长期请病假，曾请求一任宫观差遣，未有批复。现在却突然任命为宰辅，为百官表率，自己才疏学浅，难当此任，将另外具折辞免，不敢承受。又说："况臣即今以久病少力，足疮未愈，步履甚艰，拜起不得，未任朝见。乞候臣筋力稍完，入觐宸康，面陈至诚。"意思是说，我久病乏力，足疮未愈，步履维艰，不能拜起，因此无法朝见。等我身体稍微好，即入朝当面陈述缘由。

没过不久，司马光上《辞左仆射第一札子》，讲了四条理由：第一，资性愚钝，学术肤浅；第二，近来患病，久不朝参；第三，朝中人才济济；第四，执政当中自己位列第四，按次序也轮不到自己。当月六日，东上圈门副使王舜，直接将任命的“告身”送到司马光的家里。司马光再次表示不敢接受任命，并请将告身暂留圈门。闰二月稍晚，司马光再上《辞左仆射第三札子》。后来，又有勾当御药院冯宗道传宣，并带来御批，让司马光接受。司马光在札子中写下他的慌乱：“臣上戴天恩，下顾无状，进退维谷，无地自处。”然后司马光说：“臣非敢爱身，实恐误国。况臣之少壮犹不如人，今年齿衰老，目视近昏，事多健忘，目前所为，转首不记，举措语言，动多差失，自近病来，耳颇重听，此皆事实，众所共见。非臣以虚辞文饰如此，岂可首居相位，毗赞万几。”就是说，如今自己年老体衰，精力减退，因此不宜出任宰相。司马光请以文彦博自代，不许。

无奈之下，司马光只好接受任命。从这时候起，司马光便开始了全面的废法运动。在政治上，司马光非常有原则性。在生活中，他却非常的简朴。即便他已经是一人之下万人之上的宰相，但在平时的生活中依然保留着在洛阳时期的生活习惯。后来邵伯温在京师汴梁见到了位居宰相的司马光，他说，“其话言服用，一如在西都时”，且“清苦无少异”。司马光视官职如浮云、宰相如鸿毛。王安石改革的一个显著恶果，就是催生出大批的贪官污吏，他们上下其手，盘剥平民。为了改变这样的现状，司马光举荐刘安世充馆职，他问刘安世：知道为什么举荐你吗？刘安世回答说：与您交往的时间长吧。司马光说：不是。我闲居日，你四时问候不断；我位居政府，你却独无书信，这才是我举荐你的原因。司马光主张用人以德为先，显然，他看中的正是刘安世的人品。

司马光做宰相时，曾亲书“榜稿”（启示），张贴在客位，内容如下：“访及诸君，若睹朝政阙遗，庶民疾苦，欲进忠言者，请以奏牍

闻于朝廷，光得与同僚商议，择可行者进呈，取旨行之。若但以私书宠谕，终无所益。若光身有过失，欲赐规正，即以通封书简分付吏人，令传人，光得内自省讼，佩服改行。至于整会官职差遣，理雪罪名，凡干身计，并请一面进状，光得与朝省众官公议施行。若在私第垂访，不请语及。某再拜咨白。” 公是公，私是私，公私分明，这样的严格自律，与修养是分不开的。

司马光在相位，韩维为门下侍郎。当时有武臣至中书省陈事，“词色颇厉”，韩维呵斥他：“大臣在此，不得无礼！”司马光做惶恐状，说：“吾曹叨居重位，覆餗是虞，讵可以大臣自居耶？秉国此言失矣，非所望也。”意思是说，我等忝居重位，唯恐败事，怎可以大臣自居？韩维惭愧不已，叹息良久。当时，司马光有“草簿数枚”，常置左右，对宾客无论贤愚长幼，都以疑事询问，“苟有可取，随手记录，或对客即书，率以为常”。意思是说，客人的意见如有可取之处，司马光往往随手记录，有时当着客人的面书写，习以为常。我们知道，司马光主张国家的政策要符合绝大多数人的愿望，此举的目的大概在此。范祖禹曾说：“公为相，欲知选事问吏部，欲知财利问户部；凡事皆与众人讲求，便者存之，不便者去之，此天下所以受其惠也。”在司马光做宰相期间，凡事与众人商议，好的取，不好的舍，天下因此受惠。司马光的民主作风，与王安石的独断形成对照。司马光出任宰相后，辽国和西夏的使者来，或者大宋的使者去，两国必定要询问司马光的情况。辽国敕令边吏：“中国相司马矣，慎毋生事，开边隙！”意思是说，司马光做大宋的宰相了，切勿制造事端，挑起边界纷争。

据载，司马光家有一仆人，三十年来只称司马光“秀才”。一天苏轼来谒，教那仆人该如何如何。第二天仆人改称司马光“大参相公”。司马光惊问原委，仆人以实相告。司马光说：“好好一仆，被东坡教坏了。”司马光执政，凡王安石、吕惠卿所立新法，革除殆尽。有人告诫司马光："熙丰旧臣多憸巧小人，它日有以父子义间上，则祸作矣！"意思是说，变法派多是些小人，日后如有人拿子改父政说事，麻烦就来了。司马光正色道："天若祚宋，必无此事！"如果上天赐福大宋，必无此事！

当时，邢恕得司马光的举荐，元祐变革新法刚开始的时候，邢恕暗示司马光应为子孙后代考虑，司马光说："他日之事，吾岂不知。顾为赵氏虑，当如此耳。"意思是说，日后的事我也知道，但为赵宋天下考虑，必须如此。邢恕"愤然"，说："赵氏安矣，司马氏岂不危乎？"意思是说，姓赵的倒是安全了，可司马氏却危险了。司马光说："光之心本为赵氏，如其言不行，赵氏自未可知，司马氏何足道哉！"意思是说，只要赵氏安，司马氏不足道。看来，司马光对日后的事并不缺少判断，但为了国家，他把子孙后代的安全都押上了。卫尉丞毕仲游曾写信给司马光，表达了两层意思：第一，各种新法只是标，用度不足才是本，如今废除新法，只是治标；要治本，必须使国家用度充裕，然后新法永可罢。第二，过去新法得以推行，因为朝廷内外全是王安石的人；现在仅靠二三旧臣、六七君子，势必难为，新法即便废除，也必定要恢复。在司马光的心中，他时刻想的是国家，是宋朝廷。他知道这样做必然会招来很多的祸患，但仍然义无反顾。

然而，事情比预想还要复杂。就在司马光雷厉风行地废除新法的时候，不仅原来的变法派人物极力反对，就是原来反对变法的人意见也不尽相同，不少人主张要慎重行事，范纯仁就曾对司马光说，对新法"去其太甚者可矣"，并且应当"徐徐经理，乃为得计"。但是，这些话司马光听不进去，他认为"既知其为害于民，无益于国，便当一铡废罢"。他的心情是那样急切，他把废新法比作给人治病，认为主张慢慢来，不让病快点好，对病人是没有好处的。所以，他于十二月四日又上了一份《请革弊札子》，将王安石所行新法之弊病逐一列举："置提举

官，强配青苗，多收免役，以聚货泉，又驱畎亩之人为保甲，使舍耒耜，习弓矢；又置都作院，调筋皮角木，以多造器甲，又养保马，使卖耕牛，市驵骏，而农民始愁苦矣。部分军队，无问边州内地，备置将官以领之，自知州军总管钤辖都监监押，皆小得关予；台祖宗教阅旧制，诵射法，效胡服，机械陈图，竞为新奇，朝晡上场，罕得休息，而士卒始怨嗟矣。置市易司，强市榷取，坐列贩卖，增商税色件及菜果，而商贾始贫困矣。又立赊贷之法，诱不肖子弟破其家，又令民封状增价，以买坊场，致其子孙邻保，籍没特产，不能备偿又增茶盐之额，贱买贵卖，强以配民，食用不尽，追以威刑，破产输钱。又设措置河北籴便可，广积粮谷于临流州县，以备馈运。教兵既久，积财既多，然后用之而承平日久，人已忘战，将帅愚懦，行伍骄惰，加以运筹决胜者，乃浮躁巧伪之士，不知彼已，妄动轻举，是以顿兵灵武，力疲食尽，自溃而归，执兵之士，荷粮之夫，暴骨塞外，且教十万。筑堡永乐，怠忽无备，纵寇延敌，阖城之人，翦为鱼肉，曾未足以成服戎狄，而中国先自困矣”。司马光还指出这并不是他个人的看法，而是人所共知的“公患”，臣民应诏“各言疾苦”的章奏一千多封，“未有不言此数事者”。因此应当“痛加厘革”。这样，在他的积极主张下，十二月初一，废除了市易法，将提举市易光禄卿吕嘉问降职贬知淮阳军（今江苏邳州市南），接着又废除了保马法。

随着变革新法的进行，斗争越来越激烈。当时，章惇等人对废除新法起初都持反对态度。比如这年年底，太后降敕，升迁司马光为正议大夫。这时范纯仁和范祖禹都在朝中为谏官，他们和司马光是亲戚，所以司马光以亲嫌辞让。这时章惇上告，援引“执政初除，亲戚及所举之人见为台谏官者，皆徙他官”的成例，提出范纯仁、范祖禹不宜再为谏官。司马光表示“范纯仁、范祖禹作谏官，诚协众望”，不能因为他而妨碍他们任职，宁可让他“避位”。高太后没有理睬章惇的话，司马光、范纯仁、范祖禹还任原来的官职。当然，反变法派也对变法派展开了攻势，抓住他们的过失进行强烈攻击。蔡确为“山陵使”，主持神宗丧葬事宜，在灵驾发引前夕，他没有入宿守灵。侍御史刘挚认为这是对君上“不恭”，上疏弹劾。接着又上疏弹劾他“不引咎自劾”之罪，列举其十大罪状。御史朱光庭也认为蔡确不守灵是为臣者最大的“不恭”。御史王岩叟也抓住章惇争辩用人的事，说“是不欲威权在人主”，十二月，刘挚上疏指责蔡确和章惇固结朋党，乞请罢黜。第二年正月，适逢天旱，王岩叟又上言，认为这是天降惩罚，应该废青苗、免役等法，罢蔡确、章惇等人。侍御史吕陶也上疏说；“君子小人之分辨，则王道可成，杂处于朝，则政体不纯。今蔡确、韩缜、章惇、张璪，在先朝则与小人表里，为贼民害物之政，使人主德泽不能下流；在今日，则观望反复，为异时子孙之计。……愿亟加斥逐，以清朝廷。”第二年闰二月，谏官王觌上疏言：“国家安危治乱系于大臣。今执政八人，而奸邪居半，使一二元老，何以行其志哉！”极论蔡确、章惇、韩缜和中书侍郎张璪四人结为邪党，诬害正直之臣，强烈要求罢黜他们，连上了几十份奏章。同时侍御史刘挚、御史王岩叟、朱光庭、上官均和谏官孙觉、苏辙等都继续纷纷上言弹劾，于是蔡确被罢相，出知陈州（今河南淮阳）。

然而，此时的司马光在这样的激烈斗争中身体一天不如一天，而在这之前，他已经身患有病，身体很虚弱。从冬天开始，司马光便“饮食渐少”，衰弱不堪，连上朝时都无力行朝拜礼。太后十分关心，不仅特命他不必和其他宰相大臣一样行朝拜礼，而且亲派医官到他家里诊视。正月二十一日，他开始请假在家治病，但对朝中政事他仍旧是尽心的，而且快见成效的心情更加急切了，一个月内，司马光不顾患病，连上《乞罢免役钱依旧差役札子》《论西夏札子》《乞未禁私市先赦两人》和《乞罢提举官札子》等奏章，请求罢免役法，罢推行新法的各路提举官，在外交上则主张和西夏讲和。这样，在废除免役法的问题上，变法派和反变法派分别以章惇和司马光为代表爆发了一场面对面的激烈斗争。

免役法是在熙宁四年（1071）实行的，主要是对差役制度进行的改革。宋朝原来实行差使法，衙前（负责管理府库或押运官物）里正（负责催督赋税）、弓手（负责捕盗）等各项劳役都按主户户等轮换差充，这种徭役负担不仅繁重、艰苦，妨碍生产，而且像衙前之役往往因赔偿损失而破产，所以为了逃避服役，有的伪装卖田以假报佃户，有的假托出家为僧道户。尽管朝廷还采取一些措施进行限制，但也难矫正其弊病。

景祐年间（1034—1037），就有募人代役的做法开始实行了。王安石实行的免役法就是在这样形势下经过近三年准备才颁行的，办法就是政府出钱募人应役，这笔募役费按主户户等高下分担，原来有差役负担的人家缴纳“免役钱”，不再服役原来享有免役特权的官户，以及女户、僧道户和未成丁户要按照户等缴纳助役钱，数比免役钱减半，后来官户又减到四分之一。这样给了应役之人一定的方便，对生产也有利。从这项法令受益最多的是二三等户，就是中小地主稍富裕的自耕农阶层，对一等户，即大地主负担相对要重一些，因为“民有多至百顷者，少至三顷者”，都属一等，同样出钱，“则百顷者其出钱必三十倍于三顷者”。而最为不便的是原来享有免役权的第五等户，及官户、寺观、女户、单丁户等，因为他们原来没有负担，而现在也要出一些“助役钱”，尽管数量小，但毕竟是负担，所以，免役法实行之初，反对变法派就曾以行免役法“上户以为幸，而下户苦之”为理由进行反对。在司马光所上奏章中，乞罢免役法的理由，除“自行免役法以来，富室差得自宽，贫者困穷日甚”这一点之外，再就是原来上户轮番克役，“得休息数年”，“今出钱比旧费特多，年年无休息”，以及钱所募“皆浮浪

之人，恣为奸欺”；农民出钱难于出力。迫于官中督责，丰年贱价粜谷，灾年无谷可粜，“贱卖庄田、牛具，以钱纳官”。因为这些危害，所以他认为：“为今之计。莫若直降敕命，应天下免役钱一切并罢。其诸色役人，并依熙宁元年以前旧法人数，委本县令佐亲自揭《五等丁产簿》定差。仍令刑部稳会熙宁元年见行差役条贯，雕印颁下，诸州所差之人，着正身自愿充役者，即令充役不愿充役者，任便选雇有行止人自代，其席钱多少，私下商量，若所雇人逃亡，即勒正身别雇，若将带梆官物，勒正身陪填。具体施行程序是许监司、守令审其可否，可则亟行，如未究尽，县许五日具措画上之州，州一月上转运司，转运司季以闻。朝廷委执政审定，随一路一州各为之敕，务要曲尽。”

司马光的这份奏章进呈之后，立刻得到高太后的批准，敕谕“即日行之”。但对司马光如此急迫地废新法、复旧制的做法，还在朝廷二月六日降敕之前，就有人提出了异议。王岩叟主张实行诸役相助法，实际是取差役免役两法参而用之。苏轼则提出熙宁年同所行给田募投法“民甚便之”，并列举其有五利。但这些意见都不能动摇司马光的决心，他唯恐议论纷纷会干扰高太后的意志，于是又上《乞不改更罢役钱敕札子》，希望朝廷不要听到一些议论就改变主意。这时，章惇为维护新法，上章对司马光的说法进行驳斥，他抓住司马光奏疏中一些考虑不周的问题，批评司马光说的完全没有道理。他说司马光头一份奏章中说“上户以差役为便 ，以出免役钱为害”，可后一奏章中却说“彼免役钱虽于下户困苦，而上户优便”，这样自相矛盾，显然是未得审实的轻率话，“以此推之，措置变法之方，必恐未能尽善”。又说司马光奏章中“臣民《封事》言民间疾苦，所降出者约数千章，无有不育免役之害者，足知其为天下公患无疑”的说法是不符合实际的。其实，臣民所上《封事》当中，“言免役不使者固多，然其间言免役之法为便者亦自不少”，他认为这些《封事》“所言利害，各是偏辞，不可全凭以定

虚买当台，唯须详究事实，方可兴利除害。……今来司马光变法之意虽善，而变法之术全疏，苟在速行，无所措置。免役之法虽去，差役之害复生，不免生民受弊，而国家之德泽终不下流，甚为可惜”。他还指出司马光所拟定的罢免役钱的具体办法“全然不可施行”。他批评司马光“虽有忧国爱民之心，而不讲变法之术，措置无方，施行无绪”。一次上朝的时候，两人就在朝堂上，在太后的帘前争论起来，太后坚定地站在司马光这方面，对章惇的态度很不满意。事后苏辙等人又上书指责章惇，苏辙说：“惇与三省（即门下、中书、尚书）同议司马光论差役事，明知光所言事节有疏略差误，而不推公心详议，雷同众人，连书札子一切依奏。及既已行下，然后论列可否，至纷争般上，无复君臣之礼。若使因此究穷利害，立成条约，使推行更无疑阻，犹或可原，今乃不候隆完，便乞再行指挥使诸路，一依前件札子施行，却令被差之人具利害实封闻奏，此不过欲使被差之人有所不便，人人与司马光为敌，但得光言不效，则朝廷利害，更不复顾。”吕公著说章惇“专欲求胜，不顾命令大体，建议选差近臣详定役法”。右正言王觌也说：“光议卸上，章惇尝同奏，待既施行，方列光短，其资小人，不当置腹心地。”于是章惇被贬知汝州（今河南临汝）。同时成立详定役法所，诏韩维、范纯仁、苏轼等人专门负责审察议定报上。

在这场激烈的争斗中，由于操劳过度，司马光的病情越来越重。虽然此时的高太后非常支持他的主张，但很多的法制还是没有废除，眼前的问题依然很严重。看到这样的情况，司马光时常叹息感慨，于是，致书吕公著说“光自病以来，悉以身付医，家事付康，惟国事未有所付，今日属于晦叔矣”，切望吕公著能够助他完成夙愿。同时，他上表请求辞位，仍当个闲职，但高太后对他深深倚重，不但不许辞位，反在闰二月初一这天，下诏除授尚书左仆射兼门下侍郎，正式拜为宰相，吕公著则由尚书左丞进为门下侍郎。虽然司马光又上折子辞让，当然也没有

用。消息传到江宁，王安石的弟弟王安礼把告示拿给已在病中的王安石看，王安石深深叹道“司马光作相矣”，凭他对司马光的思想性格深刻的了解，他知道，自己一生的事业将付之东流了。

司马光当了宰相之后，经过调养，病情似乎有所缓解。同时，太后特别关照，免其入朝觐见，诏许乘轿，三天一入都堂论事。司马光说：“不见君，不可以视事。”坚持让儿子司马康扶着上朝论事。他这时最着急的还是担心受免役复差役之事发生周折，不能顺利贯彻，因为详定役法所省人的意见还是不一致。苏轼就率直地对司马光说：“差役，免役，并有利害，免役之害，聚敛于上，而下有钱荒之患。差役之害，民常在官，不得专力于农，而吏胥缘以为奸。此二害轻重盖略等矣。”司马光问道：“于君何如？”苏轼回答说：“法相因则事易成，事有渐则民不惊。三代之法，兵农为一，至秦始为分二。及唐中叶，尽变府兵为长征卒。自唐以来，民不知兵，兵不知农。农借谷帛以养兵，兵出性命以卫农，天下便之，使圣人复起，不能易也。今免役之法实太类此，公欲骤罢免役而行差役，正如罢长征而复民兵，盖未易也。”

司马光听了，不以为然。一天，在政事堂上，苏轼再次提出自己的意见，司马光就很不高兴了，有些怒形于色，苏轼说：“昔韩魏公（韩琦）刺陕西义勇，公为谏官，争之甚力。韩公不乐，公亦不顾。轼昔闻公道其详，岂今日作相，不许轼尽言耶！”司马光才不得不缓和态度，表示歉意。当时各地也有“差役便民”的反映，特别是知开封府蔡京在敕令颁布之后，立即行动，按照规定期限五天之内就向朝廷报捷，全境改免役为差役，当他到政事堂向司马光报告的时候，司马光非常高兴，说：“使人人奉法如君，何不可行之有？”韩维就曾冷静地提醒司马光“是小人希意迎合者也，不可尽信”。苏轼也继续坚持自己的观点，“极言役法可雇不可差”。

针对这种“朝夕不定，上下纷纭”的情况，为了尽快稳定局面，三月间，司马光又上《申明役法札子》，吸收了众人提出的一些意见。就在这个时候，全国已经出现旱情，身负宰相重任的司马光心急如焚，他虽然病卧家中，却一心想在朝廷，一面致书三省同僚，商量和布置及早发粮赈济，以免百姓流离，一面努力争取把变更役法一事尽快结束，以免造成人心动荡。所以他在上《申明役法札子》之后，紧接着又上《再申役法札子》，再一次强调尽快了结役法变更一事，不能再让“屡有更张，法令不一”的现象继续下去，后来就由太师文彦博提议撤销了详定所。免役法的废除，给了老病交加的王安石最后一次沉重的精神打击，前几项新法的被废他都没有流露出明显的反应，这一次的消息却使他再也无法保持冷静，不觉失声惊叹：“亦罢至此乎？”但稍一寻思以后，又说：“此法终不可罢。安石与先帝议之二年乃行，无不曲尽。”从此他便一病不起了。

四月六日，王安石悄然离世了。司马光在病中得知这个噩耗，也不觉为之凄然，特写信给吕公著，嘱其“优加厚礼”。朝廷当然尊重他的意见，追赠王安石为太傅。

就在免役法废除之后，司马光又加速废除了青苗法。四月间，司马光病重不能上朝的时候，副相范纯仁因感到国家财政困难，上奏散青苗钱解决困难。于是朝廷下诏将常平仓钱谷散发一半，随夏、秋两税按二分息收回，如有在收夏税时一并缴纳者，只取一分息。但是，王岩叟、上官均、王觌，苏辙、刘挚等人一致反对这样做，纷纷上言。司马光便上了一道《乞约束州县不得抑配青苗札子》，请求朝廷再降诏旨，不许在散青苗钱时“强行抑配”，而应当切实执行原来旨意，“本为利民，并取情愿”，认为这样就不能为害于民了，朝廷也就按照他的意见又下了一道诏敕。但苏轼又上言，指出熙宁年间行青苗法原也是禁止抑配的，结果也为害不少，出了许多问题，现在常平仓钱谷给散一半，实际和那时做法没有区别，虽强调禁止抑配，也不是“良法”。王岩叟、

苏辙、王觌等人又要求把他们所上的奏章“交省公议”，司马光“始大悟，遂力疾入对”，坚决乞请停止给散青苗钱，今后“常平仓钱谷，止令州县依旧法趁时籴粜’，已经给散的，不取息，只随税收时缴纳原奉。这次范纯仁便没有再坚持，于是八月间青苗法正式废除。

自司马光当宰相以后，在废新法的过程中，他还对中央官制、机构进行了一些小的变动。司马光从重新执政的那一刻开始，就着手废除王安石执政时的新法。当他的职权越来越大的时候，他便开始全面地废除新法。可以说，在废除新法的道路上，他几乎是和王安石背道而驰的。从客观上说，王安石变法中有些也是有利于国家的。不仅如此，王安石精心筹划了多年的新法，司马光执政后仅仅一年多的时间，几乎就将这些都废除了。在封建社会中，政治斗争往往是非常残酷的，在这里面不管一个人过去在朝中怎么样，一旦时过境迁，往往就会天壤之别。司马光这种急切的废除新法的心情，除了要改变国家的现状外，就是要实现自己的政治抱负。

鞠躬尽瘁，逝后蒙尘

政治斗争是非常残酷的，而此时的司马光也年老体衰了。由于过度操劳，他的身体已经不能承受这重压了。元丰八年（1085）五月二十六日，司马光出任副相门下侍郎后，就开始忘我地工作，“欲以身徇社稷，躬亲庶务，不舍昼夜。宾客见其体羸，举诸葛亮食少事烦以为戒，光曰：‘死生，命也。’为之益力”。而这个时候，司马光的生命也到了最后的征途。

同年九月十七日，司马光奉圣旨对《资治通鉴》重行校定。这项工作一直持续到元祐元年（1086）十月十四日。那一天，奉圣旨《资治通鉴》下杭州镂版。与此同时，另一部书《稽古录》也在进行中。元祐元年三月十四日，时任宰相的司马光请将已编讫的《稽古录》二十卷，送秘书省正字范祖禹等，令抄写上进；并请将来经筵，读祖宗《宝训》毕，取此书进读。又请特差校书郎黄庭坚，与范祖禹、司马康，共同校定《资治通鉴》。朝廷很快批准。《稽古录》可以看作是《资治通鉴》的一个缩略本，因为这是要给刚刚10岁的哲宗诵读的。后来，司马光认为《资治通鉴》“卷帙稍多”，而范祖禹此前差充修《神宗皇帝实录》检讨官，自有职事，会影响到校定的进度，因此请特差黄庭坚，令与范祖禹、司马康共同校定《资治通鉴》。司马光认人很准，黄庭坚实为参与大书校定的上等人选，但同时也透露出一个信息：司马光大概已经意识到自己来日不多，所以他迫切希望在有生之年看到那本大书的付印。

同年正月，由于长期的操劳，司马光病倒了。当时，司马光感慨万千地说：“四患未除，我死不瞑目啊！”老友吕公著时也为执政，他为人谨慎，言辞简约。司马光卧病在家后，恐一病不起，就给他写了一封信，将改革的重任托付于他。司马光在信中语重心长地说：“光自病以来，悉以身付医，家事付康，惟国事未有所付，今日属于晦叔矣！”他坦诚地责备吕公著说：“晦叔自结发至仕学，而行之端方忠厚，天下仰服。垂老乃得秉国政，平生所蕴不施于今日，将何俟乎？比日以来，物论颇讥晦叔慎太过，若此际不廷争，国事蹉跌，则人彼朋矣，愿慎哉，慎哉！”司马光一度急于废除新法，甚至

司马光家八卦摩崖刻石

误将蔡京当作最支持他推行“更化”的人，是不无原因的。因为官僚的通病是观望风旨，如不明示所向，“更化”是很难推动的。矫枉必须过正，不过正则不能矫枉。不仅如此，此时司马光的身体状况急遽恶化，变法派冷眼旁观，采取拖延战术，时间似乎对他们更有利些。对自己的病况，司马光当然也很清楚，所以他一再请求起用已退休多年、年至八旬然而身体却很康强的前宰相文彦博平章军国重事，同时以吕公著为次相，以保证政策的延续性。

元祐元年（1086），司马光又有《徽言》。从此书的序和跋来看，这是司马光在元祐元年的一本读书笔记。这说明司马光在病床上处理繁重政务之余，仍然读书不辍。据说，《徽言》“所钞自《国语》而下六书，其目三百一十有二”，且“小楷端谨”。意思是说，《徽言》共计三百一十二条，内容涉及《国语》等六部书，全用小楷书写，书法端正谨严。

仁宗嘉祐年间，司马光曾论继嗣，当时的殿中侍御史陈洙也上奏请选宗室中贤者立以为后。奏状发出后，陈洙就对家里人讲，我今日上一奏状，谈社稷大计的，若得罪，重则处死，轻则贬窜，你们要有思想准备，但送奏状的人还未返回，陈洙就得急病死了。当时，司马光上疏说自己时为谏官，亲历此事，可怜陈洙亡身殉国，而天下不知。近日故职方员外郎张术，以当时乞建储贰，其子申伯特补太庙斋郎。请依张术例，除陈洙子官，以旌表忠义。

司马光卧病在床130余天之后，至八月十二日方入朝处理国务。但此时司马光大病初愈，身体并未完全康复，虽然饮食如故，但两足无力，足疮未合，步履艰难，无法行跪拜之礼。为此，太皇太后恩准，允许他三日一至政事堂与宰执们共商国计。八月八日，司马光有《荐王大临札子》。司马光在郓州曾典州学，王大临时在州学就读，司马光器重他。八月十二日，诏以郓州处士王大临为太学录。

早在四月十四日的时候，诏执政大臣各举可充馆阁者三人。司马光曾建议设十科举士，此诏令自然正合他的主张。四月二十四日，司马光上《举张舜民等充馆阁札子》，举荐了奉议郎张舜民、河南府左军巡判官刘安世，及通直郎孙准。但不久，孙准出了问题。八月二十六日，司马光上《所举孙准有罪自劾札子》，说：“臣举通直郎孙准，近闻孙准与妻赵氏，因争女使，与妻兄赵元裕相论，诉状内有虚妄事，罚铜六斤。”孙准因小妾与妻子发生争执，到后来，大舅子也参与进来，争执演变成官司。又说：“臣昧于知人，所举有罪，理当连坐，乞赐责降。”司马光认为自己应当连坐，请求降职。朝廷批复：“准缘私家小事罚金，安有连坐？”司马光在《所举孙准有罪自劾第二札子》中说：“臣备位宰相，身自立法，首先犯之，此而不行，何以齐众？乞如臣所奏，从贡举非其人律施行，所贵率厉群臣，审慎所举。”不从，后仅诏孙准不再召试馆职。

八月十二日，司马光当天因疾病发作，不得不提前离开“都堂”，于是请假，从此，再没能回来。在稍后的《后殿常起居乞拜札子》中，司马光对自己的身体似乎充满信心说，自觉近来身体稍有好转，如果有儿子搀扶，还可以行君臣之礼。然而，这些都是假象，没过多久，司马光的病情再次恶化。八月二十一日，司马光辞明堂大礼使。在《辞大礼使札子》中，司马光不无遗憾地说：“每次朝见，幸蒙圣恩许男扶掖，将来飨明堂，在上帝前不可使人扶掖，又随皇帝陟降拜伏，必恐未能一一如礼。欲望圣慈矜悯，别赐差官充大礼使。”意思是说，现在每次朝见，多亏儿子搀扶。但将来明堂大礼，是不准有人搀扶的，因此恐怕无法完成仪式，就请另派他人担任吧。八月二十四日，司马光辞明堂宿卫。在《辞明堂宿卫札子》中，司马光满怀歉意：“然臣日近患左足，掌底肿痛，全然履地不得，跬步不能行，未知痊愈之期，所有将来明堂宿卫，亦恐祗赴不得。伏望圣慈，特赐矜免。乞恩不已，惭惧无地。”

意思是说，我近来左脚又有病，脚底肿痛，根本走不了路，也不知道什么时候能好，将来明堂宿卫，恐怕去不了，请免掉吧。不断请求，自觉既惭且惧，无地自容。然后，司马光辞提举修《神宗皇帝实录》。《辞提举修实录札子》中的司马光已经相当茫然：“臣先奉敕，差提举修《神宗皇帝实录》。臣自受命以来，以衰羸多病，罕曾得到局供职；日近又患左足肿痛，不能履地，日甚一日，未有痊愈之期。所有修《神宗皇帝实录》，伏乞别赐差官提举。”意思是说，自己受命以来，因体弱多病，就很少到任供职。最近又左脚有病，下不了地，日甚一日，不知何时痊愈，请另派他人负责。

司马光的这些举动，似乎在预示着什么。

元祐元年（1086）九月一日，为北宋王朝兢兢业业努力一生的贤臣司马光“薨”于西府，享年68岁。

司马光一生清廉，临终时，司马光的病床上空空荡荡，唯有《役书》一卷。家人在整理遗物时，找到8页他未来得及上奏的手稿，所论也均是当时之务。临终前，他神志已不清醒，连说话的力气也没有了，他喃喃自语，如说梦话，但所言均是国家大事。司马光逝世时，正值朝廷举行明堂大典，典礼一结束，太皇太后就与哲宗一道赶赴司马光家中祭奠致哀，停止上朝处理国务。追赠司马光太师、温国公，赐以“文正”的谥号和一品礼服安葬，给予司马光最高的礼遇和最高的评价。“文正”这个谥号，北宋一代，只有三人获得，这就是王曾、范仲淹、司马光，由此亦可见“文正”这个谥号是多么的难得。第二年，在安放司马光神道碑时，哲宗还亲自用篆文题写了碑额“忠清粹德之碑”。

当他的死讯传开后，京城里成千上万的人，罢市去吊唁他，买衣来祭奠他，夹道哭送丧车离去。沿途百姓痛哭流涕，如丧考妣，四方奔赴夏县会葬的有数万人之多。京城的画工画他的像，翻印出卖，家家购置一幅，饮食之前，都要先祝告一番。四方派人来争购，画工有因此而致富的。就连远在广南东路的封州（今广东封开县），人们也不约而同地祭奠他，有的甚至作佛事祭祀他。拈香于手，注香于顶，追悼他的就有百余人。苏轼在为司马光撰写神道碑时，说：“公以文章名于世，而以忠义自结人主，朝廷知之可也，四方之人，何自知之？士大夫知之可也，农商、走卒何自知之？中国知之可也，九夷、八蛮何自知之？方其退居于洛，眇然如颜子之在陋巷，累然如屈原之在陂泽，其与民相忘也久矣，而名震天下，如雷霆，如河汉，如家至而日见之。司其名者，虽愚无知如妇人、孺子，勇悍难化如军伍、夷狄，以至于奸邪小人，虽恶其害己、仇而疾之者，莫不敛衽变色，咨嗟太息，或至于流涕也。”这是何缘故呢？苏轼认为是司马光有诚一之德，也就是表里如一、始终如一的美德，感动了天下之人、中外之人。司马光的高足范祖禹也持有同感，他说：“公于物淡无所好，惟于德义若利欲，其清如水而澄之不已，其直如矢而端之不止。故其居处必有法，动作必有礼。其被服如陋巷之士，一室萧然，图书盈几，经日静坐泊如也。又以圆木为警枕，小睡则枕转而觉，乃起读书。盖恭俭勤礼出于天性。自以为适，不勉而为。……观公大节与其细行，虽不可遽数，然本于至诚无欲，天下信之，故能奋然有为，超绝古今。居洛下十五年，若将终身焉，一起而功被天下，内之婴童、妇女，外之蛮夷、戎狄，莫不敬其德，服其名，惟至诚无欲也。”

司马光死后，纠正熙丰之法的工作仍在继续进行着，但是，要想以数年的时间革去已推行了近20年的政治体制、经济体制亦并非是件易事。而且，无论新党还是旧党，他们都是封建地主阶级的政治集团，尽管他们政见有分歧，有时甚至是很大的分歧、难以调和的分歧，但是，他们基本的阶级立场是一致的，根本的利益也是一致的。出于封建国家贪婪的本质，他们也是不肯轻易地放弃已攫取到手的经济利益的。元祐时，范纯仁主张继续发放青苗钱就是一个极好的例子。司马光后来也主

张收助役钱，这就更耐人寻味了。元祐臣僚不肯动用熙丰时期搜刮来的大量免役、助役钱，六色助役钱，并且免役钱在元祐时期也基本上未废除。役法差募参行之后，暴露出来的问题也不少，差徭轻重失当，或令服役人垫赔，或占留役钱过多，不完全用于招募，以致差役频繁，凡此种种，不一而足。元祐时期，宽缓不治，政令不畅，官员在执行中采取敷衍塞责、观望风旨、阳奉阴违的官僚主义态度，虽三令五申，明示赏罚，亦未见有多少起色。元祐八年（1093）时，尚追以息为本的市易欠款，就是一个典型的例子。地方官吏抵制一再颁布的市易欠户除放法，想借此鱼肉百姓，让广大工商业者成为满足自己贪欲的“食邑户”。最令人遗憾的是，由于西夏的强硬立场，元祐党人中，以吕大防、王岩叟、刘挚为代表的主战派在与苏辙、范纯仁、韩忠彦等主和派的斗争中渐占上风。

元祐六年（1091），主战派元祐党人采用浅攻战术，对夏发起攻势。在对外方针上，完全违背了宋朝历代确立的基本国策，也违背了司马光的遗愿。元祐八年（1093）九月，太皇太后高氏病逝，哲宗亲政，章惇复出，从此以后，年年进筑，终于夺取了西夏的战略要地横山，西夏从此一蹶不振，但此时哲宗与变法派领袖曾布都不得不承认公私之力均已匮乏，无以为继，主张“休兵息民，以图安静”。因此，可以说横山之争，宋夏双方是两败俱伤。但是，章惇等仍执意要夺取青唐。元符（1098—1100）中，遂建鄯州（今青海省西宁市）、湟州（今青海省乐都市）。徽宗即位后，任用蔡京、童贯之流，不自量力地疯狂向周边进拓，并且荒诞地联金灭辽。在获得燕云地区后，遵照神宗的遗愿，封大宦官童贯为广阳郡王，此时离北宋的灭亡已经为期不远了。

几年之后，变法派重新上台后，立即施行报复，绍圣元年（1094）七月，下诏剥夺司马光的谥、告、赠典及所赠碑额，磨去碑文，砸毁碑身，甚至一度欲掘司马光的墓，斫棺暴尸。尚在位的元祐党人吕大防、

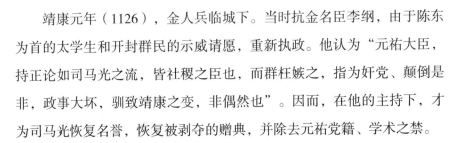

范纯仁、刘挚、苏辙、梁焘、刘奉世、刘安世等此时也相继被驱逐出京。绍圣末，又欲毁《资治通鉴》之版，只是慑于《通鉴》是神宗肯定之书，有神宗亲笔撰写的序文，才未敢下手。徽宗上台后，奸贼蔡京变本加厉，又大搞党禁，在全国各地竖立元祐党人碑，严禁党人子弟在中央及京城地区任职，严禁宗室与党人子弟及五服以内亲属结婚，等等。又不许私下讲授元祐政事、学术，厉行思想禁锢政策。在竖碑时，还发生这样一件事。长安有名石匠叫常安民被征，他推辞说：“我是一个无知识的人，不懂朝廷立碑之意，但元祐大臣司马光，天下人都认为他正直，今天指他为奸邪，我不忍心镌刻。”官府要治他的罪，他说：“被征不敢推辞，请不刻‘安民’二字于碑上，恐被后人指责。”从这件事可以看出，司马光在百姓心目中的威信是何等地崇高。崇宁（1102—1106）末，发生星变，于是大赦天下，除去有关党人的一切禁令。但是真正的解禁，那却是20年以后的事了。

靖康元年（1126），金人兵临城下。当时抗金名臣李纲，由于陈东为首的太学生和开封群民的示威请愿，重新执政。他认为“元祐大臣，持正论如司马光之流，皆社稷之臣也，而群枉嫉之，指为奸党、颠倒是非，政事大坏，驯致靖康之变，非偶然也”。因而，在他的主持下，才为司马光恢复名誉，恢复被剥夺的赠典，并除去元祐党籍、学术之禁。

南宋建炎元年（1127），为了收天下人心，高宗下诏以司马光取代蔡确配享哲宗庙廷。不久，又取消王安石配享神宗的资格，重新以富弼配享。理宗宝庆二年（1226），建功臣阁，司马光作为宋朝的功臣，他的画像也被悬挂于阁中。理宗成淳三年（1267），司马光从祀孔子庙，获得了与七十二贤人及历代名贤相等的地位。被砸毁的神道碑，经历了金、元、明三代的找寻、复制之后，也终于在明代嘉靖元年（1522）完全恢复了原貌。《诗》曰：“哲人云亡，邦国殄瘁。”司马光一生的进退存亡，对宋王朝的影响确实是深远的，也是难以估量的。

司马光一生为北宋王朝竭忠尽智，鞠躬尽瘁，为北宋朝的稳定和发展做出了巨大的贡献，然而，由于当时的宋朝已经是岌岌可危，朝政动荡，所以，尽管他曾经是功臣，也同样身后蒙尘，遭受这样不公正的待遇。但是，不管怎样，司马光一生的巨大成就是世人所共知的，而他的功绩也将流传后世。